대중문화, 더 이상 침묵할 수 없다

모든 인간은 하나님의 형상을 닮은 존엄한 존재입니다. 전 세계의 모든 사람들은 인종, 민족, 피부색, 문화, 언어에 관계없이 존귀합니다. 예영커뮤니케이션은 이러한 정신에 근거해 모든 인간이 존귀한 삶을 사는 데 필요한 지식과 문화를 예수 그리스도의 사랑으로 보급함으로써 우리가 속한 사회에 기여하고자 합니다.

대중문화, 더 이상 침묵할 수 없다

초판 1쇄 찍은 날 · 1998년 11월 14일 | **초판 6쇄 펴낸 날** · 2015년 3월 10일
엮은이 · 기독교윤리실천운동 문화전략위원회 | **책임편집자** · 강영안, 신국원, 김연종
펴낸이 · 원성삼 | **등록번호** · 제2-1349호(1992. 3. 31) | **펴낸 곳** · 예영커뮤니케이션
주소 · (136-825) 서울시 성북구 성북로6가길 31 | **홈페이지** www.jeyoung.com
출판사업부 · T. (02)766-8931 F. (02)766-8934 e-mail:jeyoung@chol.com
출판유통사업부 · T. (02)766-7912 F. (02)766-8934 e-mail:jeyoung@chol.com

Copyright ⓒ 기독교윤리실천운동 문화전략위원회, 1998

ISBN 978-89-8350-137-0 (03230)

값 12,000원

* 잘못 만들어진 책은 교환해 드립니다.
* 본 저작물은 저작권법에 의하여 한국 내에서 보호를 받는 저작물이므로 무단 전재와 무단 복제를 금합니다.

대중문화, 더 이상 침묵할 수 없다

기독교윤리실천운동 문화전략위원회 엮음
강영안, 신국원, 김연종 외 지음

예영커뮤니케이션

차례

서론 이 책을 어떻게 읽을 것인가?　　　　　　　강영안 … 7

제1부 대중문화의 기독교적 이해

1 대중문화시대의 그리스도인　　　　　　　이정석 … 27
대중문화란 무엇인가/기독교문화관/대중문화에 대한 그리스도인의 자세

2 대중문화와 윤리 그리고 신앙　　　　　　　방선기 … 51
신앙의 눈으로 본 대중문화/윤리의 눈으로 본 대중문화/문화의 눈으로 본 대중문화

3 대중문화의 현실과 대안　　　　　　　　　신국원 … 71
문화시대의 명암/사상적 영향/상업주의의 영향/비판적 제안

4 진보적 대중문화이론에 대한 평가　　　　　김연종 … 87
문화이론의 흐름과 경향/문화이론의 내용과 평가/글을 마감하며

5 정보·문화시대의 문화소비자운동　　　　　권장희 … 109
정보·문화산업시대의 도래/정보·문화산업과 가치, 규범의 문제/정보·문화상품의 반규범성을 부추기는 요인들/정보·문화산업 자본을 견제하는 시민운동/정보·문화산업시대의 대안으로서의 문화소비자운동

제2부 대중문화의 쟁점들

6 표현의 자유와 문화검열　　　　　　　　　송태현 … 129
현실의 문화와 성경적 규범/사전검열은 타당한가?/규제의 방안과 원칙/기독교문화의 창달

7 대중문화의 양대 해악 : 폭력성과 음란성 문제　정재후 … 141
대중문화의 활성화와 그 문제점/폭력성의 문제/음란성 문제/현대문화에 요구되는 윤리적 반성

8 영매문화와 그리스도인 – 환생, 귀신, UFO, 무속　박양식 … 159
속류 신비주의의 양상/영매문화의 대중화와 기능/영매에 대한 기독교적 안목/그리스도인의 실천적 과제

9 청소년 문제와 청소년문화　　　　　　　　도종수 … 173
날로 심각해지는 청소년 문제/사회 환경의 변화와 청소년/청소년의 삶과 문화/앞으로의 과제

제3부 대중문화를 어떻게 볼 것인가?

10 텔레비전의 이해와 교회의 사명   안정임 … 191
텔레비전에 대한 기본적 이해/텔레비전의 영향력: 인식 문제/ 교회의 사명과 대치

11 광고의 사회학   마정미 … 207
끝없이 나타나는 '일용할 고민거리' /광고는 체제를 수호한다/ 광고와 선정주의/광고와 규제/소비자운동은 소비사회의 인권운동

12 교회와 대중음악   강인중 … 221
CCM/ 뉴에이지 음악/대중음악/맺음말

13 새로운 세계를 맞이하는 만화의 세계   강진구 … 239
살아 있는 만화의 세계/만화 인식의 오류와 역사/만화의 범주- 그 다양성의 세계/왜 사람들은 만화를 좋아할까?/일본 만화와 미키 마우스가 주는 교훈/그리스도인의 만화 읽기

14 기독교문화운동과 영화   유재희 … 257
문화의 순응자와 적대자/두 가지 기독교문화운동/영화가 인간을 구원하거나, 타락시킬 수 있는가?/데모 주동자가 영화라구?/기독교문화운동에 대한 반성/획일화된 질문, 한결 같은 답변/문화의 하향 평준화/기독교적인 영화는 어디에 있는가?/문화창조의 삼위일체: 만드는 자, 사용하는 자, 그들을 가르치는 자/문화의 문제는 사람의 문제이다

15 문학 속의 성(性) – 인간 해방과 추락의 경계에서   추태화 … 273
대중문화와 문학 그리고 성/문학 속에 성과 역할/현대문학 속의 성표현과 그 실례들 /그 영향과 대안적 전망

16 정보화사회, 사이버 문화, 기독교 신앙   최태연 … 287
정보혁명과 시대의 징조/정보화사회의 출현/ 사이버 문화/정보혁명과 기독교 신앙의 대응

■ 참고문헌 … 301

서론
이 책을 어떻게 읽을 것인가?

■강영안

1. '문화'가 관심을 끌게 된 이유

"이제는 문화다" 이 구호가 귓전을 울리기 시작한 지 이미 오래 되었다. 물론 대부분이 그렇듯이 언론 매체가 떠들기 시작하면서 더욱 일상적인 말처럼 들리게 되었다. 이 구호는 아마도 문화상품이 농산품이나 공산품보다 부가가치가 훨씬 더 높다는 사실을 알게 되면서 나오지 않았나 여겨진다. 흥행의 귀재라 불리는 미국의 영화감독인 스필버그의 영화 한 편이 우리가 1년간 미국에 자동차를 수출해서 벌어들이는 돈보다 많다는 식으로 극화시켜보면 훨씬 더 실감나게 현실을 경험할 수 있다. 어쩌면 "이제는 문화다"라는 구호는 "문화는 돈이다"로 바꿔볼 수도 있을 것이다.

좌파 운동가들의 관심이 정치 일변도에서 문화로 전환된 것도 이 구호에 힘을 실어주는 데 한몫하지 않았나 생각한다. 단단하고 거칠 수밖에 없는 투쟁 일변도의 정치운동보다는 부드럽고 말랑말랑한 문화운동을 통해 사회변혁을 해보자는 것이다. 관습을 깨뜨리고 의식을 뒤집고 기존의 것으로부터 끊임없는 탈피를 시도하는 일. 이른바 해체와 파괴, 전복과 탈주. 이로써 새로운 해방과 자유를 추구하는 수단으로 문화가 선택된 것이다. 이념보다는 삶을, 이성적이고 논리적인 설득보다는 감성적이고 몸으로 호소하는 방식을 이러한 전략적 목표들을 이루는 데 훨씬 더 유효한 수단으로 보게 된 것이다. 따라서 "이제는 문화다"는 "문화는 운동이다"라는 말로도 대치할 수 있다.

돈을 버는 수단으로 보든, 전복과 해체를 위한 사회적 운동 수단으로 보든, 문화가 이제는 그 어느 것보다 강력한 도구가 되었다는 사실은 아무도 부인할 수 없다. 문화에 대한 관심이 문화가 돈이 되기 때문에 생긴 것이라면 당연하게 이로부터 귀결되는 것은 대중적 취향, 그것도 쉽게 아까워하지 않고 돈을 내고서 문화상품을 소비할 수 있는 계층과 부류를 겨냥할 수밖에 없다. 문화와 관련해서 상업주의가 거론되는 것은 이런 연유에서 비롯된 것이 아닌가 생각한다. 문화가 만일 사회변혁운동의 수단이라면 그 속에 담긴 메시지가 중요하지 않을 수 없다. 비록 특정 이데올로기로부터 벗어났다고는 하지만 삶과 사회를 보는 특정한 관점이 문화상품 속에 담긴 메시지를 생산하고 유포시키는 것은 여전하기 때문이다.

문화가 강력한 수단으로, 강력한 도구로 등장했다는 것은 어쩌면 당연한 사실인지 모른다. 왜냐하면 주변 사물이나 동물과 달리 사람은 역시 느끼고 생각하고 무엇인가를 욕망하고 선택하고 행동하는 존재이기 때문이다. 느낌과 생각, 욕망과 행동에는 이것들을 주도하는 내용과 형식이 있다. 문화는 때로는 내용으로 때로는 형식으로 사람들에게 영향을 준다. 어떻게 먹을 것인가, 무엇을 입을 것인가 하는 것을 규제하고 인도해주는 형식이 문화일 뿐만 아니라 그 자체가 곧 즐김과 향유의 대상(내용)이며 동시에 선택과 선호를 규제하고 정당화하는 틀(형식)로서 작용하기도 한다. 그러므로 사람을 움직이는 수단으로, 그 가운데에서도 가장 강력한 수단으로 문화가 등장했다고 할 수 있다.

2. 대중문화에 대한 기독교적 관점

이 책은 3부로 구성되어 있다. 제1부는 대중문화에 대한 기독교적 시각을 담고 있고, 제2부는 대중문화의 쟁점이 되는 것들을, 제3부는 대중문화의 각 분야에 관한 논의를 담고 있다.

이 책은 무엇보다 문화의 힘을 의식하면서 그리스도인들이 방향을 바로 잡는 데 도움을 주기 위해 만들어졌다. 문화는 인간의 생각과 행동 전체를 포괄할 수 있는 말이다. 정치, 경제, 학문, 예술, 종교 이 모든 분야를 문화라는 말로 담을 수 있다. 하지만 이 책에서는 대중문화에 관심을 제한하였다. 대중문화만이 중요해서가 아니라 현재 이것만큼 젊은이들의 생각과 의식에 크게 영향을 주고 있는 것도 없을 뿐 아니라, 그 어느 때보다 시급하게 이 부분에 대한 개략적인 논의와 지침이 한국 교회에 제시되어야 한다고 생각했기 때문이다. 그래서 우선 제1부에서 대중문화의 성격을 논의하고 기독교적 관점을 세우는 글을 다섯 편 싣게 되었다.

1장 「대중문화시대의 그리스도인」은 기독교적 관점에서 대중문화를 보는 시각을 소개하고 신학자의 입장에서 대중문화에 대한 평가를 하고 있다. 이 글에서는 대중성과 현대성, 테크놀러지의 문제와 세속성을 대중문화의 심각한 문제로 보고 있다. 문화의 대중화로 공동체와 자아 상실이 유발되었는가 하면 산업주의와 자본주의라는 두 축을 중심으로 형성된 '현대성'은 문화를 상품으로 전락시켜버렸다. 또한 과학기술의 발달로 가능하게 된 대중문화는 기술적 통제와 지배의 위험을 안고 있을 뿐 아니라 그것이 가진 근본적인 세속성으로 인해 참된 문화의 핵심인 종교를 배제할 위험에 놓여 있다. 이러한 비판적 시각과 함께 그리스도인들의 입장에서 대중문화에 대해 취해야 할 태도를 강조하고 나아가서 좀더 적극적으로 문화 창조에 참여해야 함을 필자는 역설한다.

2장 「대중문화와 윤리 그리고 신앙」은 사도행전 17장에 담겨 있는 아테네 문화에 대한 바울의 태도를 중심으로 대중문화에 접근하고 있다. 신앙의 눈으로 볼 때 대중문화는 곧 우상 문화라고 필자는 주장한다. 대중문화는 우상을 전파할 뿐만 아니라 우상을 강요하고, 그 자체가 바로 우상이 된 문화라는 것이다. 윤리의 눈으로 볼 때 대중문화는 윤리가 설 자리를 허용하지 않고 단지 경제논리만이 지배하는 문화이다. 따라서 대중문화는 그것이 참된 문화로서 기능하자면 진정 복음적인 윤리를 필요로 한다. 하지만 복음적인 윤리를 대중문화 속에 심는 방법은 먼저 그리스도인들이 하나님의 거룩하심을 보여주면서 세상을 위해 제사장적인 기도와 선지자적인 교훈을 동시에 할 수 있어야 함을 필자는 강조한다. 기독교문화관, 즉 하나님의 창조와 인간의 타락과 그리스도를 통한 구속의 관점에서 문화를 보는 법과 선교적 관점에서 문화를 보는 법을 바울의 예를 통해 제시하면서 바울의 균형 잡힌 태도를 배울 것을 이 글은 제안한다.

두 글이 대중문화에 대한 기독교적 관점을 제공해주고자 애쓴 반면 「대중문화의 현실과 대안」(3장)과 「진보적 대중문화이론에 대한 평가」(4장)는 대중문화에 대한 이론을 다루고 있다. 앞의 글은 지금 도래했다고 말하는 이른바 '문화시대'가 과연 그렇게 좋아만 할 일인가를 반문하면서 저질 문화산업으로 인한 문화 오염의 심각성을 지적한다. 문화 환경을 오염시키는 원인은 이 글에 따르면 두 가지로 요약된다. 하나는 사상적 원인으로 모든 문화는 동일한 가치가 있고 그 가치는 각각 그 문화에 대해서 타당하다고 주장하는 문화 상대주의, 문화를 권력 관계로 보는 마르크스주의자들의 문화론, 이성적 문화를 해체하고 감성적 문화를 부추기는 포스트모더니즘 등이 현재 우리의 문화를 오염시키는 중요한 오염원으로 지적된다. 또 다른 오염의 원인으로는 상업주의로, 상업주의는 문화의 질을 떨어뜨릴 뿐 아니라 문화를 지금 당장 즐길 수 있는 오락 대상으로 삼게 만들었다고 지적한다. 대중문화를 감시하고 고발하는 일뿐 아니라 건전한 문화 양식을 회복하는 일이 더욱 중요하다는 사실을 이 글은 강조한다.

「진보적 대중문화이론에 대한 평가」는 조금 어려운 이론적 문제를 담고 있지만 이 글이 들어간 것은 "이제는 문화다"라는 구호 배후에 자리잡고 있는 문화이론을 들추어낼 필요가 있었기 때문이다. 호르크하이머와 아도르노를 위시한 독일 프랑크푸르트학파의 문화이론, 대중문화를 누구보다 긍정적으로 그리고 있는 윌리암스, 호가트, 톰슨 등의 영국의 문화이론 그리고 레비 슈트라우스, 바르트, 푸코, 알투세 등 프랑스의 문화이론 등을 간략하게 소개한 다음 국내에서 일어나는 문화연구의 여러 경향을 소개한다. 이 글에 따르면 국내 문화연구는 세 갈래로 크게 분류된다. 1987년 이후 운동권 중심으로 일어난 문화운동과 이론, 순수하게 학문의 영역에서 문화를 연구하는 학자 집단 그리고 '문화 게릴라'라 지칭되는 일군의 젊은 '문화평론가' 집단 등이 그것이다. 특히 이 마지막 집단이 영화, 광고, 드라마 같은 영향력 있는 분야에서 많이 활약하고 있다. 이 세 집단을 통해 그 동안 문화연구가 비교적 활발하게 진행되었지만 절대적 진리를 거부하고 오직 나의 진리, 너의 진리만 있을 뿐이라고 주장하는 상대주의를 확산시키고 있다는 점, 가정의 파괴, 성의 파괴, 나이의 파괴, 계급의 파괴 등 문화연구와 문화운동의 목적이 파괴 일변도로 치닫고 있다는 점, 자기 중심의 가치관을 지나치게 주장함에 따라 당연히 관계의 단절을 가져올 수밖에 없다는 점 등이 문제점으로 지적된다.

1부 끝에 자리잡은 「정보·문화시대의 문화소비자운동」(5장)은 좀더 실천적 제안을 하고 있다. 앞의 두 글과 마찬가지로 이 글도 대중문화를 오염시키는 요인으로 문화이론가들의 잘못된 이론과 상업주의를 거론하면서 문화산업을 견제할 수 있는 시민운동의 필요성을 역설한다. 그 가운데 특히 문화소비자운동이 하나의 대안으로 제안된다. 다른 상품과 마찬가지로 문화상품도 소비자운동을 통해서 통제되고 제어되어야 한다는 것이다. 그러기 위해서는 먼저 문화소비자운동의 필요성에 대한 의식이 일깨워져야 할 뿐 아니라 지금 유행하고 있는 문화이론에 대응할 수 있는 논리를 개발하고 정보·문화를 소비하는 수용자 의식 교육을 실행해야 한다는 제안을 하고 있다.

3. 대중문화의 쟁점들: 검열, 폭력성과 음란성과 주술성

제1부는 앞에서도 말했듯이 대중문화를 보는 시각을 마련하는 데 도움을 주고자 하였다. 제2부는 대중문화와 관련된 쟁점들을 다룬다. 대중문화와 관련해서 줄곧 논의되어왔던 표현의 자유와 검열 문제, 대중문화 속에 깊숙이 파고든 영매문화, 대중문화 수용자 가운데 가장 두터운 층을 형성하고 있는 청소년 문제와 그들의 문화 그리고 대중문화의 부정적 측면으로 언제나 거론되는 폭력성과 음란성 등 현실적인 쟁점들이 논의된다. 우리가 '쟁점'이라 부른 것은 모두 동일한 차원에서 문제되는 것들은 아니다. 표현의 자유와 검열의 문제는 문화 생산자의 책임과 권리, 문화 수용자의 향유권과 거부권 그리고 생산자와 수용자 중간에 위치한 국가 권력의 개입 문제 등이 걸려 있는 문제이고, 음란성과 폭력성 그리고 영매문화는 생산품 가운데 담겨 있는 내용과 관련된 문제이다. 청소년문화는 문화 생산과 소비의 계층을 특히 청소년과 관련해서 쟁점화한 것이다.

검열의 문제는 새로운 문제가 아니다. 국가나 교회는 오랫동안 검열의 주체로서 역할을 해왔다. 검열에 대한 조직적이고 체계적인 비판은 근대와 더불어 비롯된다. 각 개인에게는 고유한 권리와 자유가 있으며, 이 가운데서도 개인의 생각과 사상을 표현할 자유가 있다는 생각이 근대 이후 동서를 막론하고 널리 확산되기 시작한다. 근대의 개인적 자유 개념, 즉 타인에게 해가 되지 않는 한 밖으로부터 어떠한 제재를 받지 않을 권리가 누구에게나 있다는 생각이 '표현의 자유'를 옹호하는 근거가 된다. 이뿐 아니라 예술관의 변화도 여기에 한몫을 하고 있다. 고전적 예술관에 따르면 예술은 '자연의 모방'이었다. 자연을 있는 그대로 얼마나 잘 드러내주느냐에 따라 예술의 가치가 결정된다. 자연이란 여기서 어떤 인위적인 뒤틀림이나 왜곡 없이 '있는 그대로의 모습'이면서 동시에 '가장 바람직한 것'이고 또 이런 의미에서 '반드시 있어야 할 것'이었다. 이렇게 보면 있는 그대로의 현실을 잘 드러내줄 뿐 아니라 바람직한 것, 인간에게 반드시 있어야 할 모습을 잘 드러내주면 줄수록 좋은 예술작품이라 할 수 있다. 하지만 근대에 들어서서, 특히 낭만주의 예술관의 출현과 함께 예술은 이제 '창조'요 '표현'으로 이해된다. 어떠한 고전적 전범이 있는 것이 아니라 상상력을 통해 새로운 것을 창조하고 안으로부터 분출해나오는 것을 '밖으로 찍어내는' 일이 예술적 활동으로 이해된 것이다. 그리고 어떠한 외적 금기나 규제가 없어야 예술은 진정한 예술이 될 수 있다고 보는 것이다. 이런 관점에서 보면 검열은 당연히 문제가 된다.

검열은 바람직한가? 이것이 유해한 문화를 막는 방법인가? 6장 「표현의 자유와 문화검열」은 검열의 문제를 비판적으로 검토한 글이다. 예술작품에 대한 국가기관의 사전검열은 바람직하지 않을 뿐더러 효과를 거두기가 힘들다는 것이 이 글의 기본적 입장이다. 바람직하지 않다고 보는 것은 첫째, 사상의 자유와 표현의 자유가 침해되기 때문이고 둘째, 권력기관의 자의적인 권력 남용이 얼마든지 가능하다고 보기 때문이다. 효과적이 아니라고 보는 것은 검열을 한다고 하더라도 전자매체 등의 수단을 통해 비공식적인 제작과 유통이 얼마든지 가능하게 되었기 때문이다. 따라서 국가 검열은 없어져야 한다. 그러나 그렇다고 해서 이 글이 무제한적인 표현의 자유를 지지하는 것도 아니다. 헌법의 규정대로 국민의 자유와 권리가 "국가 안전 보장, 질서유지 또는 공공복리를 위하여 필요한 경우에 한해 법률로써 제안할 수 있다"고 명시한 것처럼 검열 아닌 규제는 가능하다고 본다. 사전검열은 폐지한다고 하더라도 사후 제재조치와 규제는 유효할 뿐 아니라 불가피하다. 검열과는 구별되는 규제 조치로서 등급심사제도와 문화소비자운동이 여기서 제안된다. 이때 기준으로 중요한 도덕적 잣대는 단지 폭력성과 음란성과 같은 개인적인 죄와 관련된 것뿐만 아니라 인종 편견, 물질주의, 자민족중심주의, 성적 편견, 국수주의와 같은 집단적인 죄도 포함시켜야 한다. 그러면서 필자는 제1부에 실린 여러 글이 주장하듯이 대중문화를 구속(救贖)하기 위해서는 그리스도인 문화인의 양성을 최우선 과제로 주목한다.

「대중문화의 양대 해악: 폭력성과 음란성 문제」(7장)와 「영매문화와 그리스도인—환생, 귀신, UFO, 무속」(8장)은 대중문화가 지닌 역기능을 지적하고 논의한 글이다. 먼저 폭력성의 미화가 문제로 지적된다. 폭력을 하나의 유머로 미화해서 그린다든지 또는 낭만과 동정으로 미화해서 그린다든지, 또는 예컨대 사무라이 정신을 반영한 일본 만화들이 "강자만이 살아남는다"는 제국주의 이데올로기를 반영한다든지 하는 여러 가지 측면들이 논의된다. 그런데 중요한 것은 자유와 평등, 정의 등 인간이 누릴 수 있는 가치에 앞서 훨씬 더 기본적인 가치라고 할 수 있는 생명 자체를 파괴한다는데 폭력의 문제가 있다. 기독교적 관점에서 볼 때 인간의 생명을 파괴할 수 있는 권리는 누구에게도 없다. 오직 보존해야 할 책임만 있을 뿐이다. 그럼에도 불구하고 대중매체에서는 폭력을 미화하고 생명은 아무런 가치가 없는 것처럼 무시된다.

두번째 문제로 지적된 것은 음란성이다. 성(性)은 하나님의 선물이며 친밀성과 상호 관심을 경험하는 자리이다. 하지만 오늘날 소비문화의 틈바구니에서 성도 상품화되었고 일반 상품과 마찬가지로 매매춘을 통해 단순히 유통되고 소비된다. 더욱이 예술이란 이름으로 생산된 포르노그라피는 성을 엄청나게 왜곡시킨다. 포르노는 필자가 강조하듯이 특히 여성을 대상으로 한 성적 학대를 정당화하고 남녀의 불평등을 야기한다. 그뿐만 아니라 포르노를 본 사람은 그대로 모방하고자 하는 마음을 갖는다. "오랜 기간 포르노에 노출된 남성들은 강간범들의 태도와 비슷해진다"는 말처럼 포르노는 폭력적 성을 조장하기도 한다. 대중문화 속에 퍼져 있는 폭력성과 음란성은 인간으로서 누릴 수 있는 생명과 살아 있는 생명에게 주신 성의 기쁨, 그로 인해 누릴 수 있는 자유와 평화를 사실상 파괴한다. 그런데 필자에 따르면 폭력과 성적인 방종의 일차적 피해자들은 약자들이다. 그 약자들을 보호하고 평등을 추구하는 데 기독교 윤리의 본질이 있다. 따라서 그리스도인들이 이러한 상황에서 성의 상품화와 성해방을 내세우는 사람들과 상업성의 명분으로 범람하는 폭력 문화에 대응하여 방어와 공격을 적절히 구사할 것을 호소한다.

「영매문화와 그리스도인—환생, 귀신, UFO, 무속」은 최근 매체를 통해 유행처럼 퍼지고 있는 귀신, 환생 등을 위시해서 환생, 귀신, UFO, 무속 등을 다루고 있다. 한 편의 글로 담기에는 많은 주제이지만 기독교적 관점에서 일반적인 방향 제시를 해주고 있다. 속류 신비주의로 분류한 귀신, 환생, 사탄 숭배, UFO 등의 현상을 설명한 다음에 죽은 자의 뜻을 전달하거나 심령 현상을 일으키는 영매의 등장과 그로 인한 영매문화의 형성 배경을 간략하게 서술한다. 영매문화를 보는 태도로 첫째, 영매 현상 자체를 거짓이나 속임수로 볼 수 없다는 것을 필자는 지적한다. 영매 현상은 하나님께 속한 것은 아니지만 결코 거짓으로 만들어낸 것은 아님을 인식해야 한다는 것이다. 성경에도 사울이 영매를 통해 사무엘과 대화한 사건이 있다. 둘째, 사울의 예를 통해 보듯이 영매를 통해서도 하나님은 자신의 뜻을 전달할 수 있었다는 것이다. 그러나 영매는 결코 하나님을 기쁘게 하는 신앙의 방법이 아님을 기억해야 할 뿐 아니라 접신한 자를 찾는 것은 하나님 앞에 큰 죄임을 필자는 지적한다.

대중문화의 부정적 측면으로 떠오른 폭력성, 음란성, 주술성 등이 가장 선명하게 보이는 곳은 아마도 청소년들이 즐기고 몸담고 사는 문화일 것이다. 그래서 제2부 마지막에서 우리는 「청소년 문제와 청소년문화」(9장)를 다루었다. 이 글은 현재 청소년들이 어떤 상황에 처해 있고, 자신의 정체성과 친밀성을 찾는 대상이 무엇인가 하는 것을 소상히 소개해준다. 물질적 풍요, 대중매체 영향력의 확대, 상업주의, 교복 자율화와 두발 자율화로 이루어진 새로운 패션관, 갈수록 파행적으로 치닫는 교육제도 등이 청소년들이 살고 있는 사회적 환경의 특성으로 묘사된다. 이러한 사회적 환경 속에서 성장하고 있는 청소년들은 공부의 스트레스에서 벗어나지 못한 채 음악이나 미술을 감상하지만 스스로 창작해볼 수 있는 여가 시간은 갖지 못한다. 그럼에도 불구하고 대중문화와 소비문화는 청소년들의 반항심과 고독감, 상실감과 무기력증, 공부 스트레스를 줄여줄 수 있는 패션, 헤어 스타일, 음악 등을 만들어내고 청소년들은 그것을 비판이나 검토 없이 수동적으로 따른다. 철저히 상업화된 대중문화는 선정성, 폭력성, 주술성 등으로 가득 차 있고, 이것은 청소년들의 성관념과 사회 관념 그리고 그들의 영혼을 오염, 타락시킨다는 사실이 지적된다. 이러한 상황에 처해서 우리는 입시 위주의 파행적인 교육제도와 관행을 개선해야 할 뿐 아니라 청소년들 스스로 자주적인 문화활동을 하도록 격려하고 여건을 조성해주어야 한다. 그리고 어른들이 먼저 음란물, 폭력물 등의 시청을 자제하고 대중매체를 올바르게 사용하는 법을 보여주어야 하며 청소년들을 이해하고 사랑으로 감싸주어야 한다고 필자는 역설한다. 특히 그리스도인들은 세속문화를 이겨낼 기독교문화를 창조하고 발전시켜야 할 뿐 아니라 청소년 유해 환경에 대한 지속적인 감시와 여론 형성의 필요성을 강조한다. 왜냐하면 청소년과 관련해서도 역시 건강한 문화, 건강한 삶이 중요하고 특히 이러한 문화와 삶을 형성하는 일에 그리스도인들이 모범이 되어야 하기 때문이다.

4. 대중문화를 전달하는 매체들, 기독교적 관점에서 어떻게 볼 것인가?

제3부에서는 좀더 구체적으로 대중문화를 전달하는 매체에 대해 다루었다. 텔레비전, 광고, 대중음악, 만화, 영화, 문학 그리고 컴퓨터를 중심으로 대중문화의 구체적 측면들이 논의된다. 매체와 관련된 기본적인 정보를 제공하고 그 속에 담긴 문제점 그리고 기독교적 관점에서 매체를 바라보고 이용하는 방법에 대한 제안들을 담고 있다. 매체란 우리가 일상적으로 사용하는 도구들과 비슷한 성격을 띠고 있으면서도 근본적인 차이가 있다. 예컨대 우리는 글자를 잘 보기 위해 안경을 이용하고 못을 박기 위해 망치를 사용한다. 마찬가지로 우리는 직접 보고 경험하지 못한 사건들을 듣고 읽기 위해 텔레비전과 신문을 본다. 그런 의미에서 텔레비전은 우리의 눈과 귀를 대신한다고 할 수 있다. 컴퓨터는 우리의 머리를 대신한다. 하지만 매체는 망치나 안경과는 달리 메시지를 전달한다. 그 속에는 사람의 생각과 사상, 사고방식과 가치관이 들어 있어, 이것을 전달하고 생각을 자극하고 욕망을 충동하고 일정한 사고 습관을 조장한다. 매체는 단지 메시지를 전달할 뿐만 아니라 동시에 세계를 구성한다. 세계는 매체에 따라 기술되고 해석되고 재해석하며, 이와 같은 것들이 다시 유통, 전달, 소비, 재생산되어 또다시 우리가 살고 있는 세계를 형성한다. 그러므로 그리스도인들이 매체에 관심을 갖는 것은 단지 어떤 한 도구에 관심을 갖는 것 이상이다. 매체에 대한 관심은 현대 세계를 구성하고 형성하는 도구와 조직과 조직 원리 등에 관심을 갖는 것과 마찬가지인 것이다.

먼저 관심 대상이 된 것은 매체 중에서 가장 영향력 있고 광범위하게 퍼져 있는 텔레비전이다. 텔레비전은 일상생활의 일부가 된 지 이미 오래 되었고 현재의 우리 삶 가운데에서 영향력이 가장 큰 매체이다. 텔레비전을 통해서 가치관이 변형되고 고정관념이 형성되며 사고와 판단의 기준이 정해지기도 한다. 따라서 텔레비전의 특성을 이해하는 것은 대단히 중요하다. 「텔레비전의 이해와 교회의 사명」(10장)은 텔레비전을 바로 보고 바로 이용하는 법을 제시한다. 이 글에 따르면 텔레비전은 우리에게 현실과 흡사한 '유사(類似) 환경'을 만들어주는 특징이 있다. 따라서 텔레비전에 오랫동안 노출된 사람은 직접 체험이 감소되는 반면 간접 체험이 증대되어 현실과 허구의 세계를 제대로 구분하지 못하는 경향이 있다. 텔레비전에 몰입하는 사람은 대인관계에서 문제가 생길 수 있고, 현실 인식이 약화되고, 고정관념이 형성될 수 있고, 공격성이 증대될 수 있으며 가치관에 커다란 변화가 초래될 수도 있다. 이와 같은 영향력은 그리스도인들에게도 마찬가지로 미칠 수 있기 때문에 교회 안에서의 교육이 중요하다는 것이 필자의 주장이다. 그러자면 우선 텔레비전에 대한 무조건적 거부나 기피 태도를 버리고 텔레비전이 가질 수 있는 순기능을 충분히 파악하여 청소년의 전도와 선교의 수단으로 활용할 길을 찾아볼 필요가 있을 뿐 아니라 텔레비전을 바르게 볼 수 있는 분별력을 길러주는 교육이 있어야 함을 역설한다.

「광고의 사회학」(11장)은 텔레비전과 신문 그리고 대형 광고판을 통해서 끊임없이 쏟아지는 광고에 대해서 많은 정보와 정확한 시각을 제시해준다. 필자에 따르면 광고란 상품 판매의 촉진 과정에서 특수한 관념이나 가치관을 말과 이미지를 통해 의미를 부여하는 일종의 '의미화의 실천'이다. 의미화의 실천을 광고가 맡을 수 있는 것은 그것이 우리의 지각을 조직하고 의미 구조를 창조하기 위해 고안된 메시지 체계이기 때문이다. 광고를 통해 광고주가 겨냥하는 것은 소비 욕구를 최대한 증대해서 되도록 많은 상품을 판매하는 것이다. 필자는 자본주의 체계 하에서 광고를 전면 부정할 수 없다면 광고와 소비의 환상으로부터 거리두기를 실천한다든지 욕망을 지연시키거나 통제한다든지 또는 자율적인 광고 규제를 한다든지 하는 소극적이되, 유효한 활동을 전개해야 한다고 제안한다. 광고의 부정적인 영향을 최소화하기 위해서 소비자운동이 필요함이 여기에서도 역설된다. 광고주는 소비자단체의 의견과 압력을 염두에 두지 않을 수 없기 때문에 소비자운동은 광고 규제 방안으로 가장 현실적이고 합리적인 대안으로 제시된다.

대중문화 가운데 특히 청소년들에게 영향력이 가장 큰 것은 역시 대중음악이 아닌가 여겨진다. 「교회와 대중음악」(12장)은 최근 관심을 모으고 있는 CCM에 관한 찬반론과 뉴에이지 음악 그리고 대중음악의 현황과 문제점 등을 간략하면서도 매우 균형 있게 다루고 있다. CCM에 대한 찬반론을 소개한 뒤 필자는 음악에서 형식과 내용을 떼어놓고 생각할 수 없기 때문에 현대 대중음악을 도입하되 스타일의 채택은 신중해야 한다고 본다. 결국 문제는 CCM이 '경건의 능력'을 유지하고 있느냐에 따라서 복음적 음악이 될 수 있는가 아닌가 하는 것이 판가름날 것이라고 본다. 또한 뉴에이지 음악과 관련해서 지금까지 국내에서 모든 음악을 뉴에이지라는 잣대로 재고 재단하는 것에 문제를 제기한다. 이로 인해 서정풍 계열의 연주음악이 가질 수 있는 치유와 휴식 기능마저 평가절하될 수 있기 때문이다. 대중음악의 일반적 성격을 규정한 뒤 필자는 그리스도인들이 대중음악을 대할 때 취할 태도로 몇 가지를 지적한다. 첫째는 절제가 필요하다. 왜냐하면 음악 듣기에는 중독성이 있기 때문이며 또한 고통받는 이웃을 생각해서라도 '즐기는 비용'을 억제할 의무가 우리에게 있기 때문이다. 둘째, 대중문화의 질에 관심을 가져야 한다. 음악 만들기와 음악 듣기에서 질 높은 음악을 추구해야 하는 것은 그리스도인들에게 '하나님의 명령'이라고 필자는 본다. 따라서 실력 있는 대중음악계를 만들고 그것을 건강하게 즐기는 대중의 역할을 찾는 것이 그리스도인들에게 주어진 과제라는 것이다.

「새로운 시대를 맞이하는 만화의 세계」(13장)도 앞의 글들과 마찬가지로 정보 제공과 관점 세우기를 적절하게 제공해주고 있는 글이다. 만화는 한때 어린이들의 전유물이었으나 이제는 다양한 계층이 즐기는 대상이 되었다는 사실을 새삼 다시 지적할 필요는 없다. 만화는 보고 읽는 사람에게 단지 재미를 줄 뿐만 아니라 문화 상품으로서 상당한 부가가치를 누리는 상품이 되었다. 앞에서 대중문화의 쟁점으로 거론했던 음란성과 폭력성은 만화 속에서도 그대로 드러난다. 그러므로 그리스도인들은 만화산업의 실태에 대한 지식과 더불어 만화 읽기에 대한 바른 입장을 세워야 할 지점에 와 있다. 일반인들은 만화를 단지 오락적 관심과 경제적 효과의 관점에서 보지만 그리스도인들은 만화를 예술로서, 정보 전달 매체로서 그리고 아동의 사회화의 측면에서 보아야 한다는 것이 필자의 생각이고 이런 관점에서 만화와 관련된 기독교적 관점 세우기가 시도된다.

영화를 다루고 있는 「기독교문화운동과 영화」(14장)는 앞의 세 글과 약간 다른 방식으로 쓰여졌다. 앞의 글들이 각 매체 또는 장르에 대한 정보 제공과 관점 세우기를 동시에 목표로 삼았다면 영화에 관한 글은 영화 자체보다는 영화를 대하고 수용하는 그리스도인의 태도와 그 동안의 국내 기독교 문화운동의 문제점을 검토하고 있다. 그리고 문화를 음란성, 폭력성, 비도덕성 등 주로 윤리적 잣대로 보는 것과 뉴에이지적 요소와 악마주의적 요소, 즉 영성의 잣대로 보는 것이 둘 다 한계가 있음을 지적한다. 이 글도 앞선 다른 글과 마찬가지로 그리스도인들이 문화를 단순히 적대적으로 보는 입장이나 아니면 단순히 오락으로 보는 입장을 넘어서서 기독교문화를 창조하는 일에까지 나아가야 함을 역설한다. 문화를 단지 수용하고 누리는 자뿐만 아니라 문화를 만들어가는 창작자 그리고 이들에게 기독교 세계관을 가르치고 바른 길로 인도하는 사람들의 공동 노력으로 기독교문화, 기독교적 영화가 만들어질 수 있다고 필자는 강조하고 있다. "문화의 문제는 곧 사람의 문제다"라는 사실을 다시 한번 상기시켜주는 글이다.

「문학 속의 성(性) — 인간해방과 추락의 경계에서」(15장)는 문학과 성의 관계를 다룬다. 이와 관련된 대표적 사례로서 『봄의 개안』, 『채털리 부인의 사랑』 등을 위시해서 1990년대 이후의 국내 작품들, 예컨대 최영미의 『서른 잔치는 끝났다』, 신현림의 『세기말 블루스』, 진수미의 『바기날 플라워』, 마광수의 『즐거운 사라』, 장정일의 『내게 거짓말을 해봐』, R. 윌러의 『매디슨 카운티의 다리』, 밀란 쿤데라의 『참을 수 없는 존재의 가벼움』 등이 언급된다. 이러한 작품들은 인간의 성을 자연스럽게 표출하며 이를 통해 자유를 실현하고 인권을 회복한다는 생각을 퍼뜨리고 있지만 실상은 성을 왜곡하고 파괴한다는 사실을 필자는 강조한다. 대중의 인기에 영합하거나 경제적 이득만을 겨냥한 작가들의 의식 결여가 성표현이 고삐 풀린 상태로 치닫고 있는 원인으로 지목된다.

제3부 끝에 실린 「정보화 사회, 사이버 문화, 기독교 신앙」(16장)은 정보화사회의 출현과 함께 새롭게 등장한 문제들을 다룬다. 정보화사회가 안고 있는 문제로서 첫째, 전세계가 거대한 전자통신 조직망으로 연결됨으로써 소수의 정보 강국이나 미디어 조종 집단이 전세계를 지배할 가능성이 있고 둘째, 한 나라 안에서도 컴퓨터를 사용할 수 있는 부유층과 중산층과 서민, 빈곤층 간의 격차가 클 수 있고 셋째, 철저히 상업화된 사회가 될 수 있고, 넷째, 얼굴과 얼굴을 마주한 직접적 인간관계가 줄어든 나머지 인간관계가 더욱 익명적이고 간접적이 되는 위험이 있다는 것 등이 지적된다. 사이버 문화를 교회에 어느 정도 도입할 것인가 하는 논란이 있지만 이 속에 내재된 위험, 예컨대 자아 상실, 타자와의 관계 상실, 사회 현실에의 부적응, 현실과 가상의 도착 상태 등의 위험을 직시하고 사이버 문화에 접근할 것을 필자는 권유한다.

5. 이 책을 어떻게 사용할 것인가?

이 책은 반드시 순서대로 읽을 필요는 없다. 독자는 자신의 관심에 따라 어떤 부분이라도 먼저 선택해서 읽을 수 있을 것이다. 이론에 관심 있는 분은 제1부를, 쟁점에 관심있는 분은 제2부를, 그리고 대중문화의 매체에 관심 있는 분들은 제3부를 읽으면 될 것이다. 그러나 시간이 충분히 있고 좀더 깊이 대중문화를 생각해보고자 하는 분들은 제1부부터 순서대로 읽는 것이 역시 도움이 되리라 생각한다. 왜냐하면 제1부는 대중문화를 기독교적으로 바르게 볼 수 있는 시각을 제공해 주고 있을 뿐 아니라 영화나 음악 등 대중문화의 개별 장르와 관련해서 글을 쓰는 비평가들의 문화이론, 문화 소비에 대한 관점들을 제공해주고 있고, 제2부는 표현의 자유와 검열을 위시해서 대중문화의 몇 가지 문제시되는 쟁점들을 다루고 있기 때문이다.

이 책은 그룹 공부나 강의를 위해서도 적절하게 사용될 수 있으리라 기대한다. 그룹 공부나 강의를 할 때 되도록 한 장씩 맡아 발제 형식으로 발표하면서 자유롭게 토론을 해나가는 방법을 취하면 될 것이다. 우선 각 장마다 사용하고 있는 기본적인 개념을 정리하는 것이 좋을 것이다. 어느 정도의 개념 정리가 되고 나면 각 문제와 관련해서 사실을 토대로 한 문제에 대한 정확한 파악이 필요하다. 예컨대 CCM이 토론 대상이 된다면 우선 이것이 어떤 개념인가, 현재 어떻게 진행되고 있는가, 어떤 찬성 의견이 있고 반대 의견이 있는가, 기독교적 문화의 관점에서 볼 때 찬성과 반대 의견들이 어떤 문제를 안고 있는가, 우리는 이 시점에서 CCM을 어떻게 보고 활용할 것인가 등등의 물음을 제시해볼 수 있을 것이다. 각 장 끝에 붙인 '생각해봅시다'를 충분히 활용하는 것이 좋을 것이며, 참고문헌도 잘 활용하면 토의의 폭과 깊이를 더하는 데 도움을 줄 것이다.

이 책은 어떤 의미에서 계속해서 독자들과 함께 써나가야 할 책이다. 여기에서는 다뤄야 할 문제를 모두 다루지 못했을 뿐만 아니라 한 분야의 문제조차 전체적으로 포괄하지 못하였다. 특히 제3부에서 각 매체와 관련해서 다룬 부분은 사실상 각각 한 권씩의 단행본이 필요한 것들이다. 그러므로 혹시 이 책을 그룹 토론에서 사용할 때, 각각의 관심에 따라 각 부분을 보완해서 더 써나갈 수 있을 것이다. 이 책을 읽고 토론하는 여러분 자신이 각 장을 더 써나가는 필자가 되어보라. 그것을 실제로 교회 안에서 그리고 구체적 삶을 통해 실현해보고 그것을 바탕으로 다시 써보라. 이 책은 그러한 글쓰기의 바탕이 될 수 있으리라 기대한다. 문화는 이제 무관심하게 버려두기에는 너무나 가깝게 우리의 살갗과 우리의 생각과 사고방식에 닿아 있다. 그러므로 그리스도인들은 문화에 대해서 올바르게 반응하고 올바르게 책임지는 법을 배워야 한다.

이 글의 저자 강영안은 서강대학교 철학과 교수로 화란 암스테르담 자유대학교에서 칸트에 관한 논문으로 철학 박사학위를 받았다. 화란 레이든대학 전임강사, 계명대학교 조교수, 서강대학교 부교수, 벨기에 루뱅 대학 초빙교수 등을 역임하였다. 사단법인 '기독교윤리실천운동' 본부 실행위원이며 문화전략위원회 위원이기도 하다.

제1부
대중문화의 기독교적 이해

1장
대중문화시대의 그리스도인

▌이정석

　광화문과 예술의 전당 앞에는 대형 전광판이 설치되고 "문화의 세기가 오고 있다"는 캐치 프레이즈와 함께 카운트다운이 시작되었다. 21세기에 진입하는 대선에서 승리한 후보는 문화 대통령의 이미지를 내걸었고, 문화 이론가들끼리 '김대중 죽이기, 살리기' 논쟁이 벌어졌지만, 후보 중에서 유일하게 그리고 처음으로 『김대중 문화 읽기: 이경규에서 스필버그까지』라는 문화평론서를 출판한 김대중 씨가 대통령에 당선되었다. 과연 21세기는 문화의 세기이며, 정말 문화의 세기가 오고 있는 것인가?
　왜 21세기를 '문화의 세기'라고 말하는 것일까? 역사 진보론자들은 항상 과거보다 미래가 더 개화되고 발전된 문화를 소유한다고 생각하지만, 이 말은 마치 지금까지는 문화의 세기가 아니었고 21세기야말로 인류가 처음으로 문화를 향유하게 되는 세기가 되리라는 그릇된 기대감을 줄 수 있다.
　실로 문화 없는 인류 역사가 존재하지 않았으며, 인류의 역사는 문화의 역사라고 할 수 있다. 문화는 항상 존재하여 왔으며 반드시 고대문화가 저급하거나 열등한 것도 아니었다. 심지어 "해 아래 새것이 없다"는 문화 순환론이나 "옛것이 좋았다"는 문화 복고론도 단순한 생각이 아니다. 예를 들자면, 서구 현대문화는 복고주의적인 르네상스가 없이는 불가능하였다. 더욱이 현대 인류학은 원시문화와 발달된 문화라는 구분에 문제가 있음을 지적하였다. 그러므로 21세기를 문화의 세기라고 말할 때, 그 문화란 일반적인 의미의 문화가 아니라 특별한 형태의 문화를 가리키는 것이라고 보아야 한다.

그러면 우리가 살고 있는 20세기의 현대문화는 어떤 특성을 가지고 있는가? 그리고 21세기의 미래문화는 어떠할 것인가? 현대문화의 가장 대표적인 성격은 아마도 "대중문화(mass culture)"라는 것이며, 이러한 형태의 문화는 다음 세기에 더욱더 심화되고 확대될 것으로 예상된다. 국민의 거의 반수가 같은 시간에 같은 인기 드라마를 보면서 같이 웃고 같이 운다. 수억 명의 사람들이 같은 국제경기를 보면서 같이 소리를 지르고 같이 애를 태운다. 수많은 젊은이들이 같은 가수의 음악을 들으며 열광하고, 엄청난 관객이 같은 영화를 보면서 같은 정서를 나눈다. 그리고 전세계 어디서나 컴퓨터 앞에 앉아 인터넷에서 같은 정보를 나누고 서로 대화한다. 이런 모습은 과거에는 상상할 수도 없는 것이었다. 현대인은 생계를 위해 일하는 시간을 제외하고는 대부분의 깨어 있는 시간을 대중문화를 소비하며 살아간다.

그러면 이러한 대중문화시대에 사는 우리 그리스도인들은 어떠한 삶을 살아야 할 것인가? 기독교가 단순히 지식적 신앙의 문제가 아니라 행동하는 신앙, 즉 삶의 문제라면 그리스도인은 불신자(不信者)와 다른 삶을 살아야 하며 다르게 시간을 사용해야 할 것이다. 불신자와 똑같은 일을 하고 남은 시간에는 똑같은 대중문화를 똑같은 방식으로 즐기며 살아간다면, 기독교 신앙이란 삶에 아무 영향도 미치지 못하는 허식일 뿐이다. 기독교인은 기독교적인 문화생활을 해야 한다. 그리스도를 주님으로 받아들이는 것은, 우리 삶의 모든 영역에서 그리고 모든 시간에서 우리 삶의 주인이 주님이심을 인정하는 것이다. 그러므로 그리스도는 우리 문화생활에서도 주님이 되어야 한다.

　기독교는 오랜 세월 여러 형태의 문화 속에서 존속하고 발전해왔다. 따라서 오늘날의 대중문화 역시 기독교에 근본적인 위협이 될 수 없다. 그러나 현대의 문화적 순종을 위하여 이 새로운 형태의 문화를 올바로 이해하고 적응하는 한편 그리스도에게 거역하는 요소를 정화하고 순종하는 문화로 개혁해나가는 작업이 요청된다.

1. 대중문화란 무엇인가?

　현대의 대중문화에 대한 기독교의 평가는 크게 두 가지 입장으로 나뉜다. 그러나 그것은 서로 상반된 입장이기보다는 대중문화의 두 측면에 대한 강조점의 차이라고 볼 수 있다. 하나는 대중문화에 대한 긍정적 견해이다. 맹용길 교수는 『기독교 신앙과 대중문화』라는 글에서 대중문화를 대중의, 대중에 의한, 대중을 위한 문화라고 정의한다. 그러면 대중이란 누구인가? 그는 대중을 대다수의 사람들로 이루어지는 집합체로서 사회적 지위, 계급, 학력, 재산 등의 사회적 장벽을 초월해서 구성되는 사람들이라는 일반적 의미로 이해한다.

　이러한 긍정적 평가의 근거로 드디어 문화적인 대중의 시대가 도래했음을 제시한다. 과거에는 문화가 소수 귀족들의 전유물이었지만, 민주주의의 도래와 함께 대중이 평등하게 즐길 수 있는 형태로 변화되었다는 생각이다. 이러한 변화는 그리스도의 구속이 문화에 적용되어 일어난 현상으로, 과거에 부르주아와 엘리트만을 위한 불평등하고 자만한 소수 문화를 극복한 보편적 은총이라고 해석한다. 인간의 타락과 죄악은 하나님께서 평등하게 창조한 인류를 지배자와 피지배자, 귀족과 천민 그리고 부자와 가난한 자 등으로 분리하고 사회적 신분을 세습하고 문화를 소수 지배계급의 전유물로 만들었으며, 다수의 대중은 문화적 혜택에서 소외되었다.

　더욱이 힘없는 대중은 문화를 모르는 미개인 취급을 당하고, 그들이 즐기는 문화는 저급문화로 분류되어 천시되었다. 또한 침략적인 식민통치하에서 지배자의 문화는 우월한 것으로, 피지배자의 문화는 열등한 것으로 여겨졌다. 현대 인류학은 이것이 얼마나 제국주의적이고 잘못된 문화관인가를 지적하였음에도 불구하고 식민주의 시대가 종식된 지금도 그 여파로 형성된 서구화의 물결은 현대화라는 이름으로 계속되어 서구 문화의 우월성이 전세계적으로 인정되고 있다. 그러나 노예의 음악으로 유입된 재즈가 오히려 미국 음악을 지배하고 랩송이 한국 청소년 음악을 지배하는 현상 등은 대중문화가 과거의 정치적 차별을 극복하고 있음을 보여준다. 정치적 민주화와 독립은 대중이 주도하는 대중을 위한 문화의 민주화를 성취하는데 깊은 영향을 끼쳤으며, 이 점은 분명히 긍정적으로 평가되어야 한다. 과거에는 예술가들이 소수만을 위하여 봉사하였으나, 이제는 모두를 위하여 그들의 예술적 재능을 사용하게 되었다. 그리고 신분적인 차이 때문에 문화적 혜택을 유린당하고 차별당하는 일은 크게 줄어들었다.

　대중이 문화를 향유할 수 있게 만들어준 또 하나의 원동력은 정치적 민주화와 함께 일어난 과학의 발달이다. 과거에는 아름다운 음악을 듣기 위해 먼 거리를 여행해서 비싼 입장료를 내고 음악회에 참석해야 했지만 지금은 과학 기술의 발달로 말미암아 거의 완벽한 음질을 가진 테이프나 CD를 값싸게 구입해서 어디서나 반복해서 들을 수 있게 되었다. 거의 모든 가정에 보급된 텔레비전이나 라디오는 빈부귀천을 막론하고 모두가 즐길 수 있게 되었고, 전세계에서 일어나는 일들을 안방에서 편안히 볼 수 있다.

　고대에는 서민이 성경 한 권을 구한다는 것은 거의 불가능하였으나, 오늘날에는 출판 기술의 발달로 누구나 가까운 서점에서 쉽게 구해 읽을 수 있다. 그리고 과거에는 소수의 지배계급만이 의료 혜택을 누렸으나 이제는 누구나 진료를 받을 수 있게 되었으며, 이런 혜택은 더욱 확대되고 발전할 것이다. 이러한 문화의 대중화는 인류에게 주신 그리스도의 보편적 은총에 의해서 가능해졌다.

이런 대중의 문화적 향유는 산업혁명과 자유시장체제라는 현대 경제의 민주화와 대중화에 의해 더욱 박차를 가하게 되었다. 과거 한국에는 소수의 부유층과 절대 다수의 빈민층이 있었지만 경제발전으로 인해 오늘날에는 소수의 부유층과 빈민층이 있을 뿐 많은 사람들이 중산층으로 분류되고 있으며 이들은 대중문화를 향유할 수 있는 경제적 능력을 가지고 있다.

그런가 하면 대중문화를 정죄하는 부정적 견해도 적지 않다. 손봉호 교수는 『대중문화에 대한 기독교인의 태도』라는 글에서, 대중문화를 "대중이 만들어내고 대중이 즐기는 문화"라고 정의하지만 대중에 대한 이해는 매우 다르다. 그에게 대중이란 대부분의 사람을 뜻하는 것이 아니라, "어떤 특정한 성격을 가진 인간군"을 가리킨다. 이 거대한 인간 집단은 현대 산업사회에서 대량 생산과 대중매체에 의하여 생겨난 획일화되고 규격화된 '소외된 인간군'이며, 따라서 대중문화는 '소외된 문화'라고 부정적으로 평가한다. 그리고 "기독교인은 대중에 속할 수 없다"라는 논리로 기독교인은 대중문화를 수용하거나 향유해서는 안 된다고 주장한다. 그뿐 아니라 많은 기독교 신학자들이나 문화이론가들은 대중문화에 대해 강력한 비판을 가하고 심지어 '문화전쟁'까지 선포하고 있다.

그렇다면 왜 대중문화가 비기독교적이며 그리스도인이 비판적으로 대해야 하는 형태의 문화인가?

첫째로 문화의 대중화는 공동체와 자아의 상실을 유발시킨다. 문화를 모두가 함께 향유하게 되었다는 긍정적인 이면에는 부정적인 요소가 도사리고 있다. 문화는 공동체를 전제로 한다. 인간이 공동체를 형성하고 서로 교제하며 사는 삶의 방식이 그 공동체 특유의 문화를 산출한다. 독특한 언어를 사용하면서 독특한 노래를 부르고 독특한 그림을 그리며 독특한 옷을 입고 독특한 집에서 독특한 음식을 먹으며 독특한 예의와 의식을 거행하며 독특한 삶을 살아가는 방식이 각 민족과 공동체가 독특한 문화를 형성하게 했다.

고대로 갈수록 생활 공동체의 규모는 작다. 산업혁명과 도시화 이전에는 인류가 서로 인격적 교제를 나누는 부락이나 성읍 공동체에서 그들 나름대로의 문화적 정체성을 가지고 살아갔다.

그러나 문화의 현대적 대중화는 문화적 공동체를 무한히 확대시켜 세계 전체에 이르게 하였다. 과거에는 문화적 공동체가 곧 삶의 공동체였으며, 문화는 공동체 생활의 수단이며 공감대를 이루는 표시였다. 그러나 현대의 무한 대중화는 문화의 공동체와 인격적 교제를 나누는 삶의 공동체를 분리시켰다. 그 결과 인격적 공동체를 파괴하여 공동체적 교제를 증진하는 방편으로 함께 놀이를 즐기고 함께 노래하며 함께 구경하기보다 혼자서 문화를 즐긴다. 심지어 많은 사람이 함께 영화를 관람할지라도 사실은 모르는 사람들끼리 모여서 제각기 관람하는 것이다.

이러한 대중화는 군중 속의 고독을 느끼게 하고 문화가 공동생활의 수단이 아니라 목적 그 자체로 종속되게 만든다. 공동체의 상실은 인격적인 자아의 상실을 가져오고 인생을 무의미하고 고독하게 만든다. 너무 대형화된 공동체에서 개인의 요구나 필요는 무시되고 군중심리가 작용한 인기에 지배당해 그 속에 자신을 내던진다. 자기의 능동적인 결정에 의해서라기보다 사회에서 소외당하지 않기 위하여 무의식적으로 대중 안에 있으려 한다. 대중이 문화의 주체가 되는 것이 아니라 대중성의 메커니즘에 의해서 조작당한다. 문화를 조작하는 사람들조차도 대중성의 논리에 지배당한다.

문화의 대중화는 획일화와 인기에 무조건 종속되는 전체주 논리에 희생당할 위험이 있다. 인류는 전체주의로 인한 실패의 경험을 가지고 있다. 하나님은 하나가 되어 바벨탑을 쌓는 인류를 분리시켜 다양한 민족과 공동체로 살면서 서로 견제하고 균형을 유지하도록 함으로써 인류의 멸망을 막으셨다. 정치적인 세계 제국의 출현이나 문화의 대중적 획일화는 죄에 종속된 인류에게 심각한 위협이다. 그리고 문화의 공동체가 끝없이 확대됨으로써 발생하는 정보와 문화의 대량화는 인간의 수용 한계를 넘을 뿐 아니라 감정과 의지는 둔화되고 인간성은 서서히 파괴된다.

둘째로 현대성은 대중문화가 가지고 있는 또 하나의 위험이다. 대중문화는 인류의 오랜 역사에 있어서 현대라는 특정한 시대에 일어난 새로운 문화 현상으로서, 현대성이 그것을 가능하게 만든 본질적 요소인 것이다. 앤소니 기든스(Anthony Giddens)는 『현대성과 자아정체성』에서 "현대성은 산업주의와 자본주의라는 두 축으로 구성되었으며, 그 특징은 시간과 공간의 분리, 탈피 그리고 성찰성에 있다"고 분석하였다.

20세기는 산업혁명으로 인한 경제적 갈등이 야기되어 공산주의와 자본주의라는 양대 이데올로기가 대립하였으나, 80년대에 접어들면서 공산주의는 대부분 붕괴되고 자본주의의 승리로 결말을 맺고 있다. 그러나 공산주의든 자본주의든 둘 다 경제주의라는 시대정신이 낳은 쌍둥이였고 사상적으로는 공히 물질주의의 지배를 의미한다. 이와 같이 물질주의가 지배한 20세기를 거치면서 인류문화는 점차 상업적인 문화로 변질되었다.

이제 문화는 상품으로 전락하고, 상품 가치가 문화의 가치를 결정한다. 과거에 문화는 경제와 무관한 분야였으며, 오히려 재정적인 도움을 필요로 하였다. 그러나 현대의 대중문화는 산업의 한 분야로서 거대한 경제 규모를 가진 고도의 부가가치산업으로 각광을 받기에 이르렀다. 비디오나 카세트, CD는 끝없는 복제를 통하여 손쉽게 이익을 취할 수 있고, 텔레비전이나 컴퓨터의 대량 생산과 대량 보급은 곧장 시청료나 광고료, 정보료나 판매 수입금과 비례한다.

대중매체의 보급이 천문학적이기 때문에 대중문화의 경제 규모도 가히 상상을 초월한다. 이러한 대중문화의 상업성은 자연히 대기업이나 정부의 관심을 불러일으키고, 21세기를 '문화의 세기'라고 부르는 데는 경제적인 관심이 상당 부분을 차지하고 있다. 대중문화는 오락이나 흥행뿐 아니라 의식주와 같은 인간의 기본생활에서도 현대적 패턴으로 정착되고 있다. 수많은 사람들이 같은 공장에서 생산한 음료나 식품을 먹고 마시며, 한 디자이너가 제작한 한 패턴으로 같은 공장에서 만들어낸 같은 옷을 입고 다니며, 같은 설계사와 같은 건축회사가 지은 같은 아파트에서 같은 가구와 색상 속에서 살아간다.

이러한 대중문화란 과거에는 불가능한 것이었다. 현대에는 과거의 오랜 신분적 질서가 파괴되고 산업을 통한 부의 축적과 자본주의적 힘의 질서로 재편됨에 따라 거대한 사회적 혼란이 야기되었으며 급격한 신분상승을 위한 경쟁이 계속 이어지고 있다. 이러한 사회적 경쟁은 현대사회를 매우 역동적으로 만드는 한편 문화형태를 매우 위험하게 만들기도 했다. 문화는 산업화되어 거대한 시장으로 변모하였고, 따라서 거기에 종사하는 문화인들은 부에 대한 욕망을 충족시키기 위하여 인기라는 우상을 섬기고 있다. 텔레비전이나 영화, 음악 등 모든 현대문화는 시청률과 판매량에 관심을 집중시킨다. 이런 자본주의 논리와 기회주의적 인기 조작은 대중을 위해서가 아니라 자신의 경제적 치부와 신분상승을 위해 대중의 기호를 조작하고 죄악성을 부추기는 위험한 결과를 초래한다.

고도로 경쟁적인 산업사회를 살아가는 현대인들은 항상 지쳐 있다. 아침 일찍부터 저녁 늦게까지 분주하게 뛰지 않으면 경쟁에서 뒤처지게 된다. 과거의 전원적 편안함은 현대인에게 낭만적 회향에 불과하며, 피곤한 도시생활을 불평하면서도 떠나지 못한다. 현대인은 항상 피곤하다는 강박관념에 사로잡힌 채 축적되는 스트레스 속에서 살아가고, 피곤을 풀어주고 고독과 무료함을 달래는 도구로서 문화를 이해한다. 그렇기 때문에 현대인에게 문화는 재미있어야 한다. 공동체 안에서 인격적 교제를 통하여 얻을 수 있는 정신적 만족이 결핍되어 있는 불안한 현대인은 문화에서 일종의 대리만족을 추구한다.

실로 최초의 인류 문화는 하나님을 떠나 관계가 단절되면서 극도의 불안을 느꼈던 가인과 그 후예들에 의하여 만들어졌다. 현대문화는 그 자본주의적 경쟁성 때문에 좀더 재미있고, 쾌감을 줄 수 있고, 무료함을 달래주는 문화를 개발하게 되었고, 따라서 좀더 자극적인 섹스와 폭력이 갈수록 강도를 높여가고 있다. 현대문화 속에 나타나는 광기와 혼란은 현대성의 본질적 불안을 반영한다.

현대 산업사회가 가져온 인간의 소외와 비인간화는 문화와 윤리를 분리시켰다. 현대문화는 로고스적 합리성이나 윤리성을 배제하고 재미와 인기가 지배적인 원리로 작용한다. 그리고 현대인의 인간성 소외는 무책임하고 무절제한 인간을 대량으로 산출하였다. 자본주의 논리에 종속된 현대성은 예술과 윤리를 분리시키고 문화를 무윤리적 영역으로 만들어버렸다.

셋째로 대중문화가 의존하고 있는 테크놀러지의 문제이다. 현대문화는 과거의 문화와 연속성을 가지지만, 지난 수천 년의 인류 문화와 근본적인 차이를 가지는 급진적인 문화현상을 보이고 있는 것도 사실이다. 이는 산업혁명에 의한 사회구조의 변화와 테크놀러지의 급격한 발전에 의해 급속히 형성되었으므로 '기술문화(technological culture)'라고도 부른다. 고대나 중세에도 테크놀러지가 없었던 것은 아니지만, 현대의 기계문명과 기술문화는 감히 비교할 수 없는 발전을 보이고 있다. 기계와 기술의 발전은 자연히 관련 매체를 사용한 문화의 발생을 가져왔다. 현대문화의 대표적인 예는 아마도 텔레비전이나 오디오, 비디오, 또는 컴퓨터를 통한 문화형태일 것이다. 근대문화가 인쇄혁명에 의해서 이루어졌다면 현대문화는 고도의 테크놀러지를 사용하는 전자제품에 의해서 발생하였고, 계속 발전하고 있다. 그런데 이러한 기술문화는 대량 생산체계를 가지고 있어서 대중매체를 소유한 모든 대중이 문화를 공유하는 성격을 가지기 때문에, 현대문화를 '대중매체문화'라고도 부른다.

프랑스의 문화비평가 자크 엘룰(Jacques Ellul)이 『테크놀러지의 허세』에서 지적한 대로, 기술문화는 우리의 새로운 환경과 지배체제가 되어 우리의 자연환경과 인간성과 문화를 위협하고 있다. 테크놀러지는 인간이 기계를 섬기고 맹종하도록 강요한다. 이는 실로 어처구니없는 일이다. 나아가 우리가 그것을 폐기하려 해도 불가능하다. 그래서 엘룰은 현대의 기술문화를 무적(無敵)의 악마적인 '테러리즘'이라고 불렀다.

또한 많은 지성인들은 기술문화가 이미 우리의 통제를 벗어났다고 심각하게 우려하고 있다. 데이비드 호퍼(David Hopper)는 이 테크놀러지의 메커니즘이 자만과 탐욕이라는 인간의 문제와 결합하여 인류를 "지구상의 멸절로 이끌고 있다"고 경고하였다. 현대 기술문화에 대한 비관론은 단순히 테크놀러지에 대한 두려움 때문만이 아니다. 그것이 인간성의 소외와 파괴 그리고 인간 공동체의 불행과 파멸을 초래할 수 있기 때문이다.

엘룰은 테크놀러지와 문화가 본질상 서로 융합될 수 없다고 주장하면서, 그 일곱 가지 이유를 제시하였다. 첫째, 테크놀러지는 오로지 실용적인 정보만을 인정하지만 문화는 진정한 지식에 관심을 가진다. 둘째, 테크놀러지는 완전히 경제적 명령에 복종하지만 진정한 문화는 그것을 초월한다. 셋째, 테크놀러지의 언어는 문화와 대화할 수 없다. 넷째, 테크놀러지는 우주적이지만 문화는 지역적이며 시간적인 차이를 가지고 있다. 다섯째, 테크놀러지는 과거를 성찰하지 않지만 문화는 본질적으로 과거지향적이다. 여섯째, 테크놀러지는 사회 접촉을 감소시키지만 문화는 그것을 증진시킨다. 일곱째, 문화는 인간적이지만 테크놀러지는 인간성을 고려하지 않는다.

그러므로 인간 문화와 이질적인 테크놀러지가 주도하는 현대의 문화현상은 분명히 반문화적인 요소를 내포하고 있으며, 이는 인간성과 인간사회에 부정적인 결과를 가져온다. 테크놀러지 매체는 인간과 인간이 직접 만나는 인격적 교제를 약화시키고 부자연스럽게 만들며, 고도로 진보한 가상현실은 현실과 가상세계를 혼돈스럽게 만들어 현실 인식을 마비시킨다.

넷째로 대중문화의 세속성이 부정적인 평가를 유발한다. 산업화는 도시화를 유발시켜 핵가족화와 대가족의 붕괴 그리고 급기야는 가족의 약화와 이혼의 급증이라는 기본 공동체의 파괴를 가져왔다. 산업화는 또한 기계화를 통하여 사람의 삶을 종속시키고 문화 적응력을 약화시켰으며, 이는 여유와 자유를 제한하여 자연과 친밀한 인간적인 삶을 불가능하게 만들었다.

따라서 자연은 파괴되고 인간의 정서는 고갈되며 마음은 조작당한다. 진리와 지혜는 사라지고 지식과 정보만이 넘친다. 현대인은 군중 속의 고독을 느끼며 문화의 홍수 속에서도 진정한 문화에 목말라 한다. 테크놀러지의 놀라운 발전은 모든 것을 상품화하고, 그것을 즐기면서도 진정한 기쁨이나 행복을 느끼지 못한다. 인간은 테크놀러지와 기술문화로 만족하지 못하며 진정한 문화의 회복을 갈망한다. 미국의 사회학자 피터 버거(Peter Berger)는 기술문화가 필연적으로 '집을 잃어버린 느낌(feeling of homelessness)'을 불러일으키며, 이것이 현대문화의 내재적 한계라고 주장한다. 즉 현대인은 삶의 의미를 상실하고 살아간다는 견해이다.

왜 현대문화는 의미를 부여하지 못하는가? 문화신학자 폴 틸리히(Paul Tillch)는 『문화의 신학』에서 그 이유를 잘 설명한다. 종교는 인간의 궁극적 관심에 대답하고 그 근거를 제시한다. 따라서 '종교는 문화에 의미를 부여하는 실체'인 것이다. 그런데 현대문화는 과거 문화에서 종교를 제외시켜 버렸기 때문에 사람들은 의미를 발견하지 못한 채 무의미하고 피곤한 방황을 하게 된다. 이러한 현상을 '문화의 세속화(secularization of culture)'라고 한다. 일반적으로 세속화란 비종교화를 의미하기 때문이다. 볼프하르트 판넨베르그(Wolfhart Pannenberg)는 『세속화 시대의 기독교』에서 이러한 문화의 세속화가 절대적인 기반을 상실했기 때문에 장기적으로 사회질서의 정당성 상실, 전통적 윤리와 법 의식의 붕괴 그리고 인간관계에서 헌신의 의미를 실추시키는 인간 공동체의 존속을 근본적으로 위협하게 된다고 분석하였다.

오늘날 이 근본적인 위협을 제거하고자 여러 가지 하부문화(sub-culture) 혹은 저항문화(counter-culture)운동을 전개하여 문화 회복을 시도하고 있다. 지금까지 환경운동, 인권운동, 노동운동, 여성해방운동, 인종운동, 청소년문화, 여가문화, 민족문화운동 등이 일어나 현대문화에 대한 억제작용을 수행했으나, 근본적인 문화 회복을 이룰 수는 없었다. 현대문화의 근본적인 문제가 문화의 세속화에 기인하고 있기 때문에 종교의 회복이 뒷받침되어야 한다. 그러나 이는 또 다른 문제를 발생시켰다. 현대인은 신비종교에 많은 관심을 가지게 되었고 유사 의미를 도입하여 그릇된 해결을 시도하고 있다. 한스 큉(Hans Küng)의 말대로, 고도(Godot)를 기다리는 현대인은 진정한 신(God)을 발견할 때에야 문화적 방황을 끝내고 인생의 의미를 회복하게 될 것이다.

2. 기독교문화관

하나님은 태초에 세계를 창조하면서 인간을 '자기 형상대로' 만들어 그에게 문화 창조의 능력을 부여하였다. 여기에서 문화의 가능성이 출발한다. 나아가, 인간에게 다음과 같은 '문화 명령(cultural mandate)'을 주셨다. "생육하고 번성하여 땅에 충만하라. 땅을 정복하라. 바다의 고기와 공중의 새와 땅에 움직이는 모든 생물을 다스리라."(창세기 2:28)

인류의 보존과 번성 그리고 그를 위한 자연의 효율적 관리와 통치는 인간 문화를 형성하고 발전시켰다.

그런데 문화 명령은 몇 가지 필수적인 전제들을 가지고 있다.

첫째로 문화 명령은 에덴 동산에서 주어졌으며 하나님과의 올바른 관계가 전제된다. 인간의 범죄와 그로 인한 하나님과의 관계 단절은 문화 창조의 방향성을 혼돈시켰다. 하나님의 영광만을 추구하는 하나님 중심성이 인간 중심성, 즉 자기 중심성으로 전환되면서 개인적 혹은 집단적 이기주의 문화가 범람하여 상호 파괴적인 결과를 가져왔다. 이러한 무신(無神) 혹은 반신적(反神的) 문화는 사실상 반문화(反文化: anti-culture)라고 할 수 있다.

둘째로 문화 명령은 동료 인간과의 정상적인 관계가 전제된다. 한 가족으로서 문화 창조의 협력자라는 사랑의 관계에서 경쟁적이며 투쟁적인 상대로 전락하면서 미움과 반목의 문화를 가져왔다. 타락은 성문화를 오염시키고 남존여비의 문화를 만들었으며, 아벨을 살해한 가인은 힘과 쾌락을 추구하는 도시문화를 건설하였다. 또한 함의 불효는 인종차별의 문화를 유발시켰다.

셋째로 문화 명령은 자연과의 올바른 관계를 전제하였다. 타락은 자연의 저주를 초래하였으며, 자연은 더 이상 하나님의 정원으로 관리의 대상이 아니라 자신의 소유권을 주장하고 자의적인 남용과 약육강식의 논리를 적용

하나님은 태초에 "생육하고 번성하여 땅에 충만하라 땅을 정복하라 바다의 고기와 공중의 새와 땅에 움직이는 모든 생물을 다스리라"고 인간에게 에덴 동산에서 '문화 명령(cultural mandate)'을 주셨다.

하는 대상이 되었다.

넷째로 문화 명령은 인간의 영혼과 육체의 올바른 관계를 전제하였다. 인간은 범죄하면서 영적 죽음의 상태에 이르고 영적 종속과 영육의 도착적 지배를 초래하였다. 이는 자연과 인간 그리고 하나님에 대한 올바른 이해와 관계를 오도, 혹은 도착시켜 진정한 문화 창조에 심각한 장애를 유발시켰다. 죄는 인간과 자연을 변질시키고 모든 관계를 악화시켰다.

죄의 해결은 진정한 문화의 회복을 가능케 하는 유일한 길이다. 따라서 죄를 구속한 그리스도가 문화를 구속하고 참여하는 것이 문화 창조의 전환점이 된다. 죄의 구속을 통한 해방과 자유가 부여되는 성령의 새로운 창조만이 새로운 인간성을 형성하고, 새로운 인간만이 새로운 창조를 할 수 있는 문화적 주체가 되기 때문이다. 나아가 새로운 인간들은 새로운 공동체를 구성하여 하나님과의 화목을 통하여 이기심으로 왜곡되고 파괴된 인간 관계를 치유하고, 자연의 구속을 실현하는 도구가 되어야 한다. 그러므로 새로운 문화는 그리스도의 문화인 것이다.

문화(文化)라는 말은 동양 유교권에서 글[文]을 알고 유교의 사서오경을 비롯한 문헌을 섭렵하여 해박한 지식과 그를 통한 수신(修身)을 이룩하여 군자(君子)가 되는 과정으로 이해하였다. 그러므로 문화인이란 많은 독서와 서예 그리고 문장에 능한 사람을 가리켰다.

한편 서구에서는 문화(culture)라는 말이 좁은 의미로는 인간 창조성의 극치를 보여주는 예술활동에 사용되었으나, 넓은 의미로는 모든 인간의 창조적 활동에 적용되었다. 하나님이 부여한 인간성과 자연을 갈고 닦는 모든 경작(cultivation) 행위에 적용되어, 농경문화(agri-culture)로부터 모든 생산 활동, 즉 산업과 기업 그리고 과학과 예술 등을 비롯하여 사회적 창조, 정치, 경제, 교육, 군사 같은 모든 인간 공동체의 창조 방식에도 포괄적으로 사용되었다.

이러한 이해는 성경적 문화관을 반영하고 있다고 볼 수 있다. 엄격하게 말하자면, 인간의 창조는 무에서 창조하는 하나님의 순수한 창조와 구분되는 모조 혹은 제조이다. 하나님은 인간을 단순한 소비자가 아니라 하나님을 닮은 문화의 창조자로 만들어 하나님의 창조 사역을 계속하는 창조의 도구로 사용한다. 그러므로 인간의 문화 창조는 하나님의 창조와 연결되어 있으며 유사성을 가지고 있다.

그러나 문화는 창조 사건과 그때에 부여된 문화 명령의 관점에서만 이해되어서는 안 된다. 창조는 전체적인 구속사의 구조에서 볼 때 오로지 한 양상일 뿐이다. 창조 이전에 예정이 있었으며, 따라서 창조는 인간에 대한 사랑과 은혜에 근거한 그리스도 안에서의 영원한 계획에 의하여 이루어진 것이다. 이 은혜의 예정만이 왜 인간을 그토록 고귀한 존재로 창조했는가를 설명할 수 있다. 그러므로 인류를 향한 하나님의 커다란 사랑을 보여준 그리스도의 구속과 구원의 완성이 예정과 창조라는 문화 명령의 기반과 연결되어 그리스도 안에서 통일되어야 한다. 예정의 목적이 성화와 하나님의 은혜와 영광의 찬양 그리고 그를 통한 그리스도 안에서의 세계 통일에 있었기 때문에, 그 실현을 위한 창조와 문화 명령은 이러한 하나님의 영원한 경륜과 의도에 근거하여 이해되어야 한다. 그러므로 문화 이해에서 창조와 구속은 그리스도 안에서 통일되어야 한다.

칼 바르트(Karl Barth)는 하나님의 과업을 수행하는 예수 그리스도에게서 문화활동의 모범과 패턴을 찾고 하나님의 창조 사역을 본받는 그리스도인의 문화 창조 사역이 곧 하나님의 일이며 주의 일이라고 그 의의를 높이 평가하였다. 그는 인간의 문화 사역이 섬김의 소명을 받은 인간으로서의 '자신을 확인하고 표현하며 증거하는 행위'이기 때문에 선택의 문제가 아니라 하나님의 소명에 순종할 준비가 되어 있는 사람이라면 누구도 좌시하거나 무시할 수 없는 '필수적인 의무'라고 강조하였다. 그러므로 진정한 문화활동은 그리스도의 일에 참여하는 행위이며, 성령의 인도에 따라 하나님의 나라를 건설하는 작업이다.

그렇다면 그리스도인들이 추구해야 할 진정한 문화, 그리스도의 문화, 기독교문화는 무엇인가? 기독교문화(Christian culture)란 그리스도인들이 하나님의 명령에 순종하여 직접적으로 그리스도를 증거하는 제반 창조활동이라는 견해가 있다. 이 견해는 비기독교인은 진정한 문화를 창조할 수도 참여할 수도 없다는 배타적인 전제에 근거한다. 클라스 스킬더(Klaas Schilder)는 기독교인과 비기독교인은 공존할 뿐 진정으로 교제할 수 없다고 주장하고 서로의 문화적 교제나 공동적 문화활동이 불가능하며, 둘 사이에는 '문화적 투쟁'이 있을 뿐이라는 반정립(antithesis) 이론을 제시하였다. 따라서 이 견해는 기독교적 주제를 분명하게 표현하는 것만을 기독교문화로 본다. 즉 성화나 성가, 성문학(聖文學)과 교회건축, 기독교 정당과 기독교 단체활동과 같은 직접적인 문화활동만으로 기독교문화를 제한하고, 심지어 교회문화와 기독교문화를 혼동하기도 한다. 한편 실생활에서 비기독교인의 문화활동에 참여하여 대중음악이나 대중예술, 혹은 대중활동에 참여할 때는 스스로 죄책감에 빠지기도 하는 이원론적 문화생활을 하거나 금욕주의적 태도를 취한다.

한편 기독교문화란 진정한 문화를 건설하는 모든 창조 활동이라는 폭넓은 견해가 있다. 이 견해는 하나님의 우주적 주권을 강조하며 하나님의 형상대로 창조된 인간이 수행하는 모든 긍정적 문화활동은 하나님의 뜻이며, 모든 진리는 하나님의 진리라고 생각한다. 하나님의 것이 아닌 것은 거짓과 추함과 악함뿐이라고 보고, 진리와 아름다움과 선함을 반영하는 모든 문화활동을 기독교적이라고 포함시킨다. 아브라함 카이퍼(Abraham Kuyper)가 창시한 신칼빈주의는 이러한 긍정적이고 포괄적인 기독교문화운동을 출범시켰다. 그의 견해는 기독교인과 비기독교인에게 공통적으로 주어지는 하나님의 '일반 은총(common grace) 이론'에 근거하고 있다. 인간의 범죄와 타락에도 불구하고 인류를 향한 하나님의 사랑은 보편적인 은총의 대상이 된다는 이 일반 은총론은 다음 일곱 가지 근거에 기인한다.

(1) 만물을 통치하고 보존하는 하나님의 보편적 섭리
(2) 하나님의 속성인 자비와 사랑
(3) 일반 계시를 통한 진리의 빛
(4) 가정을 비롯한 창조 질서
(5) 하나님의 형상대로 창조된 인간성
(6) 그리스도의 대속과 그로 인한 세계의 구속
(7) 세상의 빛과 소금인 언약 공동체의 존재

그러므로 헨리 미터(Henry Meeter)는 심지어 비기독교인이 수행하였다 할지라도 "하나님이 베푸신 일반 은총의 열매들이 어디서 맺히든지 하나님의 명예와 그 나라의 발전을 위하여 감사하게 사용하는 것이 우리의 의무이다"라고 하였다. 실로 성경에서 우리는 문화에 대한 지나친 구분을 발견할 수 없다. 이방인이 그리스도를 영접할 때 모든 기존 문화를 버리라고 하지 않았다.

헤르만 도예베르트가 잘 지적한 대로, 일반 은총은 반정립을 약화시키거나 제거하지 않으며, "사실상 일반 은총은 반정립의 기초 위에서만 이해될 수 있다." 왜냐하면 일반 은총은 특별 은총을 전제하고 있기 때문이다. 인간은 범죄를 저지름으로써 타락하여 문화 창조의 방향성, 특히 종교성과 윤리성에서 심각한 혼란을 초래하였다. 그럼에도 불구하고 아직 모든 인류에게는 '하나님을 알 만한 것'이 남아 있으며, 자연은 저주를 받았으나 아직 '창세로부터 그의 보이지 아니하는 것들, 곧 그의 영원하신 능력과 신성이 그 만드신 만물에 분명히 보여' 하나님의 뜻을 알게 하며, 하나님은 인류에 대한 사랑으로 오래 참고 보존하신다. 혼란스러운 문화활동의 방향은 그리스도 안에서만 회복된다. 그리스도인도 지금은 '의인인 동시에 죄인'이므로 불완전하다. 그러므로 정당한 견해는 이 두 원리 위에서 함께 문화를 이해하는 태도일 것이다.

성속 이원론이나 배타적인 이해가 아니다. 진정한 문화는 하나님의 창조의 연속으로써 그가 창조한 인간과 자연을 관찰하면서 하나님의 진리를 발견하며, 그러한 발견을 창조적으로 표현하고 인간사회에 긍정적으로 적용하는 것이다. 따라서 그리스도 안에서 새로운 문화 창조의 사명과 능력과 방향을 회복한 그리스도인들이 당연히 적극적으로 하나님의 나라를 향한 진정한 문화를 주도해야 함은 물론이고 일반 은총에 근거한 모든 인류의 긍정적 공헌과 참여도 수용해야 한다. 문화적 상대주의나 지역문화주의는 잘못된 것이지만, 세계교회협의회는 "어떤 특정 문화도 다른 문화보다 예수 그리스도에게 더 가깝지 않다"라고 선언하였다. 기독교는 역사상 다양한 종류의 문화와 만났으나 어떤 문화도 전적으로 부정하거나 정죄하지 않았다. 그리하여 "기독교는 문화에 눈이 멀었다(culture-blind)"고 말한 신학자도 있다. 현대에 우리가 처한 대중문화가 비록 심각한 내재적 문제점을 가지고 있지만 기독교 신앙은 이 문화를 오히려 선용하고 정화할 수 있다.

3. 대중문화에 대한 그리스도인의 자세

그리스도인들은 그러한 문화의 건설과 발전을 위해 문화 명령에 순종함으로써 하나님의 나라를 이룩할 의무가 있다면, 어떻게 이 문화적 사명을 수행할 수 있을까?

첫째로 그리스도인은 모든 문화에 대해 비판적 자세를 취해야 한다. 왜냐하면 모든 문화는 죄에 오염되어 있기 때문이다. 문화는 기본적으로 문화적 기능을 수행할 수 있는 품격을 가지고 있어야 하지만 그 방향성에 대해 비판하는 두 가지 기준은 문화의 윤리성과 종교성이다. 앞에서 살펴본 대로 예정의 일차적 목적이 성화(聖化)에 있기 때문에 문화는 하나님의 거룩함과 선을 반영해야 한다. 쾌락을 추구하는 문화는 무윤리 혹은 비윤리로서 인간 공동체에 파괴적 영향을 미치며, 하나님의 뜻에 역행하는 반문화를 생산한다. 이러한 문화는 절대가치를 부정하고 예술이라는 이름으로 윤리성을 거부한다. 폭력과 도착된 성 등 비윤리성을 고무시키는 반사회적이며 비윤리적인 문화는 하나님의 창조를 연장, 발전시키기보다는 오히려 창조 질서에 도전하고 반항한다.

현대의 기술문화는 문화의 상업화를 가져왔는데, 상업적 문화는 다량의 판매가 그 동기로 작용하고 윤리성을 배제한다. 이러한 비윤리적 문화는 창조된 인간성을 구현하기보다 타락한 인간의 탐욕과 파괴성을 부추겨 하나님의 보존적 일반 은총에 역행하여 인류를 더욱더 심각한 타락과 파멸로 이끌어간다.

또한 그릇된 종교성을 부추기는 우상숭배와 사교적 문화는 비판되어야 한다. 오늘날 종교예술이라는 이름으로 우상숭배적 문화가 보호되지만, 진정한 문화는 하나님과의 올바른 관계에서만 가능하며 최소한 인간이 만든 종교를 지향하거나 숭배하는 문화는 아니다. 문화 비판의 이 두 기준은 문화의 구속을 거부하는 모든 반문화에 적용되어야 한다.

위르겐 몰트만(Jürgen Moltmann)의 주장대로 인종주의와 남성우월주의 그리고 장애자를 무시하는 건강주의와 같은 '집단적 이기주의'는 그리스도 안에서 해방된 인간성과 은혜로 극복하고, 하나님 앞에서 만인의 평등과 상호존중이 실현되는 진정한 문화를 실현해야 한다. 그러므로 그리스도인들은 모든 그릇된 반문화들을 비판해야 한다. 이러한 문화 비판은 문화 선택에 작용되어 문화적 책임을 감당해야 한다. 다른 사람들이 생산한 문화를 '소비'하는 현대의 그리스도인들은 그것이 단순한 상업적 구매활동이 아니라, 비록 소극적 문화 혹은 수동적 문화 행위지만, 분명히 문화 선택과 문화 참여를 통한 나의 문화 행위임을 잊어서는 안 된다.

현대의 대중문화는 그 목적의식과 방향성을 점차 상실해가면서 혼란과 반란의 늪으로 빠져들고 있다는 느낌이다. 문화란 발전적인 변화를 추구하는 노력이기 때문에 그 이상과 목적이 분명해야 되는데, 현대문화는 그 결과나 미래를 고려하기보다는 오늘의 즐거움과 쾌락을 만족시켜주면 그것으로 충분하다고 생각한다.

건전한 목적의식을 가지고 소설을 쓰고 드라마를 만들고 노래를 부르는 사람들도 많지만, 상당수의 사람들은 많은 돈을 벌 수 있는 인기에 영합해 인간성과 사회에 미치는 악영향을 고려하지 않는다. 심지어는 이른바 사회적 통념을 허물어버리겠다는 목적으로 올바른 문화적 이상을 무너뜨리는 문화활동을 하는 사람들도 있다.

그러나 그 목적이 분명하고 인간성과 인간사회의 건전한 개발이라는 방향성이 뚜렷해야 문화라고 할 수 있으며 문화활동이라고 칭할 수 있다. 문화의 방향에 역행하는 행위는 아무리 겉으로 문화같이 보일지라도 실상은 반문화일 뿐이다. 왜냐하면 그 행위의 결과가 인류의 발전을 저해하고 퇴보시키는 반란적 성격을 가지고 있기 때문이다.

오늘날에는 문화라는 말이 너무 남용되고 있다. 심지어 반문화까지도 문화로 불리우고 있으며, 인간의 문화를 기술적으로 방해하는 사람들도 문화인이라고 대우받는다. 우리가 이러한 혼란을 극복하기 위해서는 형식으로서의 문화와 본질로서의 문화를 구별할 필요가 있다.

문화는 좁은 의미로는 주로 예술을 의미하므로 형식상 예술의 범주에 연결시킬 수 있으면 무조건 문화라고 부른다. 그러나 예를 들어 '음란문화'라는 말은 어떠한가? 음란을 조장하는 영화는 그것이 영화이기 때문에 형식으로는 문화라고 불리더라도 그것이 인간성과 사회의 건전한 개발에 역행하는 것이기 때문에 본질적으로는 오히려 반문화인 것이다. 이제 우리는 참된 문화를 보호하기 위해서 이른바 문화라는 이름을 오용하는 반문화를 들추어내야 한다. 양의 탈을 쓴 이리의 모습을 벗겨 그 해악의 본질을 드러내야 한다. 문화비평가들이 이 작업을 제대로 해주지 못한다면 우리 사회는 문화적 혼란에 빠질 수밖에 없다.

이러한 반문화들은 순간적인 행복감을 주지만 결국 인간성과 사회에 부정적이고 파괴적인 결과를 가져온다. 문화는 인간 계발이 목적이기 때문에 궁극적으로 인간의 문제이다. 문화 혹은 반문화의 결과로 계발되는 나의 인간성과 우리 사회가 그 실체인 것이다. 현대인은 문화 자체와 인간 자신을 혼동하고 있다. 문화활동이란 나의 인간성을 올바로 계발하는 데 도움을 주는 문화를 이용하고 참여하는 모든 활동을 포함하며, 문화의 목적은 나 자신과 우리 사회의 건전한 계발과 발전에 있는 것이다. 그러므로 대중문화 속에 사는 그리스도인은 분명한 성경적 문화 의식을 가지고 문화와 반문화를 구별하는 능력을 키워야 한다.

둘째로 그리스도인은 적극적으로 문화를 창조해야 한다. 문화 비판이나 타인이 창조한 문화에만 참여하는 것은 소극적이다. 모든 그리스도인들에게는 문화 창조의 명령과 함께 '달란트' 혹은 은사가 주어져 있다. 이를 능동적으로 그리고 협동적으로 사용하여 그리스도의 문화를 창조함으로써 하나님 나라의 발전에 기여해야 한다. 손봉호 교수가 다음에서 제안하는 것처럼, 기독교문화의 창조를 위해서는 같은 분야의 그리스도인들끼리 서로 모이고 협조하는 운동이 필요하다. "모든 문화활동이 그렇듯이, 이런 기독교적 문화 창조는 결코 혼자서 이룰 수 없다. 같은 달란트를 가진 믿음의 형제 자매들이 함께 모여서 서로 돕고 격려하며 아름다운 노래를 만들고, 고운 시를 쓰고, 훌륭한 소설을 지으며, 깊이 있는 영화를 만들 수 있어야 할 것이다."

비록 많은 죄악적 요소를 내포하고 있지만 서구의 그리스도인들은 지난 2천 년 동안 놀라운 기독교문화를 건설하였으며, 인류 전체에게 기여한 바도 적지 않다.

지역문화나 전통문화는 '폐쇄적 문화(closed culture)'의 성격을 가지지만 도예베르트가 지적한 대로, "문화의 개방은 신앙에 의해 인도된다." 전통문화는 문화 비판과 문화 창조를 통하여 구속되어야 한다. 과거에 전통문화를 이교문화로 정죄하고 서구 문화로 대치하려고 한 과오를 다시 범하지 말고 전통문화를 바탕으로 문화의 구속과 성화를 시도해야 한다. 기독교는 세계종교로서 지역주의를 거부하지만 결코 지역문화를 정죄하지 않는다. 문화 교류와 그를 통한 긍정적 문화 변화를 수용한다. 나아가 과거에 창조된 기독교문화에 머무르지 않고 오늘, 지금 살아 계셔서 우리 가운데 역사하시는 성령의 감동과 창조적 능력에 힘입어 항상 새로운 문화 창조를 이룩해야 한다.

기독교 신앙은 단순한 내세 신앙이나 심리 종교가 아니라 '삶의 원리'로서 우리 삶의 모든 영역에 그리스도의 구속을 실현한다. 그러므로 복음의 수용은 우리의 삶과 일, 즉 문화창조를 변화시킨다. 이러한 변화는 개인뿐 아니라 지역과 국가에도 적용된다. 그러므로 한국인들이 예수 그리스도 안에서 새로운 삶을 얻을 때 한국의 문화도 변화되고 성화된다. 한국의 그리스도인들은 문화 명령에 순종하여 우리의 전통문화에 나타난 하나님의 일반 은총의 열매를 감사하면서 보존 발전시켜야 한다. 또한 문화 비판을 통하여 비윤리적이거나 우상숭배적인 요소는 그리스도의 보혈로 씻어버리고, 나아가 세계문화의 긍정적인 요소들을 도입하여 성령의 창조적 능력을 가진 새로운 민족문화를 이룩해야 한다. 진정한 문화의 창조는 문화를 통한 전도를 가능케 한다. 한국 교회사를 돌이켜볼 때, 소수의 초기 그리스도인들은 문화적 사명을 적극적으로 감당하여 한국 문화를 발전시킴으로써 오늘날의 한국 교회를 이룩하는 데 크나큰 공헌을 하였다.

이러한 문화 전도는 특히 종말론적으로 매우 중요하다. 하나님 나라와 흑암 권세와의 종말론적 투쟁이 '문화적 투쟁(cultural struggle)'의 성격을 가지기 때문이다. 그러나 안토니 후크마(Anthony Hoekema)가 잘 지적한 대로 하나님의 나라에 대하여 성경이 가르치는 '아직'과 '이미'의 종말론적 긴장 관계가 문화 영역에도 존재해야 한다. 우리 그리스도인들은 대중문화가 가지고 있는 긍정적인 면은 감사하며 누리고, 부정적인 면은 억제하며, 성경적인 종말론적 구도 안에서 낙관과 비관, 수용과 비판을 문화적으로도 균형 있게 겸비할 필요가 있다.

생각해봅시다

1. 그리스도인이 문화를 선택하는 기준은 무엇이어야 할까요?
2. 현대의 한국인들, 특히 젊은이들은 왜 서구 문화를 선호하는 것일까요?
3. 문화적 공동체와 인격적 공동체의 분리현상과 그 결과에 대해 토론해

봅시다.

4. 반문화의 실례를 구체적으로 생각하면서 그 영적 실체를 분석해봅시다.

이 글의 저자 이정석은 미국 칼빈 신학교에서 M.Div.와 Th.M.학위를 화란 암스테르담 자유대학교에서 조직신학 전공으로 Drs. Thol.과 Dr.Theol. 학위를 취득했다. 현재 개혁신학대학교 조직신학 교수이며, 저서로는 『세속화와 성화』(화란 자유대학교출판사)가 있다.

2장
대중문화와 윤리 그리고 신앙

▌방선기

　요즈음 텔레비전의 쇼 프로그램이나 광고를 보고 있으면 사람의 혼을 빼앗아간다는 느낌이 든다. 길거리에서도 쉽게 볼 수 있는 영화 광고는 말할 것도 없고 텔레비전 드라마만 보더라도 가치관의 혼란을 느끼게 된다. 이렇듯 겉으로 나타난 것만으로도 우리 대중문화가 가지고 있는 문제의 심각성을 느낄 수 있으니 좀더 깊숙이 들어가보면 문제는 더욱 복잡하고 심각할 것이다. 어느 사회나 대중들의 정서를 채워주는 문화는 있게 마련이고 그 문화는 어느 정도 비판을 받을 수밖에 없었다. 그러나 오늘날 우리 대중문화의 현실은 우리 사회의 장래를 걱정할 만한 지경에 이르른 듯하다.

　양식이 있는 크리스천들은 이런 우리 사회의 대중문화의 현실에 대해서 많은 걱정을 하고 있다. 이 시점에서 세상의 빛과 소금이 되어야 할 크리스천이 대중문화의 현실에 대해서 문제의식을 느끼는 것은 너무나도 당연한 일일 것이다.

　그런데 이런 현실 속에서도 많은 크리스천들이 별 생각 없이 대중문화의 현실 속에 그냥 빠지고 있다. 별 생각 없이 멍하니 텔레비전을 보고 그저 남들 하는 대로 따라가고 있다. 그와 정반대로 이런 현실을 보지 않고 그저 하늘만 처다보는 크리스천들도 적지 않게 있다. "위엣 것을 생각하고 땅엣 것을 생각지 말라"(골로새서 3:2)는 말씀을 오해해서 세속문화와 절연한 채 살아가는 태도가 바로 그것이다. 이 두 태도는 모두 바람직하지 않다. 양극단은 본질과 거리가 멀다는 점에서 똑같이 잘못되어 있다.

예수님이 제자들을 위해서 기도하신 대로 이 세상 속에서 살며 세상 사람들과 접촉하면서도 세상의 악에 빠지지 않도록 해야 한다면(요한복음 17:15) 하나님의 사람으로서 우리는 주변의 문화적인 현실에 대해 올바른 자세를 가지고 대처할 수 있어야 한다.

크리스천들이 주변의 대중문화에 대해 맨 먼저 보이는 태도는 죄악으로 가득 찬 문화에 대한 즉각적인 반응이다. 때로는 구체적인 문화의 현실을 보고 흥분하기도 하고 나아가서 정죄하기도 한다. 하나님의 백성으로서 충분히 이해할 수 있는 반응이다. 그러나 주님은 우리들이 현실에 대해 단순히 반응(react)을 하기보다는 대응(response)하기를 원하신다.

교리적이거나 윤리적인 차원에서 감정적으로 반응하기보다는 온 세상을 주관하시는 하나님께 속한 백성으로서 좀더 적극적으로 대응하는 것이 바람직하다. 사도 바울이 아덴에서 취한 행동은 이런 태도에 대한 아주 멋진 본보기가 된다.

바울은 아덴에 가서 우상이 가득한 것을 보고 마음이 분하였다(사도행전 17:16). 죄악으로 물든 문화를 보고 크리스천이 보여야 할 당연한 반응이었다. 그러나 그는 그런 감정적인 반응(react)에 그치지 않고 아덴 사람들을 향해 적극적으로 대응했다(response). 그는 우상을 섬기는 아덴 사람들을 향해 종교성이 많음을 인정하면서 그들의 종교와 문화의 한계를 지적하고, 결국 회개하고 복음을 믿으라는 메시지를 전했던 것이다.

바울의 전략은 오늘날 우리 주변에서 접촉할 수 있는 대중문화를 향해서 크리스천들이 가져야 할 자세이며 전략이다. "크리스천들이 오늘의 대중문화를 어떻게 보아야 할 것인가"라는 질문에 대해서 바울은 그가 아덴의 우상숭배하는 사람들의 형편을 보며 가졌던 세 가지 안목으로 우리에게 대답해준다.

1. 신앙의 눈으로 본 대중문화

바울이 아덴에서 본 것은 성을 가득 채우다시피 한 우상들이었다. 그 우상들은 유일하신 창조주 하나님을 믿는 바울을 분노케 하기에 충분했다. 아덴 사람들이 그것들을 향해 아무리 경건한 자세로 경배했더라도 바울의 눈에 보인 그것들은 한낱 우상에 불과했다. 지금도 우리 나라를 비롯해서 세계의 어느 곳을 가도 자리잡고 있는 우상을 보면 크리스천들은 으레 바울이 느꼈던 것과 같은 분노를 느끼게 된다. 그런데 오늘날 우리들의 눈에 보이는 우상은 쉽게 식별할 수 있는 종교적인 우상만은 아니다. 하나님을 대적하는 사회의 제반 요소 속에 우상이 산재해 있다. 그 중에서 가장 거대하고 집요한 우상이 바로 대중문화일 것이다.

'우상(idol)'에 대한 사전의 정의는 다양하다. 문자적으로는 "신을 대표하거나 상징하는 것으로서 예배의 대상으로 만들어지거나 사용되는 것"이다. 그 외에도 "실체가 없는 모양이나 형상"이라든가 "지나치게 마음을 쏟는 대상이나 사람, 혹은 열정적인 헌신의 대상"의 의미도 포함되어 있다. 우리 사회의 대중문화를 신앙의 눈으로 볼 때 우상은 이런 세 가지 요소를 모두 다 포함하고 있다.

1) 우상 종교를 전파하는 대중문화

우상의 가장 전통적인 정의는 첫째, 무엇이든지 신을 대표하는 상징물로서 사람들의 예배의 대상이 된다면 그것이 우상이다. 바울이 아덴의 거리에서 보았던 우상들을 우리는 현재의 대중문화 속에서 직접적으로 만나고 있다. 한동안 텔레비전이나 영화에서 귀신이라든가 영적인 존재에 대한 내용을 많이 다루었다. 또한 무속인들이 과거와 달리 공영방송에 등장하곤 한다. 모더니즘의 한계를 지적하는 듯한 이러한 일련의 흐름은 한편으로 크리스천들에게 세상을 향한 영적인 기회가 되기도 하지만 역시 많은 사람들을 영적으로 혼란스럽게 할 수 있다. '뉴에이지 운동'을 비롯한 유사 종교운동들이 바로 그것이다.

문제는 역사적으로 어느 사회에나 보편적으로 존재했던 이런 악한 영의 역사가 오늘날에도 대중문화를 통해서 전달되고 있다는 것이다. 대중문화의 강력한 힘 때문에 일반인들은 물론 크리스천들조차도 영적인 분별력을 잃고 악한 영에게 미혹되는 경우가 많다. 이런 대중문화 시대에는 사도 요한의 경고가 필요하다. "사랑하는 자들아 영을 다 믿지 말고 오직 영들이 하나님께 속하였나 시험하라. 많은 거짓 선지자가 세상에 나왔음이니라."(요한일서 4:1)

2) 우상숭배를 강요하는 대중문화

우상을 "실체가 없는 모양이나 형상"이라고 정의한다면 대중문화야말로 현대인들이 그런 우상에 빠지게 만드는 가장 강력한 힘을 가지고 있다.

대중문화는 사람들에게 실재가 없는 허상을 계속 보여주고 그것이 마치 실재인 양 여기게끔 만든다. 예를 들어 1997년에 사고로 사망한 영국 왕태자비 다이애너의 장례식을 생각해보자. 그때 전세계 사람들이 그녀의 죽음을 애도했는데, 그 애도는 과연 누구를 향한 애도였는가? 마치 절친한 사람의 죽음처럼 애도한 것이 당사자인 다이애너와 그의 가족들을 향한 애도였을까? 아니면 유명인 혹은 자신들의 우상을 잃은 데 대한 슬픔이 아니었을까?

이것이 현대 대중문화의 문제이다. 온갖 광고들은 실제 물건보다 이미지를 더 중시한다. 화장이나 패션, 성형수술 등이 그것의 다른 표현이다. 오락기계들, 사이버 공간, 이 모든 것들이 현실로부터 도피하려는 사람들이 찾게 된 것이다. 컴퓨터 통신이야말로 대상을 바라보지 않고 교제를 가능하게 한다. 이 때문에 현대사회는 실제로 늘 옆에 있는 사람보다 개인적으로 알지 못하는 비인격체와 가까워지며 결과적으로 전통적인 공동체와는 다른 유사공동체가 늘어나게 된다.

이렇듯 대중문화가 발달된 사회에서는 실재하는 것보다 존재하지 않는 것들이 더 큰 영향력을 미치게 되는데 그것은 과거의 우상숭배와 크게 다를 것이 없다. 성경이 우상에 대해서 표현한 것은 오늘날 대중문화에 그대로 적용된다.

"오직 우리 하나님은 하늘에 계셔서 원하시는 모든 것을 행하셨나이다 저희 우상은 은과 금이요 사람의 수공물이라 입이 있어도 말하지 못하며 눈이 있어도 보지 못하며 귀가 있어도 듣지 못하며 코가 있어도 맡지 못하며 손이 있어도 만지지 못하며 발이 있어도 걷지 못하며 목구멍으로 소리도 못하느니라 우상을 만드는 자와 그것을 의지하는 자가 다 그와 같으리로다."
(시편 115:3-8)

창조주 하나님이 없는 사람들의 마음 속에서 이런 허상이 계속 창조되는 것은 어찌 보면 당연한 일이다. 실재하지 않는 것을 실재하는 것처럼 생각하는 시대에 크리스천들은 정말 실재하는 것을 보여주어야 한다. 그것은 곧 살아 계신 하나님과 그의 말씀이다.

"그러므로 모든 육체는 풀과 같고 그 모든 영광이 풀의 꽃과 같으니 풀은 마르고 꽃은 떨어지되 오직 주의 말씀은 세세토록 있도다 하였으니 너희에게 전한 복음이 곧 이 말씀이니라." (베드로전서 1:24-25)

우상숭배를 강요하는 대중문화를 극복하기 위해서 크리스천에게는 영원한 진리의 말씀이 반드시 회복되어야 할 것이다.

3) 우상이 된 대중문화

'우상'에 대한 마지막 정의에 따르면 우상은 지나치게 마음을 쏟는 대상이나 사람을 가리킨다. 따라서 오늘날의 대중문화 자체나 대중문화가 만들어내는 스타야말로 우상이 된다. 그렇다면 크리스천들은 그 문화현상 속에서 우상을 감지해낼 뿐만 아니라 그 우상을 섬기지 않도록 하는 것이 신앙적인 자세이다.

가장 먼저 생각할 수 있는 것은 텔레비전이다. 텔레비전은 어느 집이든지 안방이나 응접실의 가장 좋은 자리를 차지하는 우상이 되었다. 그것을 통해 소개되는 드라마나 쇼프로의 음악은 청소년들에게 우상이 되어버렸다. 이 우상은 사람들의 관심을 다 빼앗아가고 있다. 이렇듯 대중문화는 우리가 그 내용을 평가하기도 전에 사람들의 우상이 되어버리는 사실 자체가 심각한 문제가 아닐 수 없다.

이 우상은 사람들에게 막강한 영향력을 끼치고 있다. 사람들이 계속해서 오락을 추구하는 대중문화에 길들여지면 거룩하고 초월적이며 전능하고 영원하신 하나님을 인식하거나 회개와 순종을 요구하는 그의 명령에 반응하기가 쉽지 않다. 오늘날 크리스천들이 설교가 조금만 길어져도 견디지 못하고 들은 말씀에 대해 영적인 반응을 제대로 하지 못하는 데는 여러 가지 이유가 있겠으나 우리 생활에서 대중문화가 우상이 되어버린 것과도 무관하지 않다. 이런 현실은 이스라엘이 멸망한 후에 앗수르 왕이 이방인들을 사마리아 땅에 옮겨다 놓은 후에 생겼던 상황과 흡사하다.

"이와 같이 저희가 여호와도 경외하고 또한 어디서부터 옮겨 왔든지 그 민속의 풍속대로 자기의 신들도 섬겼더라."(열왕기하 17:33)

대중문화 자체가 우상은 아니다. 그러나 그것이 우리 생활에 우상이 되어가고 있다면 하나님만을 섬기기 위해 때로는 그것들을 배설물처럼 여기는 과감한 결단도 필요할 것이다.

2. 윤리의 눈으로 본 대중문화

바울이 아덴에서 우상들을 보고 흥분한 것은 종교적인 차원에서 생긴 감정적 반응이었다. 그런데 그의 반응 이면에는 그 당시의 우상 종교에 짙게 스며든 비윤리적인 죄악에 대한 비판이 담겨 있었다. 사실 그 당시의 우상 종교는 신앙적인 차원에서 기독교적인 진리에 반하는 것이 아니라 윤리적인 면에서 하나님의 뜻에 반하는 것이 많았다. 그 당시 역사를 돌아보면 이방 신을 섬기는 곳에는 항상 성적인 타락이 따라다녔으며, 우상의 번창은 항상 돈벌이와 맞물려 있었다. 이런 배경을 고려할 때 바울이 에베소 성도들에게 한 권면은 정말 실감이 난다.

"그러므로 내가 이것을 말하며 주 안에서 증거하노니 이제부터는 이방인이 그 마음의 허망한 것으로 행함같이 너희는 행하지 말라 저희 총명이 어두워지고 저희 가운데 있는 무지함과 저희 마음이 굳어짐으로 말미암아 하나님의 생명에서 떠나 있도다 저희는 감각 없는 자 되어 자신을 방탕에 방임하여 모든 더러운 것을 욕심으로 행하되 오직 너희는 그리스도를 이같이 배우지 아니하였느니라."(에베소서 4:17-20)

당시 우상 종교를 섬기는 것이 만연한 분위기 속에서 살아가던 성도들에게 한 바울의 이 권면은 오늘날 대중문화 속에서 살고 있는 성도들이 가져야 할 윤리적인 자세가 무엇인지 잘 가르쳐주고 있다.

1) 윤리가 설자리를 잃어버린 대중문화

이방 종교의 우상숭배와 성적인 타락은 동전의 양면과 같았다. 바울이 고린도교회를 향해서 성적인 죄악을 지적한 것은 바로 당시 고린도 지방에 만연하던 이방 종교의 제의와 결부된 난잡한 성적 방탕과 관련이 있다.

"불의한 자가 하나님의 나라를 유업으로 받지 못할 줄을 알지 못하느냐 미혹을 받지 말라 음란한 자나 우상숭배하는 자나 간음하는 자나 탐색하는 자나 남색하는 자나 도적이나 탐람하는 자나 술 취하는 자나 후욕하는 자나 토색하는 자들은 하나님의 나라를 유업으로 받지 못하리라 …… 너희 몸이 그리스도의 지체인 줄을 알지 못하느냐 내가 그리스도의 지체를 가지고 창기의 지체를 만들겠느냐 결코 그럴 수 없느니라 창기와 합하는 자는 저와 한 몸인 줄을 알지 못하느냐 일렀으되 둘이 한 육체가 된다 하셨나니 주와 합하는 자는 한 영이니라."(고린도전서 6:9-10, 15-17)

크리스천들이 대중문화를 윤리적인 눈으로 볼 때 대중문화의 우상성과 비윤리성은 결코 분리되지 않음을 알 수 있으며 각각이 지니는 문제의 정도는 거의 비례하는 것 같다. 과거의 대중문화에는 그래도 최소한의 기준이 있었던 것 같은데 요즈음 대중문화를 보면 그나마 최소한의 기준마저도 사라진 느낌이다.

물론 문화를 윤리의 잣대로만 잰다는 것은 분명히 문제가 있다. 문화를 통해 인간의 창조력을 개발하기 위해서는 상상력과 표현의 자유가 있어야 하기 때문이다. 그러나 그 결과 사람들이 도덕적인 무지(moral illiteracy)에 빠져서 윤리적으로 무감각(ethical insensitivity)해지면 그 결과는 사회적인 혼란(social chaos)에 이르게 된다. 오늘날 윤리적인 기준을 잃어버린 서구 사회의 혼동은 바로 이런 타락의 과정에 빠져든 대표적인 실례가 된다.

대중문화에 가장 문제가 되는 윤리적인 문제는 역시 성윤리와 인간의 존엄성 문제로서 흔히 예술을 가장하고 나타나는 외설물, 음란물의 문제와 스트레스 해소를 목적으로 만들어지는 폭력물에 나타난 비윤리성의 문제이다. 대중문화는 동기 자체가 자극을 목적으로 하는 만큼 마약과도 같이 점충적인 상승작용을 하면서 섹스와 폭력의 정도가 점점 심해지고 있다. 그렇게 하지 않으면 대중들은 만족하지 못하고 그 대중문화 매체는 시장성을 잃게 되어 있다.

이런 현상에 대해 크리스천들은 분명히 성경에 비추어 비판해야 한다. "악은 모든 모양이라도 버리라"(데살로니가전서 5:22)고 하신 말씀은 비록 문화라는 틀을 인정하더라도 여전히 강조되어야 한다. 물론 여기서 악의 정의를 종교적인 기준으로 강요할 수는 없으나 선과 악의 분별을 무너뜨리는 시도에 대해서는 확신을 가지고 대응해야 한다.

특히 윤리 문제와 관련해서는 대중문화의 결과물을 놓고 문제점을 지적해야 한다. 아무리 만든 사람의 의도가 좋았다고 할지라도 그것으로 인해 개인과 사회에 해악을 끼쳤다면, 그에 대한 윤리적인 책임을 지는 것이 마땅하다. 그런 태도야말로 문화산물을 만들어내는 사람의 최소한의 양심이며 책임감이다.

이렇게 소극적으로 대중문화의 부정적인 면을 지적하는 한편 적극적으로는 대중문화가 윤리적인 면에서 순기능을 해줄 것을 기대해야 한다. 여기서 문화가 가지는 독특성을 이해해야 한다. 대중문화를 통해 인간의 문제를 드러낼 때 죄악을 표현하는 것은 피할 수 없다. 이때 문화를 만드는 필수적인 요소로(즉 예술성으로) 죄악에 대해 죄악 그 자체로 표현하는 것과 사람을 자극하거나 다른 사람을 그 죄악에 동참시키려는 지극히 상업적인 것은 구별되어야 한다.

문화가 윤리적이기 위해서 악에 대한 표현 자체를 모두 제거해야 하는 것은 아니다. 하나님의 말씀인 성경에는 아마도 세상의 모든 악이라는 악을 다 상세하게 기록하고 있는데 그것은 그 악을 지적하기 위함이다. 그러나 많은 대중문화는 악에 대한 표현을 통해 오히려 사람들을 자극하거나 그 악에 간접적으로 동참하도록 유혹한다는 점에서 문제가 있다. 요즈음 텔레비전에 자주 등장하는 섹스 소재 시사물이나 토크 프로들은 바로 이 점에 문제가 있다. 반대로 흔히 대중문화에서 많이 등장하는 폴리스 드라마라 할지라도 정직, 의무, 용기, 정의를 강조하는 것이라면 얼마든지 유익한 것으로 인정할 수 있다.

대중문화의 윤리성이 이슈가 될 때면 항상 거론되는 것이 청소년들이 그 문화를 누려서 생기는 문제이다. 우리는 여기서 똑같은 작품이라도 누리는 사람의 계층에 따라 반응이 달라질 수 있음을 인정해야 한다.

"우리 강한 자가 마땅히 연약한 자의 약점을 담당하고 자기를 기쁘게 하지 아니할 것이라"(로마서 15:1)라는 바울의 권면은 대중문화를 통한 자극과 유혹에 약한 청소년들을 향한 성인들의 책임을 되새기게 하는 말씀이다.

2) 경제논리에 지배되는 대중문화

바울이 에베소에서 복음을 전했을 때 당했던 핍박은 아데미 우상과 관련된 사업가들의 반발에서 비롯된 것이었다(사도행전 19:23-27). 그들이 바울 일행의 전도를 강력하게 반대한 것은 자기들의 우상에 대한 종교심 때문만이 아니었다. 더 중요한 관심사는 자기들의 경제적인 이익을 사수하는 것이었다. 종교, 문화가 경제와 밀접한 관계를 갖는 것은 어제오늘의 일이 아니지만 오늘날 그 정도는 자못 심각하다. 사실 오늘날 대중문화의 문제도 그 핵심을 파고 들어가면 결국 경제논리에 도달하게 된다. 현재의 대중문화는 철저히 시장경제에 기초하고 있어서 대중문화의 방향을 이끄는 결정적 힘은 시장경제 논리이다. 대중문화의 내용은 철저히 대중의 소비에 따라서 그 방향성이 결정되며 심지어는 고급문화까지도 점차 그런 경향을 띠고 있는 것이 현실이다.

최근에 솔제니친은 러시아 내의 대중문화의 확산을 안타까워하면서 이 문제를 지적했다. "현재의 형편을 보면 예술가들은 최고의 전문가나 식견이 있는 사람들의 의견에 따라서 작품을 만들도록 하는 데 필요한 자극이 필요 없다. 대신에 그들은 저급한 요구를 따라서 하게 되고, 사치스러운 생활을 유지하기 위해서 대중이 원하는 대로 따라 하게 되었다. 그렇다고 이들이 대중적인 문화의 속성을 따라서 그렇게 된 것은 아니다. 민주적인 예술은 어느 나라에나 있는 민속예술처럼 그 자체가 최고의 가치를 지닌다. 문제가 되는 것은 도둑의 심보를 가지고 비양심적으로 문화를 만들어내고 파는 것이다. 많은 예술작품이 점점 저급한 물건이 되어버리거나 원시적인 형태를 벗어나지 못한다. 작품들이 문화 소비자들의 중간치를 가리키는 여론조사의 도움을 얻어서 양산된다. 그리고 그것이 틀이 정해진 생명력이 없는 미디어를 정당화해서 결국은 점점 더 질을 떨어뜨린다."

그가 지적했듯이 이제 현대사회의 대중문화계는 문화 자체를 위한 노력을 기울이기보다는 오직 돈을 벌기 위한 수단에 치중하는 방향으로 전락하게 되었다. 자본주의 사회에서 사는 크리스천들로서 이렇게 변한 사회 환경을 부정할 수는 없다. 이에 대한 대안이라고 생각했던 사회주의가 사라진 상황에서 이제 체제를 부정하지는 않지만 돈이 모든 일의 근거가 되는 현실에 대해서는 선지자적인 비판을 할 수 있어야 할 것이다.

"부하려 하는 자들은 시험과 올무와 여러 가지 어리석고 해로운 정욕에 떨어지나니 곧 사람으로 침륜과 멸망에 빠지게 하는 것이니라"(디모데전서 6:9)라는 바울의 경고는 개인의 생활에만 적용해야 하는 교훈이 아니라 대중문화의 현실을 그대로 반영하고 있는 말씀이다. 문화가 돈만을 목표로 추구한다면 문화의 본질을 잃을 수밖에 없다.

그 당시 바울이 이방인들의 문화를 보고 탄식하면서 성도들에게 권면했던 말씀들은 이런 윤리적인 차원에서 현재의 대중문화를 바라보는 크리스천의 태도에 시사하는 바가 적지 않다.

"네가 이것을 알라 말세에 고통하는 때가 이르리니 사람들은 자기를 사랑하며 돈을 사랑하며 자긍하며 교만하며 훼방하며 부모를 거역하며 감사치 아니하며 거룩하지 아니하며 무정하며 원통함을 풀지 아니하며 참소하며 절제하지 못하며 사나우며 선한 것을 좋아 아니하며 배반하여 팔며 조급하며 자고하며 쾌락을 사랑하기를 하나님 사랑하는 것보다 더하며 경건의 모양은 있으나 경건의 능력은 부인하는 자니 이 같은 자들에게서 네가 돌아서라."(디모데후서 3:1-5)

3) 복음적인 윤리를 필요로 하는 대중문화

음란소설이나 음란만화에 대한 법적인 제재나 영화와 음반에 대한 법적인 제재가 사회적으로 논란을 불러일으키곤 한다. 대중문화의 비윤리성을 실감하는 크리스천들은 보통 이러한 법적인 제재가 사회의 이슈로 떠오를 때 검찰의 편에 서서 박수를 보내거나 나아가서는 법의 힘을 사용해서 문화의 비윤리성을 제거하려는 희망을 피력하는 것이 보통이다. 하지만 그러한 조치들은 우리 사회의 질서를 유지하기 위한 방편으로 꼭 필요한 일이긴 하지만 그리스도의 복음을 드러내는 데는 한계가 있다.

예수님 당시의 바리새인들은 그 당시 죄악으로 물든 문화를 율법으로 정죄했다. 그러나 "여자를 보고 음욕을 품는 자마다 마음에 이미 간음한 것"(마태복음 5:28)이라고 할 만큼 엄격한 윤리적인 기준을 가르치셨던 예수님이 무리들의 의해 정죄를 당하던 간음한 여인을 용서해주신 것은 크리스천의 윤리운동에 좋은 모델이 된다(요한복음 8:11).

대중문화의 비윤리성을 지적하면서도 율법주의의 실수에 빠지지 않기 위해서는 크리스천들이 먼저 하나님의 거룩하심을 보여주면서 그렇지 못한 세상을 위해 제사장적인 기도와 선지자적인 교훈을 동시에 해야 한다.

그렇지 못한 상태에서 율법주의적인 정죄를 하게 될 때 때때로 기독교는 '도덕적인 폭력'을 행사하는 집단이라는 누명을 쓰게 된다. 그러므로 윤리적인 평가는 항상 아직 죄인되었을 때 그리스도가 죄인들을 위해서 죽으시게 한 하나님의 은혜에 기초해야 한다(로마서 5:8). 그렇지 않으면 하나님의 은혜와 복음을 세상에 확산시키는 일을 하지 못함은 물론 문화를 정화하려는 일도 할 수 없게 된다.

그렇다고 그냥 보고만 있어도 된다는 말은 아니다. 롯은 소돔성에 살면서 그들의 죄악으로 가득 찬 문화로 인해 갈등과 고통을 겪었다(베드로후서 2:7-8). 크리스천들이 윤리적으로 용납할 수 없는 문화가 주변에 가득할 때 그것은 크리스천 뿐만 아니라 그 속에 사는 모든 사람들에게도 악한 영향을 미치게 된다. 이에 대해 크리스천들이 지적하고, 나아가서는 강한 도전을 해야 한다.

그러나 크리스천은 우상적 요소나 비윤리적인 대중문화를 보면서 항상 그 속에서 세상 사람들의 외침을 들어야 한다. 예루살렘 사람들처럼 "우리가 어찌할꼬"(사도행전 2:37)라고 말하지는 않지만 이런 현실 속에서 세상 사람들의 외침을 듣는 영적인 예민함이 꼭 필요하다. 때로 그것은 우는 사자와 같은 사탄의 울부짖음일 수도 있지만(베드로전서 5:8) 때로는 자기들의 문제를 어떻게 해결할 줄 모르는 사람들의 안타까운 몸부림일 수도 있기 때문이다.

3. 문화의 눈으로 본 대중문화

처음에 우상을 보고 분노했던 바울은 서서히 흥분을 가라앉히고 이들을 향해 말문을 열었다. 이때 바울의 태도에 두 가지 자세가 확연하게 나타나고 있다. 그것은 아덴 사람들의 문화에 대한 긍정적인 이해와 그것을 이용해서 한 복음의 선포였다. 그는 그들의 우상을 보면서 그들의 종교성을 인정했으며 복음을 전하는 과정에서 그들의 시인들의 글을 인용하기도 했다(사도행전 17:22, 28). 한 마디로 그들의 문화의 가치를 인식한 것이다. 그러나 그 문화가 하나님과 그의 말씀을 이해하고 표현하기에는 부족함을 지적하면서 그들이 제대로 알지 못하는 창조주 하나님과 그리스도의 복음과 회개의 메시지를 전한 것이다. 이런 자세는 크리스천들이 대중문화를 대할 때도 꼭 필요한 자세이다.

1) 기독교문화관의 관점에서 본 대중문화

크리스천들이 이 세상에 사는 한 세속문화는 피할 수 없으며 이에 대한 관심이나 평가 역시 피할 수 없는 과제이다. 그리스도의 복음이 문화의 토양 속에서 시작되었고 문화라는 통로를 통해서 전달되었으며 그러는 과정에서 세속문화의 억압을 받기도 했고 때로는 오염되거나 왜곡되기도 했기 때문이다. 그러나 문화란 복합적이기 때문에 이것을 기독교적으로 조명하는 일은 결코 쉽지도 단순하지도 않다.

기독교가 관심을 가지고 다루어온 문화란 먼저 자연과 대조되는 개념으로서의 문화이다. 니버(Niebuhr)는 문화를 사람들이 자연 세계에 부과한 인공적이며 이차적인 환경이라고 정의했다. 이런 뜻의 문화는 성경에서 말하는 '세상'과 일치되는 개념이다.

이렇듯 우리는 먼저 자연과 대조되는 인간의 문화를 보고 그것을 창조와 타락의 관점에서 혹은 그리스도와의 관계에서 다루어야 한다. 문화 자체가 하나님의 창조원리에 얼마나 부합되며 창조원리를 얼마나 왜곡시켰는가에 초점을 맞추어야 한다. 대중문화도 이런 분석과 평가의 대상에서 제외되지는 않는다.

그러나 대중문화는 여러 가지 면에서 고전적인 문화와는 아무래도 구별이 된다. 대중문화는 산업사회에서 발생하는 지루함과 자유시간의 보편화가 만들어낸 다분히 현대사회의 산물이다. 대중문화는 그 출발이 지루함으로부터 탈출을 목적으로 하는 만큼 무엇인가 자극을 하는 것이 목적이고 그것을 당장 이루려는 것이 특징이다. 성경에서 지적하는 '세상'의 요소가 강하며 이것이 크리스천들에게 미치는 영향은 더 크다. 그렇기 때문에 신앙의 눈이나 윤리의 눈과 함께 문화적인 안목으로 바라볼 필요가 있다.

크리스천들이 대중문화를 비판할 때는 아무래도 문화의 내용에 먼저 관심을 가지게 된다. 그러나 대중문화의 내용이 교훈적이거나 도덕적이기만 하면 된다고 생각해서는 안 된다. 비록 내용이 교훈적이거나 도덕적이고 나아가서 '성경적'이라 할지라도 문화의 질이 떨어질 경우 저질 문화가 미치는 영향도 적지 않기 때문이다. 바로 이 부분이 조심스럽게 지적되어야만 한다.

일반적으로 대중문화는 고급문화에 비해서 질이 떨어진다. 이런 대중문화에 익숙해지면 더 나은 문화를 맛보는 감각을 잊어버리기 쉽다. 우리가 아름답게 느끼고 감동을 받는 것은 우리의 영적인 생활에 뿌리를 두고 있으며, 문화의 미학적인 면은 우리들의 체험의 영적인 면과 밀접한 관계가 있다. 그러므로 이런 문화적인 요소를 잘 유지하는 것은 종교를 유지하는 것과 무관하지 않다. 아름다운 것과 추한 것, 질서와 무질서, 창조적인 것과 그렇지 않은 것의 차이를 분별하는 것은 그 사람이 구원을 받고 안 받고와는 무관하게 하나님의 형상으로 창조된 사람에게 부여된 능력이기 때문이다.

물론 미적인 선함과 도덕적인 선함은 다르다. 또한 선하고 건전한 문화생활 자체가 영적으로 좋은 것만은 아니다. 그로 인해 창조주 하나님을 만나는 것을 보장하지는 못한다. 그러나 육체적인 건강이 질병을 잘 견디어내듯이 문화적인 건전함은 죄악을 이겨내는 데 도움이 되며 반대로 문화생활이 불건전하면 영적인 생활에도 영향을 미친다. 바울의 권면은 이와 관련해서 의미가 있다.

"종말로 형제들아 무엇에든지 참되며 무엇에든지 경건하며 무엇에든지 옳으며 무엇에든지 정결하며 무엇에든지 사랑할 만하며 무엇에든지 칭찬할 만하며 무슨 덕이 있든지 무슨 기림이 있든지 이것들을 생각하라."(빌립보서 4:8)

물론 이런 지적에 대해 대중문화를 만들어내는 사람들도 그렇고 그것을 소비하는 사람들도 미적인 판단은 주관적이라고 생각한다. 물론 미적인 판단을 기계적으로 규정할 수는 없다. 그러나 사람의 미적인 판단은 창조질서에 대한 고려와 관계가 있으며 그 판단은 세대에 따라, 개인의 기질에 따라 달라짐에도 불구하고 객관적인 기준을 완전히 배제하지는 않는다. 크리스천은 대중문화를 보면서 신앙적이며 윤리적인 비판과 함께 문화적인 비판도 할 수 있어야 한다.

2) 선교적인 관점에서 본 대중문화

역사적으로 살펴보면 크리스천들은 선교적인 차원에서 문화에 대한 관심을 가지게 되었다. 타민족과 접촉하고 그들에게 복음을 전하는 과정에서 타민족들의 문화가 자기들의 문화와 차이가 있음을 발견하게 된 것이다. 초기에는 이런 문화의 차이를 무시하고 복음을 전했으나 문화인류학의 발전과 더불어 점차 피선교 지역의 문화를 민감하게 이해하여 효과적으로 복음을 전하는 성육신적 선교개념이 발전하게 되었다. 그래서 문화는 중요한 선교학적인 이슈가 되었다. 브루스 니콜스는 선교에 있어서 문화에 대한 이해의 중요성을 이렇게 설명한다.

"문화 간 의사소통에 대해 더욱 민감해야 한다는 부르심은 다른 문화권에 대해 인내를 가지고 이해하고 제자로서 겸손하게 순례의 길을 가려는 부르심이며 그들의 일상생활의 현실 속에 있는 사람들에 대한 사랑의 역사로의 부르심이다."

물론 선교학에서 말하는 문화는 각 민족의 독특한 민속문화를 가리킨다. 선교에 필요한 그런 문화 이해는 크리스천들이 현대의 대중문화에 대해 가지는 자세에도 동일하게 적용되어야 할 것이다. 대중문화는 대부분의 사회 저변에 자리잡고 있지만 크리스천의 입장에서 보면 일종의 새로운 문화현상이기 때문이다. 특히 대부분의 기성세대들에게는 젊은 세대들이 선호하는 대중문화는 '타문화'라고 해도 지나치지 않다. 그것은 선교사들이 타국에서 새로운 문화를 접하는 것에 비교할 만하다.

선교학자들은 서구 교회가 제3세계에 복음을 전하려고 들어가면서 그들의 문화에 대해 무감각한 채 자기들의 교회문화를 그대로 심으려고 했던 것을 비판한다. 그러면서 동시에 교회의 성장이나 제자화에 기여할 수 있거나 반대로 장애가 되는 문화적인 요소에 민감해야 한다고 강조한다. 이를 위해서 '문화화(enculturation)'에 대한 이해가 필요하다고 했다. 즉 그 사회 속에서 생활양식을 배워가는 과정이 필요하며, 대중문화를 새로운 문화의 차원으로 이해하는 선교사들의 자세가 요구된다는 것이다.

제3세계에 있는 피선교지를 향해 문화적인 민감성을 가져야 한다면 현재 우리와 같이 있지만 다른 문화에 속해 있는 사람들을 향해서도 같은 자세를 가져야 할 것이다.

선교지의 문화를 접하다 보면 민족과 언어라는 벽에 부딪치게 되는데 오늘날 대중문화와의 사이에는 세대라는 벽이 있다. 민족이나 언어라는 벽을 이해하고 상대방의 문화를 이해해야 하듯이 세대라는 벽을 이해하고 대중문화를 이해해야 한다. 분명한 사실은 민족들 사이의 문화적인 차이가 영적인 현상이 아니듯이 세대 간의 차이는 문화적인 것이지 영적인 현상이 아니라는 것이다. 바울이 이방인들에게 유대문화를 강요하지 않고 이방인들의 문화를 매개로 해서 복음을 전했듯이 대중문화에 익숙한 세대에게 전통문화를 강요하지 않고 그들 세대가 가지고 있는 문화를 통해서 접근하는 것은 단순한 방법론이 아니라 선교의 기본원리를 적용하는 것이 될 수 있다.

"내가 모든 사람에게 자유하였으나 스스로 모든 사람에게 종이 된 것은 더 많은 사람들을 얻고자 함이라 …… 약한 자들에게는 내가 약한 자와 같이 된 것은 약한 자들을 얻고자 함이요 여러 사람에게 내가 여러 모양이 된 것은 아무쪼록 몇몇 사람들을 구원코자 함이니 내가 복음을 위하여 모든 것을 행함은 복음에 참여하고자 함이라."(고린도전서 9:19, 22-23)

물론 여기서 조심할 것은 있다. 선교지의 문화를 이해한다고 하더라도 혼합주의에 빠져서 복음의 핵심을 놓치고 동화되어서는 안 되듯이 대중문화에 대해서도 복음에 기초를 둔 분명한 기준을 가지고 이해해야 한다. 혼합주의는 결국 문화를 우상화하는 것이며 이것은 선교 지역에서의 타문화에서 문제가 되듯이 대중문화에 관해서도 똑같이 문제가 되기 때문이다. 그러므로 대중문화적인 요소를 교회가 받아들일 때도 조심해야 한다. CCM이나 열린 예배를 수용할 때 특별히 영적인 지혜가 필요하다. 복음에 정면으로 반대가 되는 것이나 그럴 가능성이 있는 문화적인 요소(우상, 마술, 종교적인 성범죄, 노예제도, 일부다처제 등)와 복음의 원리에 문제가 되지 않는 문화적인 요소(의식주의 습관, 인사하는 방법, 머리나 옷 스타일 등)를 구별하듯이 대중문화를 다루는 데도 비슷한 지혜가 필요하다.

바울이 이런 균형잡힌 자세를 가지고 아덴의 우상문화를 대했기 때문에 당장 그 우상들을 제거하지는 못했으나 그들에게 복음을 전할 수 있었으며 결과적으로 적지 않은 열매를 거둘 수 있었다(사도행전 17:34). 오늘날의 대중문화를 보면서 우리에게 바울의 선교적인 자세가 새삼 필요함을 느낀다.

사도 바울이 오늘 우리 사회에 모든 영역에 스며든 대중문화를 본다면 어떻게 대응할 것인가? 아니 우리 주님이 오셔서 이 땅의 대중문화를 보신다면 어떻게 말씀하실 것인가? 이것은 크리스천들이 본받아야 할 자세이다. 신앙의 눈으로, 윤리의 눈으로, 문화의 눈으로 우리 대중문화를 바라보자는 것은 결국 주님의 눈으로 이 세상을 보며 사도 바울이 취했던 자세를 본받자는 시도이다.

"내가 그리스도를 본받은 자 된 것같이 너희는 나를 본받는 자 되라."(고린도전서 11:1)

1. 죄악된 문화에 대해서 반응(react)하는 것과 대응(response)하는 것은 다릅니다. 둘 사이에 어떤 차이가 있습니까?
2. 대중문화를 바라보면서 어떻게 해야 균형잡힌 안목을 가지게 될까요? 신앙적인 관점, 윤리적인 관점, 문화적인 관점에서 각각 생각해보십시오.
3. 대중문화에는 우상적인 요소들이 많이 있습니다. 본문에서 지적한 세 가지 경우에 해당하는 구체적인 예들에 대하여 토의해봅시다.
    (1) 우상 종교를 전하는 대중문화
    (2) 우상숭배를 강요하는 대중문화
    (3) 우상이 된 대중문화

이 글의 저자 방선기는 서울대학교 공과대학을 졸업하고 미국의 리폼드 신학교에서 신학과 교육학을, 콜롬비아 대학교에서 교육학 박사학위를 취득했다. 두란노서원에서 문서사역을 했고 지금은 이랜드 그룹의 사목이자 직장사역연구소 소장으로 섬기고 있다. 크리스천 대중문화잡지인 「프리즘」을 2년간(1996-1997) 발행했다.

3장
대중문화의 현실과 대안

■ 신국원

1. 문화시대의 명암

    1970년대의 산업화와 80년대의 민주화 노력은 90년대에 문민정부와 더불어 이른바 '문화시대'를 가져왔다. 확실히 90년대는 앞선 시대의 피나는 노력의 결과로 얻어진 경제적 풍요와 사회·정치적 자유로 인해 '문화'가 꽃피고 많은 사람들이 그것을 향유할 수 있는 분위기가 조성된 시기임에는 틀림없다.

    최근 경제 사정이 급작스레 악화되면서 그 분위기가 크게 위축되기는 했으나 오늘날 우리의 문화 환경은 과거의 그 어느 때와도 비교할 수 없을 만큼 넓고 비옥해진 것은 분명하다. 가난하고 어둡던 시대가 가고 삶의 여유 위에 각종 문화생활을 누릴 수 있게 된 것이다. 그것은 하나의 축복이요 수고의 보상이며, 궁극적으로는 하나님께 감사할 일이다. 가난하여 먹고 자는 시간 이외에 생존을 위해 눈코 뜰 새 없이 바쁘다면 '문화시대'란 생각할 수 없었을 것이다.

    또 정치를 비롯해서 사회 환경이 지나치게 억압적이거나 통제가 심해도 문화는 억눌리게 마련이다. 암울하던 시대 끝에 경제적 여건이 나아지고 자유로운 사회 분위기의 조성으로 찾아온 문화시대를 기독교인이라고 해서 달가워하지 않을 이유는 없다.

그러나 과연 문화시대의 도래를 기뻐해야만 할 것인가? 새삼 이런 질문을 던져보는 것은 요즘 그 동안 우리를 부풀게 했던 것들이 쓰라린 실망을 가져다 주는 일이 많기 때문이다. 최근 간신히 임기를 마치고 퇴진한 문민정부의 참담한 모습이 그랬다. 독재를 청산하고 도덕성을 기치로 내세워 한때 국민 90퍼센트 이상의 지지와 기대를 모았던 김영삼 정부의 자랑스럽지 못한 종말은 모두에게 큰 실망을 안겨주었다. 또 그 동안 우리를 한껏 부풀게 했던 경제대국의 꿈도 과장된 거품에 불과했다는 실상에 모두가 크게 당황하고 있다. 사정이 이러니 혹시 그 경제와 정치를 바탕으로 해서 찬란하게 떠오른 문화시대의 속내도 비슷하지 않을까 우려되는 것은 오히려 당연한 일이다.

불행하게도 이런 우려는 기우가 아닌 현실로 드러나고 있다. 삶의 여유와 자유를 가지게 되었을 때 정말 중요한 것은 그것을 축하하는 일보다 그것을 어떻게 활용하느냐 하는 것이다. 또 그 여유를 채우는 내용이 무엇이냐 하는 것도 중요하다. 문화의 수요가 팽창하면서 자연히 문화산업이 급성장하고 문화산물이 홍수를 이루는 시대가 되었다. 그러나 문제는 문화산업이 팽창한다고 해서 반드시 문화가 발전하고 수준이 높아지는 것은 아니라는 데 있다. 오히려 홍수가 나면 물이 탁해지듯이 문화의 홍수 속에서 수준의 향상은커녕 문화적 환경만 자꾸 혼탁해지고 있는 것이 아니냐는 우려가 팽배하다.

예를 들어 '기독교윤리실천운동'의 대표인 손봉호 교수는 "최근 우리 사회가 당면한 심각한 문제 가운데 하나는 향락산업이 엄청나게 번창하고 향락문화가 급속히 확산되고 있다는 것이다"라고 지적한다. 그 한 증거로서 실제로 작년 한해 동안 공식 집계된 액수만 해도 약 4조원 가량이 향락산업에 쓰였다는 것이다. 이렇듯 약간의 여유가 생기자 어느새 분수를 모르는 과소비와 사치풍조가 만연하여 근면과 절약의 피와 땀으로 쌓아온 공든 탑을 일순간에 기초부터 흔들어놓는 격이 되었다. 그리고 문화생활이라는 것도 대개는 비생산적이고 심지어는 퇴폐적인 성향마저 짙어 도덕이 급속도로 무너지기 시작했다. 현재의 위기는 이미 이러한 풍조 속에서 예견되고 있었던 것이다.

통계나 해설에 의존하지 않더라도 우리의 주변을 둘러보면 이러한 불건전한 추세를 감지하기는 그다지 어렵지 않다. 골프나 해외여행과 같은 값비싼 여가생활이 급속도로 확산되어 평범한 직장인들 사이에서조차 널리 유행되었으며, 우리 가정들에서 지출하는 외식 비용은 미국이나 일본과 같은 경제 선진국의 수준을 훨씬 웃돌고 있다. 게다가 술집이나 카바레와 같은 향락업소들이 나날이 늘어만 가며 이제는 단란주점이라는 이름으로 주택가까지 침범하고 있다. 사정이 이렇다 보니 한때는 접대부나 윤락여성의 수요를 채우지 못해 부녀자 납치가 극성을 떨기도 했다. 음란 비디오나 포르노 잡지는 우리 주변의 편의점이나 중·고등학교의 교실에서조차 흔하게 돌아다니더니 급기야는 청소년들이 이를 흉내내어 제작한 비디오 테이프가 대량 유포되는 실로 경악스러운 일이 벌어지기까지 했다.

특히 날로 늘어나는 저질 문화산업에 의한 문화 환경의 오염은 매우 심각하다. 영화나 잡지 그리고 스포츠 신문과 같은 오락물들뿐만 아니라 일간신문과 텔레비전 등 안방의 매체들조차도 끔찍한 폭력 장면이나 낯 뜨거운 성애 장면들을 문화나 광고의 이름으로 무차별하게 배포하고 있는 형편이다. 그 결과 우리 모두가 심각한 피해를 입고 있는데도 정작 그 사실을 인식하는 사람이 많지 않다는 것은 더욱 큰 문제이다.

오염된 문화는 오염된 물이나 공기와 같아서 피하기가 어렵다. 그것이 우리 삶의 환경을 형성하고 있기 때문이다. 문화의 오염은 우리의 몸과 마음을 병들게 한다. 즉 오염된 문화는 우리 모두의 삶을 물질만능주의나 쾌락지상주의와 같은 저급한 가치 추구로 인도한다. 또 알지 못하는 사이에 분수에 넘치는 향락을 추구하게 하여 과소비를 부추기고, 나아가 심하면 성범죄나 폭력이 증가되는 원인이 되기도 한다. 무엇보다도 청소년들의 심신을 오염시키는 문화는 국가의 건전한 미래에 대한 위협이기도 하다.

문화시대에 편승하여 퍼져가는 이런 문화 환경의 오염 현상은 기독교인들의 책임 있는 대응을 절실하게 요청한다. 항상 현실에 대해 효과적으로 대응하려면 먼저 그에 대한 정확한 이해가 필요하다. 우리의 문화 현실의 배경을 역사적으로 그리고 사상적으로 진단하여 그에 맞설 기독교적 대안을 살펴보는 것은 오늘날 날로 어둡고 부패되어가는 문화 속에 빛과 소금이 되기 위한 긴요한 준비이다.

우선 문화 환경의 오염에 바로 대응하기 위해서는 그 오염의 근원을 규명하는 일이 필요하다. 오늘날 문화 환경을 오염시키는 원인으로는 크게 두 가지를 들 수 있는데, 첫째는 사상적인 원인이며 둘째는 상업주의의 영향이라 할 수 있다. 그것들을 차례로 살펴보고자 한다.

2. 사상적 영향

현실 문화의 흐름 뒤에는 사상적 배경이 존재한다. 한 시대의 사상이 문화 전반에 미치는 영향력은 쉽게 드러나지 않지만 중대한 영향을 미치는 것임에는 틀림없다. 금세기 중반부터 문화를 이해하는 시각 자체가 여러 사상적 원인에 의해 바뀐 것은 문화 현실의 변화에 커다란 몫을 했다. 이 변화를 감지하기 위해서는 세계적인 추세를 주목할 필요가 있다. 또 이 세계적인 추세가 어떠한 형태로 우리의 현실에 접근하여 영향을 미치고 있는지를 보는 것이 더욱 중요하다.

고전적 정의에 따르면 문화는 주어진 재능을 연마하여 고도의 성취를 이룩한 가치의 구현이요, 그를 통해 삶의 질이 승화되며 교양이 형성되어 인간성의 완성을 지향하는 의식적 활동으로 여겨졌다. 이 고전적 문화는 생존을 위한 노동은 물론이고 과학과 기술, 심지어는 경제나 정치도 배제시킬 만큼 특히 정신적인 가치 추구와 예술의 좁은 영역에 국한되었다. 물론 그런 문화의 개념에는 고급스러운 귀족적 취향을 떠올리게 하는 매우 배타적인 성향이 있었으며, 문화가 서구의 문명사회의 전유물인 양 여겨지는 폐단이 있었던 것도 사실이다. 그러나 문화를 자연적 상태와 구별하여 인간성의 성숙과 고양(高揚)을 가져오는 의식적 행위로 파악하여 문화에 교양, 교화(敎化), 교육(敎育)의 의미가 내포된 것으로 인식했다는 점은 고전적 문화 개념의 강점이라 하겠다.

이 고전적 문화 개념은 금세기 중반부터 힘을 잃기 시작했다. 이는 무엇보다도 문화의 범주가 확대되기 시작한 데 기인한다. 즉 종래에는 주로 정신적이고 고도로 세련된 성취만을 가리켜 문화라고 한 반면에 오늘날에는 일상적인 삶의 내용 전체를 포함하는 넓은 개념으로 확대되었다. 서강대의 강영안 교수의 지적과 같이 이러한 추세는 문화인류학의 영향과 관계가 있다. 그것은 문화인류학적으로 여러 형태의 문화를 비교 연구해볼 때 문화가 단지 발달한 문명사회에서 뿐만 아니라 인간사회 어디서나 나타나는 공통적인 것이며, 정신적 활동뿐만 아니라 의식주를 포함한 모든 행위를 규정하는 토대임을 보여주었기 때문이다.

문화가 본래 주어진 자연에 대한 인간의 의식적 활동을 지칭하는 것인만큼 인간의 모든 활동 전체를 문화로 볼 수 있다. 그러나 문화 개념의 확대와 함께 인간성의 성숙과 고양이라는 문화의 본래적 이상은 더 넓은 영역에 적용되어야 한다. 문화 개념의 확대로 인해 교양과 같은 고급 가치가 배척되고 오락이나 향락 등의 저급 가치가 문화의 이상으로 대치되는 일이 일어나서는 안 된다. 그런데 오늘날 고전적 문화 개념의 쇠퇴와 더불어 문화의 질적 판단 기준 자체가 하향적으로 변화하는 경향이 있는 것은 우려할 만한 일이다. 즉 이처럼 확대된 문화의 개념은 자칫 문화의 이상을 낮추는 원인이 될 수도 있다.

또 문화인류학은 단지 문화의 범위만을 확대해준 것이 아니라 문명과 야만이라는 종래의 획일적 구분을 지양하고 다양한 문화의 고유한 가치를 인정함으로써 문화상대주의의 길도 열었다고 할 수 있다. 문화를 과학기술처럼 하나의 척도나 가치로 판단할 수 없다는 점에서 문화상대주의는 일리가 있기는 하다. 그러나 인간에게는 환경과 시대를 초월해서 인정해야 할 보편적 가치 기준이 있음을 부정하거나 도외시한다면 이는 문제가 아닐 수 없다. 예를 들어 모든 문화의 가치를 상대적으로만 평가하려 한다면 식인 습관이나 고려장과 같은 악습도 비판할 수 없게 되고 만다.

문화상대주의는 곧 서구 사회 내부의 다양한 문화들에 대한 인식과 가치 판단에도 변화의 여파를 가져왔다. 특히 1960년대 이래 뜨거워진 고급문화 대 대중문화 사이의 이른바 '문화전쟁' 논쟁은 바로 이러한 변화의 중요한 한 면을 반영한다. 이 논쟁에서 결국 고전적 문화 개념은 귀족주의 내지 엘리트주의적 발상으로 비판을 받아 문화의 이상과 대표로서의 자리를 상실하게 되었다. 그 이후 '문화' 하면 대중문화를 주로 의미하게 된 것은 문화 개념의 변화에 중요한 계기가 되었다.

이와 더불어 주로 독일의 프랑크푸르트학파(Frankfurt)나 영국의 버밍햄 연구소의 마르크스주의적 문화이론도 문화에 대한 의식을 바꾸는 데 적지 않은 영향을 끼쳤다. 사고의 기본 전제가 유물론적인 이들은 문화를 정신의 산물이나 성취로서 이해하기보다는 사회의 경제나 정치적 조건의 결과로

미국 사회에서 대중문화를 주도하고 있는 연예산업의 실상을 종교적 관점에서 파헤친 윌리엄 로마노프스키의 저서 『대중문화 전쟁』.

이해한다. 나아가 이들은 문화를 전통의 계승과 발전이라는 면보다는 계층간의 상이한 이해가 상충하며 부딪치는 면을 강조하여 심지어는 문화를 전쟁터로 인식하기도 한다. 따라서 이들의 문화연구는 고전적인 문화에 관심을 두기보다는 오늘날 대다수 사람들의 삶에 지대한 영향을 미치는 대중문화 이해에 더 많은 관심을 기울이고 있다. 또 이렇게 변화한 문화연구는 실제로 정치학과 흡사한 모습을 띠는 것이 당연한 일이다. 이들은 문화연구를 대중들의 삶을 이해하되 그것에 연관된 권력구조를 파악하는 것으로 생각한다. 나아가 대중문화를 장악하는 것은 매우 중요한 정치적인 행위로 인식한다.

어쨌든 위에서 열거한 원인에 의해서 파급되기 시작한 문화 개념의 변화는 곧 서구 사회 내부의 다양한 문화들에 대한 인식과 가치 판단에도 변화의 여파를 가져왔다. 게다가 이른바 포스트모더니즘의 영향도 문화 전반에 급격히 변화를 부추기고 있다. 포스트모더니즘은 르네상스와 지리상 발견 그리고 과학기술의 발전을 토대로 형성되어 근래까지 약 4세기 넘게 서구 사회를 지배해온 근대문화에 대한 반발을 기조로 한 사상으로서, 문화의 기본 틀을 바꾸려는 운동이라고 할 수 있다. 자연히 포스트모더니즘은 기존의 서구 문화를 형성해온 기초 체계를 극단적으로 비판하고 나아가 해체하고자 함을 특징으로 한다. 이로 인해 이성주의와 객관주의를 근간으로 통일성을 이상으로 삼던 근대문화와는 달리 다원성과 개성이 강조되어 상대주의 성향과 파편화 추세가 두드러진다. 무엇보다도 이제는 이성적 기준이 약화되고 고도의 감성적 문화의 시대가 열리고 있는 것이다.

우리가 분명히 알아야 할 것은 이러한 세계적 조류가 강 건너 불이 아니라는 사실이다. 우리 사회의 90년대를 특징짓는 이른바 '문화시대'는 정치적 자유와 경제적 여유라는 물질적 조건을 전제로 벌어진 단순한 즐거움의 축제만은 아니었다. 이 '문화시대'와 함께 전래 없이 특이한 사회·문화적 변화와 갈등이 이미 여러 가지 모습으로 심각하게 표출되고 있다. 우리 사회에도 사실상 '문화전쟁'이 일어나고 있다는 말이다. 이미 90년대 초 문민시대에 접어들면서 민주화투쟁으로 대표되던 이념투쟁의 운동은 소강상태에 접어들고 그 주력이 문화운동으로 전환한 것은 알 만한 사람은 다 아는 사실이다. '현실문화연구', '문화연구' 같은 급진적 문화이론 연구자들의 활발한 연구 활동이나 저술이 바로 그러한 변화의 예라 할 수 있다. 이들은 아도르노(Theoder W. Adorno)나 호르크하이머(Max Horkheimer) 같은 신마르크스주의자나 그람시(Antonio Gramsci), 또 버밍햄 연구소 등에서 발전된 주로 좌파적 문화이론에 의지하여 그들의 실천 방향을 설정하고 있다. 즉 이들은 문화가 사회·정치적 전략이라는 이론에 입각하여 사회변혁운동의 새로운 장으로 문화연구와 활동을 펼치고 있다.

최근에 일제시대 이래 지속되어오던 영화의 사전심의제도가 일부 젊은 '의식 있는' 영화인들이 헌법재판소에 제소하여 위헌결정을 이끌어내면서 마침내 폐기되기에 이르렀다. 바로 이런 사건은 사상운동이 문화 쪽으로 그 불씨를 옮겨가는 분명한 증거이다.

한편 포스트모더니즘의 이론은 주로 예술의 영역을 사회 통념으로부터 해방시켜 자율을 쟁취하는 이론적 구실로 흔히 사용된다. 마광수, 장정일로 이어지는 '외설이냐 문학이냐'라는 논쟁은 그래도 수준이 있는 편이다. 신문소설, 스포츠 신문과 성인용 잡지, 만화 같은 명백한 음란물조차도 이런 이론을 내세워 국가와 사회적 검열을 배격하거나, 건전한 문화생활을 추구하는 시민적 양식에 근거한 항의를 불식시키고자 한다. 심지어는 동성애자들도 '성정치' 이론을 앞세워 모든 성행위의 동등한 권리 획득을 새로운 인권운동의 과제인 양 홍보하고 있다.

그러나 좀더 일반적인 변화는 우리 나라에서도 이제는 대중문화가 문화의 대표성을 띠게 되었다는 사실이다. 삶의 모든 의식적 행위를 문화라고 정의할 수 있음에도 불구하고 여전히 문화시대의 화제는 연예로 대표되는 대중문화의 대량 보급과 높아진 관심에 모아진다. 문화에 대한 관심이 높아지고 그로 인해 대중들의 삶의 질과 이상이 점차 고상해지며 아름다워지는 것이 대중문화라면 그것을 비판적으로 바라보아야 할 이유는 없을는지 모른다.

그러나 문제는 대중문화란 문화의 대중화만을 이야기하지 않는다는 데 있다. 오히려 오늘날 대중문화의 특징은 문화의 상업화에 있기에 주의가 필요하다. 대중문화의 도래와 더불어 문화는 대중적 소비를 위해 양산되는 체계로 변화되었기 때문이다. 여기서 대중문화는 곧 상업적 문화라는 공식이 유래한다. 그리고 문화의 상업화는 문화의 질을 떨어뜨리고 문화 환경을 오염시키는 좀더 직접적이고 현실적인 원인이 되고 있어 각별한 주의를 필요로 한다.

3. 상업주의의 영향

대중문화의 질이 떨어지는 것은 그것이 대중들의 것이기에 일어나는 일이 아니다. 그보다 대중문화는 상업화되면서 그 질이 낮아진다. 대중문화는 대부분 대량으로 생산되어 비교적 값싸게 판매되는 구조를 전제로 한다. 달리 말해서 그것은 돈으로 사서 즐기는 문화이다. 미국의 대중문화 연구자인

켄 마이어스(Kenneth A. Myers)는 대중문화의 중요한 특징을 즉시성이라고 했다. 대중문화는 지금 당장 그것을 즐길 수 있어야만 성공한다는 것이다. 이렇듯 상업화된 대중문화는 고전적 문화가 본래 요구하는 고도의 성취를 위한 수고를 기피하는 문화이기에 그 질이 낮아질 수밖에 없다.

더욱이 말만 대중문화로서 대중들이 즐기는 문화일 뿐 사실상 그것은 대중들에 의한 대중의 문화는 아니다. 또 그것은 소수의 엘리트 그룹에 의해 대중들에게 상품으로 판매하기 위해 만들어지는 문화이다. 그 한 예를 들자면 영화는 극히 제한적인 그룹에 속한 감독과 제작진에 의해서 만들어지는데, 이들은 미국 할리우드에서 보는 것과 같이 대중이라 볼 수 없는 특수한 계층의 사람들이다.

이미 만들어진 것을 돈으로 사서 즐기는 상업적 대중문화는 수동성과 오락성으로 특징지어진다. 수동성은 판매되는 것을 사서 누리는 것에 기인한다. 또 상업적 문화는 수동적이므로 교양이나 교육적인 면보다는 오락적인 면이 더 두드러지게 된다. 그것은 일(노동)과 대조적인 개념으로 자리를 잡는다.

또 일도 여가시간을 즐기기 위해 시간적, 경제적 여유를 확보하기 위한 것으로 여기는 것이 세속화 사회의 한 특징이다. 여기에서 매우 유해한 하나의 악순환이 시작된다. 즉 여유시간을 즐기기 위해 일을 하면서 긴장과 스트레스를 받고, 다시 그것을 해소하기 위해 오락의 강도를 높이면 더 많은 경제적 여유가 필요하니 일을 더 열심히 하게 되는 악순환이다. 이러한 대중문화의 구조에 의하면 최소한의 비용으로 최대의 오락을 즐길 수 있다면 그것은 최선일 가능성이 높다. 한 묶음에 음악과 영상과 이야기 등의 모든 오락적 요소들을 제공하는 영화나 텔레비전이 바로 그것이다. 따라서 이들이 오늘날 대중문화의 핵심이 된 것은 너무나 당연하다.

다소 비유가 지나칠지 몰라도 즉시성과 오락성을 특징으로 하는 상업화된 문화는 매춘과 비교할 수 있을지 모른다. 성(性)은 남남이던 한 쌍의 남녀를 부부라는 공동체로 묶어주어 사회의 기틀이 되는 가정을 가능하게 만드는 고귀한 것이다. 그런데 아무런 헌신 없는 일시적이고 즉시적인 쾌락의 도구로서, 그것도 돈으로 사고 파는 관계로 떨어져버린 것이 바로 매춘인 것이다. 따라서 상업화된 대중문화는 특별한 재능을 통해 인간에게 아름다움의 체험이나 재주를 함께 누려 공동체를 하나로 묶어주는 고귀한 기능을 하는 대신 즉시적인 감각적 오락을 팔고 사는 산업이 되고 말았다.

물론 상업화된 대중문화라고 해도 거기에는 단지 감각적인 쾌락이나 오락만을 팔고 사는 것에서 그치는 것이 아니다. 사실은 거기에 그 이상의 무엇이 있기에 더욱 큰 문제이다. 『어둠 속에서의 춤을』이라는 문화연구서를 낸 미국의 칼빈 대학 교수팀은 대중문화에도 다른 문화처럼 '정체성(identity)'와 '친밀감(intimacy)'을 제공하는 기능이 있음을 지적하였다. 바로 이러한 기능 때문에 대중문화는 성인뿐 아니라 아직 자기 정체성의 정립이 필요하고 또 여러 원인으로 외로운 청소년들에게 무척이나 강한 영향력을 미친다. 즉 청소년들은 대중문화의 화려함과 오락성만큼이나 이 근본적 기능으로 인해 대중문화에 애착을 갖게 된다는 것이다. 그 연구팀은 대중문화의 이러한 기능을 '유사 부모, 교사, 목사'의 기능이라고 불렀다. 그 이유는 자라나는 청소년들에게 정체성이나 친밀감을 제공하는 것은 본래 가정과 학교 그리고 교회의 기능이었기 때문이다.

문제는 대중문화가 결코 어떤 의미에서건 부모, 교사, 목사의 기능을 대신할 수 없다는 것이다. 우리는 그것을 기대할 수도 기대해서도 안 된다. 특히 상업화된 문화는 그 본질에 있어 교육이나 교양보다는 오락적 성격을 가장 중요한 특징으로 하고 있기 때문이다.

앞서 지적한 대로 상업적 대중문화는 소수의 엘리트들에 의해서 만들어진다. 이른바 청소년문화는 청소년들이 만든 문화가 아니다. 그것은 소수의 어른들에 의해 상업적 목적으로 만들어진다. 따라서 상업화된 대중문화가 자라나는 청소년 또는 일반 대중의 성숙을 도모하거나 교양을 증진시키는 교육의 대체물이 되기에는 명백한 한계가 있다.

그뿐만 아니라 유사 부모, 교사, 목사의 기능을 발휘하는 상업화된 대중문화가 제공하는 정체성과 친밀성에는 환상과 기만이 깃들기 쉬울 것도 분명하다. 이들이 제공하는 정체성은 대개가 대리만족적인 정체성이거나 사실 그 제공자인 대부분의 인기 연예인들 자신도 정체성이 정립되어 있지 않은 채 하나의 허구적 우상으로 조작된 경우가 흔하다. 뿐만 아니라 이들이 팬 클럽 등을 통해서 제공하는 친밀감도 대개 진실한 관계에 기초한 것이 아님은 말할 나위조차 없다.

상업화된 문화의 동력은 결국 돈이며 재정적인 이해관계이다. 영화의 경우나 차츰 그 모습을 닮아가는 음반계의 실상은 그것을 잘 보여준다. 이들 산업화된 대중문화계는 이전의 개인적 예술인이 자신의 삶을 바쳐 이해 관계를 초월하여 가치를 이룩하는 예술과는 그 시작과 지향하는 바가 완전히 다르다. 예를 들어 시인은 끓어오르는 시적 정서를 휴지에라도 적거나 아니면 마음속으로 외워 읊으면 그만이다. 그러나 영화는 거대한 투자와 기술과 재주가 동원되지 않으면 시작도 할 수 없는 예술이다. 이 말은 결국 거대한 상업자본의 필요를 의미하고 상업자본의 투입은 결국 이윤의 추구라는 명백한 등식으로 이어질 수밖에 없다.

상업화된 대중문화가 돈에 의해 오염될 수 있다는 것은 이러한 사실에서 분명해진다. 그러나 정작 더 큰 문제는 문화가 상업주의에 의해 좌우될 경우 삶을 풍부하게 하는 건전하고 생산적인 문화의 발전보다는 소비적 오락이나 향락적인 방향으로 기울어질 가능성이 높다는 데 있다. 그것은 손봉호 교수의 지적처럼 "향락산업이 가장 수지가 맞기 때문에, 너도나도 향락산업에 투자" 하게 되기 때문이다. 그리고 그러한 현상은 "향락의 수요가 있으므로 향락산업이 생기고, 향락산업이 있으므로 향락에 대한 유혹은 그만큼 더 커져 악순환"을 불러일으키게 된다. 오락과 향락에 대한 탐닉은 사회의 생산성을 저하시키고 도덕적으로도 문란하게 만드는 이중 삼중의 문제를 불러일으키기 십상이다.

일부 문화학자들은 문화가 순수하고 건전하게 발전하기 위해서 경제나 정치로부터도 독립해야 한다고 주장한다. 모든 것이 경제적인 면과 밀접하게 움직일 수밖에 없는 자본주의 체제 아래서 문화가 상업적 고려로부터 완전히 독립하는 어려울지라도 오늘날의 대중문화와 같이 돈에 의해 움직이게 될 경우에 어떠한 폐해가 따라올지는 짐작하기 어렵지 않다. 우리 나라에서도 이미 대기업들이 영화나 음반 같은 연예산업에 진출하고 있어 기독교인들은 이러한 상업주의 문화에 대해서 민감한 비판의식을 가져야 할 것이다.

4. 비판적 제안

대중문화의 영향력이 성인들보다는 청소년에게 강하고, 그것도 교육적 영향이 약한 결손 가정의 청소년에게 특별히 강하다는 연구결과는 시사하는 바가 많다. 이런 경우에 있어 대중문화의 폐해가 심한 이유는 그것을 걸러내는 장치가 약하기 때문이다. 1996년에 벌어진 서태지 은퇴를 둘러싼 소동이나 가수 서지원의 자살에 이어 여러 명의 여학생들이 자살한 사건의 예를 보아도 걸러지지 않은 대중문화가 청소년들에게 미치는 영향의 위력이 어떠한지 잘 알 수 있을 것이다.

우리 나라의 대중문화 현실은 다른 나라들과 크게 다르지 않다. 그러나 한 가지 다른 점이 있다면 그것을 감시하고 정화하는 견제적 장치의 차이이다. 외국에서는 가정적으로 대중문화를 여과하는 가정교육이 힘을 발휘하는 경우가 많다. 특히 기독교인 가정의 경우 비기독교인 가정보다 이러한 의식이 많이 깨어 있는 것을 볼 수 있다. 또 교회와 기독교 학교들과 기독교 단체는 물론이고 일반 사회 시민단체들이 상업적 대중문화의 오염을 감시하고 정화하는 일을 효과적으로 수행하는 경우가 많다.

우리 나라의 경우 특히 청소년들이 가정에서 문화적 소양을 위해 교육받는 경우는 극히 드문 편이다. 청소년들의 학교생활도 그렇지만 가정생활이라는 것도 대부분 입시를 위해 전력투구하도록 도와주는 정도 이상을 넘지 못할 경우가 태반이기 때문이다. 바른 문화적 양육을 도와주지 못하기는 학교나 교회도 비슷하다. 이러한 실정 속에서 우리의 청소년들은 그들 삶에 반드시 필요한 정체성과 친밀함을 상업적 대중문화로부터 공급받고 있다고 할 수 있다. 그 결과 서태지 소동과 서지원 사건이 일어났다고 해도 과언이 아니다. 또 제2, 제3의 비슷한 사건이 일어날 소지는 다분하다. 이런 사건이 아니더라도 대중문화를 가볍게 생각할 수 있던 시대는 이미 지나갔다. 지금도 대중문화는 청소년들뿐 아니라 대다수의 사람들에게 큰 영향을 미치고 있으며, 앞으로는 지금보다 훨씬 더 강력한 문화적 영향력을 미칠 것이므로 이에 대한 대비책이 마련되어야 할 것이다.

이와 같은 현실 속에서 기독교인의 사명은 중대하다. 소극적으로 이미 주변을 가득 채운 상업적 대중문화를 감시하고, 잘못이 눈에 띌 경우 그것을 시정하기 위해 항의하거나 고발하며 싸워가는 일도 필요할 것이다. 그러나 그보다 더 중요하고 근본적인 일은 건전한 문화적 양식을 회복하는 일이다. 상업화된 대중문화의 역기능을 최소화하기 위한 시민적 감시나 항의운동과 같은 일도 필요하지만 무엇보다도 시민 한 사람 한 사람이 문화적 양식과 분별력을 갖도록 도와주는 교육이 필요하다.

아울러 바른문화운동도 필요하다. 이것은 고전적이며 귀족적 취향을 회복하고 선전하며 억지로 강요하는 것을 의미하지 않는다. 건전한 기독교적 문화의 회복이란 결국 기독교적 안목과 삶의 자세의 회복을 의미한다. 건전한 문화, 즉 삶을 바로 세우고 그 안에서 스스로가 교육되고 자신이 받은 재능과 은사를 다른 사람들과 더불어 나누며 삶을 누리는 문화, 그것이 기독교문화의 일면이라 할 것이다. 이 일을 효과적으로 성취하기 위해서는 가정이 회복되어 부모와 가족으로서의 양육의 책임을 되찾아야 한다. 학교나 교회도 이 부분에 마땅히 담당할 책임을 회복하여 상업적 대중문화에게 빼앗긴 교육과 교사와 목자로서의 기능을 되찾아야 한다.

오늘날 문화이론가들은 문화를 전략이라 부르기를 주저하지 않는다. 사실 초대 교회 시절에 벌써 세상 문화를 기독교적으로 변혁하려 했던 어거스틴(Augustine)이나 금세기 초 기독교문화를 부흥시키고자 했던 카이퍼(Abraham Kuyper) 도 같은 생각을 가지고 있었다. 이들에게 있어 세상은 하나님을 사랑하는 문화와 자기를 사랑하는 문화의 각축장이었다. 카이퍼는 세상엔 어느 한 뼘의 땅도 하나님의 것이 아닌 곳이 없다고 선언했다.

대중문화는 곧 대중들의 삶이다. 이 대중문화가 상업주의와 그리고 인본주의로 무장된 사상가들의 영토가 되도록 방치해서는 기독교인의 사명을 다했다고 할 수 없다. 대중문화도 하나님의 나라가 되도록 해야 한다. 만약 90년대가 과연 '대중문화시대' 라면 그것은 이 땅의 젊은 기독교인들에게 새로운 도전과 의무가 주어졌음을 의미한다. 지금은 대중문화도 하나님의 나라가 되기 위하여 기도할 때요, 그 일을 해낼 실력을 갖추도록 노력할 때이다.

지금 우리가 살아가는 시대가 문화시대일 뿐 아니라 다가오는 새로운 세기는 문화의 세기가 될 것이라고들 한다. 과연 우리는 최근 급변하는 문화 현실을 바로 이해하고 있는가? 90년대의 문화 환경에 대해 어떤 자세를 취해왔는가? '문화시대' 에 편승하여 우리의 건전한 삶과 신앙을 위협하는 새로운 요소들은 무엇인가? 오염된 문화는 어떤 점에서 우리의 건전한 삶을 좀먹고 있는가? 오염된 문화가 우리 사회의 미래인 청소년들에게 미칠 해악은 무엇인가? 오늘날처럼 오염되고 위협적인 문화 현실에 대해 기독교인들은 어떤 자세로 대응해야 하는가? 문화시대에 살며 문화의 세기를 내다보는 우리 모두가 성의 있게 대답해야 하는 중요한 질문들이다.

1. 최근 '문화시대' 또는 '문화의 세기' 라는 말을 흔히 들을 수 있습니다. 그 의미는 무엇이며, 산업화시대 또는 이데올로기 투쟁이나 민주화시대와 비교할 때 문화시대는 어떤 특징을 가지고 있습니까?
2. 환경의 오염과 문화의 오염은 어떤 면에서 유사합니까? 문화의 오염이 가져오는 병폐에 대해서 논의해봅시다.
3. 대중문화는 단지 오락만 제공하는 것이 아니라 '정체성' 과 '친밀감' 을 제공하는 산업입니다. 대중문화가 이런 기능을 어떻게 행하는지 실례들을 서로 나누어봅시다. 또 이런 기능을 통해 대중문화가 '유사 부모, 교사, 목사' 의 기능을 하게 될 때 어떤 문제가 있을지 논의해봅시다.
4. 문화시대의 기독교인의 책임은 무엇입니까? 날로 오염되어가는 대중문화 현실을 정화하는 구체적인 대안에는 무엇이 있는지 토의해봅시다.

이 글의 저자 신국원은 미국 웨스트민스터 신학교에서 변증학을 전공했고 캐나다 Institute for Christian studies 연구원과 화란 자유대학교에서 철학(Ph.D.)을 공부하였다. 현재 총신대학교에서 철학을 가르치며 왕십리교회에서 청년부 지도목사로 섬기고 있다.

4장
진보적 대중문화이론에 대한 평가

■ 김연종

문화에 대한 관심이 커져가면서 문화에 대해 조금 더 많은 지식을 얻거나 본격적인 공부를 해보겠다는 젊은이들이 많아졌다. 그러나 그들이 접할 수 있는 문화에 관한 글이나 서적들은 기독교인의 시각으로 볼 때 매우 편향적이거나 제한되어 있다. 거개가 인본주의적인 시각이나 사회변혁적인 시각에서 저술되었기 때문이다. 이는 근본적으로 서구 사회 특히 유럽에서의 문화연구나 문화이론이 기존의 사회나 문화에 대한 저항적 시각에서 출발한 데다, 1980년대 후반 이후 문화를 저항이나 전복의 한 수단으로 삼고자 했던 세력들에 의해 본격적으로 도입된 까닭이 클 것이다. 이러한 탓에 문화에 관한 대부분의 담론은 이들의 저항의식과 맞물려 형성되었고 그러다 보니 이미 그 내용이 편향될 수밖에 없었다. 최근에는 문화를 기반으로 한 이데올로기적 투쟁을 넘어서서 문화를 그저 기성세대나 기존의 것에 대한 단순한 '저항' 혹은 '해방' 또는 '매이지 않음'을 추구하는 그 자체만으로도 의미가 있다고 보는 새로운 시대적 흐름이 나타나기도 한다. 얼마 전 발간된 「오늘 예감」이라는 잡지는 '문화 죽이기'를 선포하고 이 시대의 기성의 가치관이나 관습 등을 모두 전복시켜야 한다고 주장하였다. 섬뜩하지만 우선 쓸어놓고 보자는 극단적인 주장도 제기되는 곳이 바로 오늘날의 문화관이다.

이러한 시각이나 의견들이 점철되어 있는 문화이론이나 문화연구는 기존의 가치관이나 원칙을 따르고 있는 기독교적인 세계관과 부합하지 않는다. 그렇기 때문에 그리스도인이 문화에 대해 지식이나 이해를 구하려는 경우 자칫하면 무분별하거나 잘못된 시각을 배울 수 있고 가치관의 갈등을 빚는 등 어려움에 처할 수 있다. 이러한 혼란을 덜기 위해서는 기존의 문화이론에 대한 조심스럽고도 분별 있는 시각 형성이 먼저 필요하리라 생각된다.

이 글은 문화에 대해 좀더 많은 공부를 하려는 기독인들을 위해 문화이론이나 문화연구가 어떤 배경을 가지고 발전되어왔으며 어떤 경향을 보이고 있는지 간단히 소개하고, 이를 기독교적인 시각에서 어떻게 이해하고 주의해야 하는지를 설명하기 위한 길라잡이로 쓰여졌다. 글의 진행은 기존의 문화이론들을 몇 가지로 나누어 살펴보고 이에 대한 기독교적 평가와 더불어 나름대로의 해석과 결론을 덧붙이는 순서로 전개하겠다.

1. 문화이론의 흐름과 경향

문화에 관한 수많은 주장이나 이론들을 단순히 몇 가지로 나누어 분류하고 정리하는 것은 위험이 따르는 일이다. 단순화에 따른 오류를 피할 수 없기 때문이다. 하지만 독자들의 이해를 돕기 위해 불가피하지만 단순 분류의 유용성을 택하기로 한다. 이 글의 목적이 문화연구에 대한 완벽한 해설을 하기 위해서가 아니라 중요하고도 복잡한 연구 분야를 이해하려고 하는 사람들에게 그들의 관심과 필요를 채워줄 수 있는 지침을 제시하는 데 있다고 할 때 단순화에 따른 무리가 어느 정도 용서될 수 있으리라 기대한다. 이러한 목적으로 이 글에서는 편의상 국내와 국외로 나누어 문화이론의 큰 흐름을 살펴보고, 이를 다시 내용에 따라 몇 가지로 나누어 설명하도록 하겠다.

1) 외국의 문화연구

외국에서의 문화이론의 발달을 이해하기 위해서는 18세기 말에 대두된 대중사회에 대한 이해가 선행되어야 할 필요가 있다. 19세기가 도래하기까지 서양 사회에서 문화(culture)라는 말은 흔히 예술과 일치하는 개념으로 소수의 귀족들이 누리는 이른바 '수준 있는' 문화활동을 가리켰다.

그러나 1800년대 후반 유럽과 미국 등에서 대두된 대중사회는 산업화, 도시화, 근대화로 특징지어지는 외형적 변화를 가져왔을 뿐만 아니라 과거 봉건사회에서의 계급이나 지위를 붕괴시키면서 보통 사람들의 시대인 대중사회의 문을 활짝 열어놓았다. 이에 따라서 대중이라 불리는 보통 사람들의 사회·문화활동이 증가하였으며 이들의 참여에 의해 문화에 대한 인식도 커다란 변화가 일어났다. 이전의 문화활동이 귀족들의 여가와 취향을 만족시키는 것이었던 데 비해, 대중사회의 도래는 이른바 예술의 평준화 또는 문화에 대한 인식이 바뀌는 결정적 계기가 되었다.

마침 이 시기는 커뮤니케이션 기술의 발달로 대중매체의 위력이 커져가고 있었기 때문에 이를 통해 문화의 대중화는 가속화되었다. 더 많은 사람들을 대상으로 하는 대중매체는 이들의 입맛에 맞도록 매체의 내용을 대중화하였고 이러한 대중매체를 통한 문화의 확산은 필연적으로 문화의 질적 저하를 가져왔다. 문화가 대중화되면서 문화의 수준 저하를 우려한 목소리도 커졌다. 귀족과 지식인들은 문화의 대중화에 따른 전통적 가치관이나 관습들이 파괴되지 않을까 두려워했다. 대중의 존재나 그들의 행위 자체에 대해 거부감을 느꼈던 귀족과 지식인들은 그러한 새로운 유형의 문화가 진실한 예술의 아름다움과 존엄성을 해치는 '저급문화'라는 이유로 비판을 가했다.

20세기에 들어서도 대중문화 비판자들은 대중문화의 상업적 타락에 대해 경계심을 나타냈다. 그들은 대중문화가 영리 추구를 위해 조직된 기업에 의해 생산, 유포되며 그로 인해 대중에게 영합하는 동질적이고 규격화한 제품이라는 점에 주목하였다. 특히 좌파적 입장을 갖고 있던 사람들은 대중문화가 '정치로부터의 도피'를 부추기고 기존의 불평등한 사회 체제를 정당화한다고 비판하였다. 이들에게 대중문화는 노동계급의 수동성과 무관심을 조장하는 자본주의의 도구에 지나지 않기 때문에 단호히 거부해야 할 '아편' 과도 같은 것이었다.

특히 1920년대 이후 등장한 프랑크푸르트학파는 문화 확산의 중심에 있는 미디어의 영향력에 대해서 주목하고 그것이 유포하는 문화적 폐해에 대해서 우려했다. 마르크스주의 전통을 이어받은 프랑크푸르트학파는 미디어를 문화 확산에 부정적인 효과를 가진 강력하고 직접적인 세력으로 보았으며, 문화를 통해 자본주의는 계급의식을 합법화함으로써 그 체제를 공고히 한다고 보았다. 그들에게 미디어는 허위의식의 유포자이자 이데올로기 전파 기구였을 뿐 아니라 대중문화는 자본주의 체제를 공고히 하는 수단이었다. 이들은 미디어가 어떻게 계급사회를 지지하는 특정 이데올로기를 전파시키는가에 초점을 맞추고 미디어의 메시지나, 메시지 내용의 생산과 통제에 관한 연구에 몰두하는 등 권력기관으로서의 미디어에 대한 관심을 집중했다.

한편 이들과 달리 대중문화의 문제점들을 인정하면서도 대중문화가 갖고 있는 장점에 더 주목하고자 하는 사람들도 나타났다. 이들은 이념의 좌우를 막론하고 대중문화를 소위 무지한 사람들의 문화인 대중들의 문화(mass culture)가 아닌 대중 중심의 문화(popular culture)로 이해하고자 했다. 그들은 문화를 상업주의, 획일성, 저속성 등의 부정적 의미로 본 것이 아니라 건강한 대중들의 문화로 보았고, 문화의 민주적 성격에 대한 기대와 희망을 담았다.

1960년대 들어 유럽을 중심으로 등장한 문화연구자들은 이러한 견해를 가진 사람들이었다. 레이몬드 윌리암스, 리차드 호가트, 이피 톰슨 등은 대중의 삶을 문화로 정의하고 그것은 결코 귀족들의 문화와 비교되거나 열등한 것이 아니라고 주장했다. 그들은 과거 예술 중심의 문화관을 철폐하고 대중들의 삶의 의미에 대해 주목하기 시작했다. 이들은 문화를 상류계급의 특별한 예술활동이라거나 또는 단순히 지배계급의 이데올로기가 피지배계급에 강요되는 허위의식으로서의 고정된 사고체계로 보지 않았다. 문화는 일상의 삶이며 사람들이 사회와의 관계를 통해서 사고하고, 행위하고, 이해하면서 끊임없이 자신들의 의미를 재생산하고 재구성해가는 것이라고 보았다. 즉 대중문화는 누군가에 의해 주어지는 것이 아니며, 대중 역시 피동적으로 그것을 받아들이는 존재가 아니라 비록 제한되었다 하더라도 능동적으로 자신들의 의미와 문화를 생산하는 존재라는 것이다.

이들에 의해 문화연구의 주제인 '문화'는 예술의 영역으로부터 일상생활의 영역으로 옮겨왔다. 이들은 우리가 입는 것, 듣는 것, 보는 것, 먹는 것, 그리고 요리나 쇼핑과 같은 일상적인 행위 등을 연구의 관심사로 삼았다.

문화연구는 대중문화를 현대문명의 도덕적, 문화적 기준에 대한 도전으로 인식하는 예술적 전통에서 파생되었지만 점차로 이러한 엘리트적인 시각을 버리고 일상적인 것과 평범한 것, 즉 우리의 삶에 강력하고도 확실한 영향력을 행사하는 생활의 여러 가지 측면에 관심을 가졌다. 이들은 주변적이고 저속한 것으로만 인식되어온 것들이 우리의 삶에서 가장 기본적이고 중요한 의미를 지니고 있다고 믿었다. 그리고 이러한 '주변적'인 의미와 대중의 능동적인 삶이 결합해 문화가 형성된다고 보았다. 따라서 대중문화의 초점은 우리의 일상생활이 어떻게 구성되어지며, 문화가 어떻게 그들에게 영향을 미치는가로 옮겨져야 한다고 주장했다.

이러한 주장을 근거로 문화연구는 일상 문화에 대한 단순한 호기심을 넘어 문화의 형성 과정에서 파생되는 사회적, 정치적 영향을 밝혀내는 것으로 그 목적이 이전되었다. 따라서 이들의 연구는 자연스럽게 어떻게 우리의 삶이 구성되는지를 밝히는 이데올로기 연구로 이어졌다. 문화연구의 관심이 이렇게 모아진 것은 레비 슈트라우스(Levi-Strauss), 소쉬르(Saussure), 라캉(Lacan), 바르트(Barthes), 푸코(Foucault) 등으로 대표되는 기호학이나 구조주의, 페미니즘 등의 이론들과 결합하면서부터이다.

그렇다고 문화연구가 마르크스주의적 시각과 서로 분리된 채 완벽한 독립을 추구한 것은 아니었다. 이론적 전통에서 보면 문화연구는 자본주의 사회를 어떻게 이해하고 어떻게 변화시킬 것인가에 관심을 둔 유럽의 비판적 마르크스주의와 불가분의 관계를 맺고 있다. 문화연구의 기본 시각에는 오히려 유럽의 마르크스주의자인 알튀세(Althusser)나 그람시(Gramsci) 등이 영향을 미쳤다. 문화연구의 시각은 마르크스주의 경우에서처럼 근본적으로 기존의 권력에 대한 저항과 현실 개혁운동을 전제하고 있었다. 다만 마르크스주의를 이어받은 프랑크푸르트학파 등이 문화 확산과 유포를 담당하고 있는 문화산업에 대한 경제적 구조에 대해 비중을 둔 데 비해, 문화연구는 이들을 통해 유포되고 있는 문화가 어떻게 구조적으로 권력을 행사하고 체제를 유지하는지를 밝히기 위해 문화 생산물의 내용이나 의미 같은 상징성에 비중을 둔 것이 달랐을 뿐이다.

프랑크푸르트학파 비판이론의 맥을 이은 정치경제학적 연구가 자본주의의 문화적 지배양식이 어떻게 인간을 억압하고, 소외시키는가에 주목하고 생산 과정에 초점을 맞추었다면 알튀세에 기반한 구조주의적 문화연구는 어떻게 자본주의의 지배구조가 미디어의 생산물, 즉 텍스트를 통해서 생산,

확대, 재생산되는가에 주목했던 것이다. 그리하여 문화연구의 주요 경향은 구조주의 방법론에 기반한 텍스트 분석이나 기호학을 도입함으로써 지배 이데올로기의 생산 및 재생산이나 주체 구성에 의한 지배 이데올로기의 이념 작용 등에 모아졌다.

문화연구는 이른바 '자연스러운 것'으로 받아들여지고 있는 전제들에 대해 도전하고 그것의 형성 과정에 깔린 역사성이나 정치성을 드러내고자 했다. 문화연구가 특히 노동계급, 청소년문화, 여성문제 등을 연구의 대상으로 다루어온 것은 이들이 기존의 권력으로부터 억압을 받아온 대표적인 집단일 뿐 아니라 정치 권력의 이해관계를 좀더 분명하게 드러낼 수 있기 때문이었다.

이렇듯 사회의 지배구조에 대한 의문을 제기한다는 점에서 문화연구와 정치경제학은 방법론의 차이를 보여주지만 그 기본 전제는 급진적인 좌파의 성향을 띠고 있다는 점에서 공통점이 있다. 이들은 대중문화를 일상생활의 구조가 검토되는 장(場)으로 이해하고, 이를 위한 연구 과정은 단지 학술적인 것만이 아니라 정치적인 것이라고 보았다. 일상생활을 형성하는 세력 관계를 살펴봄으로써 그러한 형성 과정에 내재되어 있는 이해관계의 윤곽을 밝혀내야 하기 때문이다. 바로 이러한 정치적인 차원 때문에 문화연구는 단지 전형적인 학문으로만 제한되지 않는다. 오히려 문화연구를 이론으로만 바라볼 수 없는 이유는 바로 문화연구의 목적 자체가 이러한 현실을 들추어내고 개혁하고자 하는 운동성을 기본적으로 지향하고 있기 때문이다.

최근 대중문화에 대한 연구들은 좌익과 우익이라는 이분법적 분류를 떠나 있는 그대로의 문화로 보고자 하는 경향이 커지고 있다. 이들은 저항이라는 개념을 과거의 권력에 대한 상대적인 개념으로 보기보다는 소극적이거나 작은 것에 대한 저항도 저항이라는 미시적 시각을 도입한다. 포스트모더니즘을 중심으로 한 이러한 시각은 지배문화 대 저항문화, 또는 대중문화

대 민중문화라는 식의 이분법적 분류로 문화 현실을 설명하지 않는다. 가령 십대들이 열광해 마지않는 마돈나 서태지 등의 가요에도 기존 사회 체제에 대한 저항성이 어느 정도 담겨 있는데, 그 저항성을 인정하려는 시도이다. 다시 말해 저항의 대상이 과거처럼 꼭 정치적이거나 거대한 권력일 필요는 없다는 것이다. 오히려 대중문화의 주요 기능으로 비판받아온 '현실도피'도 수용자가 원하는 한 능동적인 '기분 전환'이 될 수도 있다는 것이다.

저항이론이라 통칭되고 있는 새로운 연구 시각은 기존의 문화 비판이론에 도전하여, 일반인과 하위문화 집단이 그 사회의 정치·사회·문화 체제가 제공하는 지배적 압력에 어떻게 저항하며, 그러한 저항적 행위를 통해 어떠한 즐거움을 얻는가 하는 논쟁적인 문제점을 제기한다. 즉 주어진 문화 생산물 가운데 피지배계층이 억압적 제도를 어떻게 이용하는가가 오히려 주목을 받게 된 것이다. 이러한 연구들은 문화 텍스트가 소비되는 구체적인 일상의 공간에 주목하여, 대중문화가 일상생활의 실천적 차원에서 어떻게 전유되고 수용되며 그 생산적 실천의 정치적 의미가 무엇인지를 밝히고자 한다. 그러나 이러한 포스트모던 계열의 연구들은 기존의 문화연구가 화두로 삼았던 거대 권력, 이데올로기, 거대 담론의 한계를 극복할 수 있는 연구의 지평을 넓혀주는 데는 성공했지만 사회과학적 관점에서 볼 때는 사변적이고도 이론적인 논의에 머물고 있어 이를 실제 가변적이고도 역동적인 문화 환경과 현상에 적용하기에는 아직 부족해보인다.

2) 한국의 문화연구

서양의 경우에 비해 한국에서의 문화연구는 비교적 근래에 시작되었다. 우리 사회에서 대중문화는 1960년대 이후 본격화되었다. 대중문화를 곧 '대중매체의 문화'로 볼 수는 없겠지만, 적어도 우리 나라에서의 대중문화

발전은 절대적으로 대중매체에 의존해왔다.

특히 우리 나라의 대중문화 발전에 큰 영향을 미친 것은 방송매체였다. 1960년대에 본격화된 라디오는 영화와 더불어 가장 중요한 오락 중심의 대중매체로서 우리의 대중문화 형성에 큰 영향을 미쳤다. 1970년대에는 텔레비전이 정부의 보이지 않는 지원 하에 국민의 여가 생활을 책임지는 오락매체로 육성되었다. 군사독재 정부 아래에서의 대중문화는 대체로 국민의 '정치로부터의 도피'를 부추기는 데 초점을 맞추었기 때문이었다. 그러다가 1980년대 들어 컬러 텔레비전의 등장은 대중문화의 확산에 혁명적인 변화를 가져왔다.

이렇듯 1960년대부터 시작되어 1980년대에 이르러 본격화된 우리 나라의 대중문화 시장은 매체의 성장과 더불어 짧은 시간에 양적인 팽창을 가져오긴 했으나, 그에 대한 논의는 대중문화의 사회적 악영향이나 대중문화에 대한 외래문화의 영향 등 극히 부분적이고도 제한된 현실 비판의 수준에 머물러 있었다.

본격적으로 대중문화가 이론적으로 관심을 끌게 된 것은 1980년대 후반부터였다. 80년대 이후 우리 사회는 과거 정치, 경제 중심의 기존 논의를 새롭게 정리할 수밖에 없는 지각변동을 맞게 되었는데, 이러한 변화 가운데에서 문화는 각별한 관심의 대상으로 떠올랐던 것이다. 특히 경제문제가 해결되면서 나타난 새로운 사회 문화적 현상들, 예를 들면 X세대, 미시족 등에 대한 관심과 미디어의 영향력에 힘입어 급작스레 확대되어가는 청소년 중심의 대중문화의 영향력에 주목하게 되면서 대중문화에 대한 학문적 관심도 커진 것이다.

이러한 한편에서는 진보진영을 중심으로 마르크스주의에 기반을 둔 문화연구의 시각이 과거 정치, 경제를 설명하던 이론과 달리 현실적 운동의 측면에서 대안으로 주목을 받기 시작했다. 또한 학자들을 중심으로는 포스트모더니즘을 필두로 한 새로운 문화이론에 대한 학문적 관심도 커지기 시작했다. 우리 사회에 새롭게 등장한 문화적 현상들을 기존의 전통적 패러다임으로는 이해할 수 없다는 의식이 싹튼 것이다. 특히 종래의 시각을 부인, 해체하는 포스트모더니즘은 기존의 패러다임에 대한 도전이자 혁명적인 시각이었으며 이에 대한 막대한 관심은 문화연구의 확산에 기여했다.

대중문화가 주목을 받게 되면서 문화이론의 확산과 유포에 직접적인 영향을 미친 집단은 대략 세 가지로 나누어볼 수 있다.

첫째는 1987년 노태우 정권의 탄생과 함께 운동의 목표를 상실한 운동권을 중심으로 한 진보진영을 들 수 있다. 이들은 문민정부의 등장으로 정권교체의 명분을 잃게 된 운동권 중심의 세력들로서 구 소련의 붕괴 등으로 과거 운동의 지향점을 잃게 되었고, 민주화를 바라면서 결집되었던 힘들이 분산되자 위기와 침체에 빠졌다. 하지만 그들이 바라본 현실은 개선되지 않았고 지배세력은 여전히 자본을 바탕으로 사회의 모든 영역을 장악하면서 자신의 지배구조를 재생산하고 있었다. 이러한 현실에서 이들의 인식은 유럽의 문화연구가 밟아온 인식과 일치되기 시작했으며 문화를 통한 이데올로기의 유포 방식에 대해 주목하게 된다. 결국 이들은 정치, 경제 영역에서의 투쟁은 끝났을지 몰라도 문화를 통한 계급투쟁은 아직 끝나지 않았음을 발견하였다. 결국 이들은 문화가 이데올로기 작동의 중심 영역이면서 또한 변혁의 꿈이 마련될 수 있는 '신나는 싸움터'라는 것에 주목하였다. 이러한 인식을 공유하면서 문화를 통한 진보진영의 결집이 시작되었고 이들은 "아직 싸움은 끝나지 않았다"는 선언과 함께 문화에 대한 관심을 나타냈다. 과거 '딴따라 문화'라고 팽개쳐졌던 대중문화의 장에 비로소 젊고 패기 있는 힘들이 결집되기 시작했으며 문화를 두고 새로운 싸움이 벌어지기 시작했다. '민족문화예술인 총연합(약칭 민예총)'이라든가 「한겨레신문」, 「씨네21」 등이 이들의 대표적 집단이라고 볼 수 있으며 이론가 집단으로는 '문화

과학'을 중심으로 한 진보주의 진영을 들 수 있다.

두번째는 문화이론을 순수하게 학문의 영역에서 받아들인 학자 집단을 들 수 있다. 이들은 문화이론이 기존 학문의 한계를 극복할 수 있는 대안 이론으로 부상하게 되자 이를 학문적으로 먼저 접하고 수용, 전파한 사람들이다. 주로 학자들인 이들은 문화이론을 수입하고 적용한 집단으로 대부분 해외 유학파가 중심을 이룬다. 영문학이나 철학 등의 인문학자들이나 문화 유포의 매체를 중심으로 다루어온 매스커뮤니케이션 관련 학자들이 대부분인 이들은 서구 이론의 수입과 소개를 담당하였으며 이를 적당히 활용하여 영화비평, 광고비평 등에 부분적으로 이론과 현실의 접목을 시도했다.

이들의 영향을 받은 젊은 연구자들이나 학생들을 중심으로 대중문화에 대한 연구가 활발해졌으며 이들은 주로 최신 문화이론들을 국내에 수입, 전달하는 역할을 담당했다. 물론 이들에 의한 학문적인 관심과 더불어 우리 사회가 당면하고 있는 문제들도 문화와 문화연구에 대한 관심의 촉발과 확대에 기여했다. 다만 이들의 한계는 아직 한국 상황과 접목을 이루어내지 못했다는 점에 있다고 할 수 있다.

세번째로 집단으로는 자생적 '문화 게릴라'라 부를 수 있는 일군의 젊은 이들이다. 이들은 대중문화의 직접 수혜자들로 그들이 향유하는 대중문화에 대한 자연스러운 관심을 발전시킨 자발적 집단으로 분류할 수 있다. 이들의 문화에 대한 관심은 체계적이지는 않지만 감각이나 순발력이 뛰어나 각종 매체 등에 글을 기고하거나 서적을 발간하는 등 문화적 영향력을 확대하고 있다. 각종 대중매체에 등장하는 대부분의 문화평론가가 여기에 속하고 이들은 적당한 이데올로기적 관심을 지닌 채 문화산업과도 어느 정도 거리를 유지하면서 상호 교호 관계를 지속하고 있다.

이들의 장점은 문화의 향유 집단으로서 체질적 감각이 뛰어나고 참여적 관찰에 따른 분석이 빼어나지만 상대적으로 덜 체계적인 교육을 받은 탓에 문화연구에 대한 깊은 이해 없이 방법론만을 활용하는 경향을 보인다. 예를 들면 영화나 대중가요, 드라마, 광고 같은 문화 생산물에 대한 분석이나 해석은 뛰어나지만 인간의 실천, 즉 살아 있는 문화에 비중을 두고 기존의 제도적 문화에 대한 저항과 현실에 대한 새로운 대안을 모색하려 했던 본래적 의미의 문화연구의 실천 의지를 배제한 채 현상에 대한 기술적 분석이나 방법론에만 치우침으로써 문화연구의 실천을 약화시키는 경향을 보인다.

2. 문화이론의 내용과 평가

위에 살펴본 집단들의 이론이나 주장들을 한마디로 압축해 설명한다는 것은 앞서 지적한 것처럼 무리가 따를 수밖에 없다. 하지만 일반화의 오류를 인정하면서도 유용성의 가치를 좇아 굳이 한마디로 설명한다면 그것은 '해방'의 이론들이라고 말할 수 있다. 시각이나 방법은 다를지라도 문화이론들의 궁극적인 지향점이 과거 권력에 대한 개혁이나 수정, 나아가 변혁을 꿈꾸는 데 있다고 할 때, 이들 이론들의 강조점은 억압에 대한 해방이라는 말로 일반화시켜볼 수 있다는 것이다. 특히 포스트모더니즘을 필두로 등장한 여러 문화이론들은 과거를 부정하고 권위를 부정함으로써 문자와 합리성에 근거한 과거의 문화, 즉 과거로부터, 억압으로부터, 권위로부터의 탈출을 도모한다는 점에서 한 가지 일치점을 가진다고 볼 수 있다.

이 글의 목적이 대중문화연구나 문화이론에 대한 기독교적 평가를 내리는 데 있다고 해서 이 이론들의 주장이 터무니없거나 전혀 무리한 것이라는 성급한 결론을 내릴 필요는 없다. 이들 이론들이 전제하듯 과거 권력이 의도하든 의도하지 않든 교묘한 방법으로 권력의 구조화를 이루어왔다는 점을 우리는 어느 정도 동의할 수밖에 없기 때문이다. 그리고 그 권력의 지배가 역사 속에서 얼마나 많은 부정적인 결과를 낳았는가도 인정해야 한다. 가령 서구 중심의 문화관이 우리를 얼마나 식민주의적 경험을 하게 했으며, 잘못된 가부장적 권위에 억눌려 얼마나 많은 여성들이 억압받아 왔는지에 대해서 주목할 필요가 있다는 것이다. 하지만 문화이론들이 주장하고 있는 과거 권력에 대한 무조건적 저항이나 해체를 주장하는 부분에 대해서는 다시 한번 생각해볼 필요가 있다. 과거 권력의 행사 방법이 잘못되었다고 해서 과거의 모든 역사나 구조, 제도 등에 대해 전면적인 해체나 전복을 요구한다는 것을 의미하는 것은 아니기 때문이다. 물론 포스트모더니즘에서 보듯 최근 문화이론은 과거의 이분법을 탈피하는 등 작은 권력에 주목하고 있으나, 이 경우 역시 하나의 가치를 지향하기보다는 오히려 그것의 의미 없음을 역설적으로 주장한다는 점에서 역시 긍정적이라고 보기는 어렵다.

이제 앞서 지적한 문화이론들에 나타나고 있는 해방성을 몇 가지로 나누어 살펴보기로 한다.

첫번째는 상대주의이다. 절대적인 진리가 있다고 믿지 않는 사람들은 개인적인 진리를 강조한다. 나의 진리, 너의 진리 등 자신의 기준에 따른 진리가 있을 뿐이라는 것이다. 특히 종교적 다원주의의 경우는 기독교를 다른 많은 종교들 가운데 하나로 그 위치를 평가한다. 이 같은 상대주의는 문화를 바라보는 이 시대의 지배적인 가치관이 되어버렸다.

도덕적으로도 개인이 도덕의 주체가 된다. "누구도 내게 무엇을 하라고 할 수는 없다"는 것이다. 절대성의 포기는 이미 영상매체를 비롯한 우리 문화의 많은 부분에서 다양한 모습으로 등장하고 있다. "하나의 기준으로 판단하지 말 것", "너의 판단으로 단죄하지 말 것", "상대의 주장을 인정할 것", "자유와 개성을 존중할 것" 등의 가치관은 이미 우리 문화의 중심적 위치를 차지하고 있다. 따라서 절대와 하나의 진리만을 고집스레 주장하는 기독교는 현대사회에서 절대 보수, 불필요한 가치, 심지어는 타도의 대상으로까지 몰리고 있다.

두번째 해방성은 '파괴'라는 개념으로 설명이 가능하다. 가치관이나 신념, 믿음, 심지어는 개념의 파괴에 이르는 기존 문화에 대한 '파괴 신드롬'이 곳곳에서 등장하고 있다. 가정의 파괴, 성의 파괴, 나이의 파괴, 계급의 파괴 등이 그러한 실례이다. 장르의 파괴도 일어나고 있다. 음악이나 영화 등에 나타나고 있는 새로운 문화형식으로서의 '크로스 오버(cross over)'는 우리 문화의 새로운 양태가 되었다. 경계를 부수는 파격으로 찬양되어지는 '파괴'는 과거 어렵게 지켜온 각 영역에서의 지배 질서에 대한 무시로 이어진다.

또한 파괴에 대한 찬양은 곧 폭력에 대한 찬양으로도 이어진다. 과거 금기의 영역으로 여겨졌던 동성애, 근친간의 살인이나 강간 등은 이미 일반화되었으며 사람들 사이의 최소한의 예의나 윤리의 벽도 허물어버렸다. 할리우드 영화가 폭력과 섹스를 상품화하고 있는데 이들이 다루지 못하는 소재와 주제는 이미 없는 듯 보인다.

뿐만 아니라 곳곳에서 권위에 대한 거부가 일어나고 있다. 과거에 성스럽다고 여겨졌던 것들이 속된 것으로 바뀌고 있다. 마돈나의 노래를 들어보면 가정, 교황, 종교 등의 가치는 여지없이 파괴된다. 그 어떤 것도 장난과 조롱의 대상으로 전락할 뿐 권위 자체는 더 이상 남아 있지 않다.

세번째는 관계의 단절을 이야기할 수 있겠다. 하나님과의 관계, 이웃과의 관계 단절은 현대사회의 보편적인 현상이 되었다. 주위에 대한 무관심과 개인주의는 일반화되었으며 그러한 자기중심적 가치관은 이미 소설이나 영화 등을 통해 오히려 멋진 삶으로 묘사되고 있다. 하지만 무관심이나 개인주의로 포장되고 있는 이웃과의 단절은 결국 개인만을 남겨놓는다. 모든 관계를 포기한 인간에게 남아 있는 것은 필연적인 고독감과 참혹한 자신뿐이다. 그 결과 사람들은 공허감을 다른 것으로 채우려 한다. 올바르고 가치

기독교적인 전통을 가지고 있는 서구 사회에서 동양 종교는 '뉴에이지 운동'이나 '새로운 종교' '새로운 영성'이라는 이름으로 자리잡아가고 있다. 그런데 이것이 우리 사회에 역수입되면서 전래되던 점술, 무속 같은 민속 종교적 요소들의 대중화를 부추기고, 환생·귀신 신드롬 등 대중문화 현상을 유발하기도 하였다. 이런 문화현상은 유행에 민감한 젊은 세대의 독특한 문화의식 속에 이미 자리를 잡고 있다. 무의식 상태에서 기를 타고 추는 단무 춤.

있는 것을 추구하고자 하는 정열을 상실했기 때문에 사람들은 쾌락을 추구하고 그때그때마다의 물질이나 향락을 추구하는 경향이 있다. 하나님을 경배하지 못한 인간이 스스로를 기대면서 살고자 할 때, 인간에게 남아 있는 것은 공허감이다. 이 공허감을 스스로 채우기 위해 사람들은 이 마음의 공백을 '뉴에이지(New Age)'나 새로운 종교를 표방하는 '도(道)'나 '기(氣)' 등 동양 종교에 의지하게 되거나 약물이나 마약 등에 의존하기도 한다.

해방의 문화는 일견 과거 제도권의 억압에서 벗어나는 자유를 가져올 것처럼 보인다. 그러나 해방이 결국 해방이 아님을 깨닫는데는 그리 많은 시간이 필요하지 않다. 그럼에도 불구하고 대중문화의 내용이나 이론의 지향점이 해방에 모아져 있다. 해방이라는 구호만큼 가슴을 설레게 하는 단어도 드물기 때문이다. 젊은이들이 열광하고 환호하는 그 이유 때문에 문화상품은 '해방'과 '자유'를 팔고, 인본주의라는 근본적 한계를 지니고 있는 문화이론은 결코 잡을 수 없는 것을 향해 허공을 젓고 있다.

　모든 문화이론이 '해방'의 내용들을 명시적으로 지향하거나 고무하고 있다고는 할 수 없을 것이다. 다만 이들 이론의 주장이나 내용을 분석해볼 때 그러한 핵심들을 발췌해볼 수 있다는 것이다. 이는 앞서 지적한 대로 문화이론의 근간이 인본주의적 세계관에 뿌리를 두고 있기 때문이다. 기독교 세계관에서 보면 인본주의는 희망과 발전을 바라보지만 결국 태생적인 한계를 지니고 있다. 즉 하나님의 구원을 전제하지 않는 인간만의 해방 추구는 결국 스스로의 자멸에 이를 수밖에 없기 때문이다. 더구나 문화이론의 기본 시각이 마르크스주의적 혁명론을 뼈대로 하고 있다는 점에서 사랑과 화합을 이루고자 하는 기독교 세계관과 상치할 뿐만 아니라 근본적으로는 하나님을 전제로 한 신본주의와 그 뿌리와 지향점이 다르다는 점에서 근본이 서로 다르다고 할 수 있다.

　성경에 의하면 하나님은 천지를 창조하셨을 뿐만 아니라, 그의 형상을 따라 인간을 창조하셨다(창세기 1:1, 27). 인간이 하나님의 형상을 따라 만들어졌다면 우리는 우리를 통해 하나님의 성품이 인격적임을 짐작할 수 있다. 뿐만 아니라 하나님은 창조주이시며 사랑이시며 사고하는 존재이며, 질서와 도덕적인 존재임도 우리는 알 수 있다. 하나님의 형상을 닮았다는 것은 모든 성과와 완성의 근본이 하나님에게 있듯이 우리에게도 그러한 성품이 있다는 것이다. 레널드와 제롬바즈는 『인간 하나님의 형상』이라는 책에서 죄로 인해 하나님께서 주신 그의 형상을 잃어버린 인간이 회복해야 할 것은 '사랑'과 '창의성' 그리고 '하나 됨'이라고 말하고 있다. 다시 말해 우리의 죄로 인해 우리가 잃어버린 것은 하나님의 형상을 닮아 우리에게 부여된 '하나님이 보시기에 좋았던 것들'(창세기 1:31)이라고 할 수 있다. '아담과 하와'의 죄로 인해 타락한 하나님의 창조물은 이제 회복의 대상이 되었으며, 그것이 우리의 사명이 되었다. 따라서 우리가 회복해야 할 그것들을 방해하고 잃어버리게끔 조장하는 문화에 대해서 우리는 그들을 비성경적 문화, 반기독교적 문화라고 과감히 지적할 필요가 있다.

레널드와 제롬바즈 등의 주장처럼 성경을 통해볼 때, 하나님의 성품을 닮아 우리가 유추해볼 수 있는 잃어버린 것들은 '질서' '가치' '사랑' '창조성' '연합' 등이라 할 수 있는데, 공교롭게도 오늘날의 대중문화가 지양하거나 가치를 인정하지 않는 것들이 바로 이들임은 우연이라고 할 수는 없을 것이다. 예를 들어 낙태, 살인이 일반화되거나 강조되는 문화는 하나님이 직접 창조하시고 가치를 부여하신 인간의 존엄성과 가치에 대한 거부이며, '권위'에 대한 해체를 주장하는 이론이나 현상은 사회의 질서를 파괴하는 반(反)성경적인 것이다. 또한 서태지의 경우에서처럼 '질서'가 무시되거나 반(反)질서가 숭앙되는 대중음악이나 영화 등도 역시 바람직한 것이라고 할 수 없을 것이다.

뿐만 아니라 대중문화가 조장하고 있듯이 인간의 가치를 지적 수준이나 용모 그리고 성취의 정도에 따라 평가하는 일반화된 우리의 가치관도 잘못된 것이다. 하나님은 결코 외형적이거나 인간의 보편적 평가 기준으로 판단하지 않으시기 때문이다. 그리고 무엇보다 이웃에 대한 무관심을 조장하고 개인주의를 부추기는 문화이론이나 현상에 대해서도 우리는 경계할 필요가 있다. 하나님은 주 안에서 좋은 인간 관계를 원하고 계시기 때문이다. 예수님은 제자들을 위한 마지막 기도에서 "우리와 같이 저희도 하나가 되게 하옵소서"(요한복음 17:11)라는 말을 남기고 있다. 그만큼 우리는 서로 도와야 하는 존재이며, 이 관계가 깨어질 때 붕괴될 수밖에 없는 존재임을 알려준 것이다.

3. 글을 마감하며

우리 사회에서 1980년대 이후 급작스레 확산된 문화에 대한 관심은 문화 자체의 속성에 의해 자연스레 나타났다기보다는 진보적 문화이론가들을 중심으로 개진된 이론들이 각종 매체를 중심으로 유포되면서 주도된 측면이 있다. 특히 비정상적으로 보일 만큼의 문화담론 과잉은 문화산업, 대중, 문화이론가를 주축으로 하는 세 그룹이 영향력을 행사하고 주도한 결과로 생각된다.

대중매체를 필두로 한 문화산업은 상업적 이윤을 위해 무차별적인 문화상품의 유포를 담당했고, 이들 문화상품에 쉽게 노출된 대중은 이들을 소비하고 또다시 새로운 문화 소비를 열망하는 것으로 부응했다. 또한 일부 문화이론가 및 운동가들은 1987년 민주화 이후 정치가 관심의 대상에서 멀어지자 문화를 새로운 투쟁의 장으로 삼았다. 학문적 영역에서 문화에 관심을 갖기 시작한 이론가들은 대중문화가 생활의 일부가 되어 자라난 신세대들과 더불어 문화담론 형성에 주역을 담당했다.

이러한 와중에서 대중문화는 비정상적으로 엄청난 영향력을 행사했다. 기존의 교육이나 가정, 교회 등이 제 역할을 못하는 틈새에서 이들은 이 시대의 가치관을 유포하고 형성하는 데 깊은 영향을 미친 것이다. 문화를 통해 "어떻게 살아야 할 것인가"를 가르쳤고 "어떤 삶이 가치 있는 삶인지"도 보여주었다. 종래 학교나 가정, 교회가 담당했던 일을 대중문화가 대신한 것이다.

이러한 이유 때문인지 같은 시기에 우리 사회는 문화적으로 혼란을 맞게 되었으며 사회적으로는 갑작스러운 사고와 가치관 혼재의 현상을 맞았다. 가정이 붕괴했고 도덕이나 질서의식이 무너지기 시작했다. 경제발전의 후유증이자 교육의 부재라고 원인을 돌렸지만 각종 매체나 문화를 중심으로 벌어졌던 새로운 가치관의 유포가 무엇보다도 중요한 원인이었음을 지적하지 않을 수 없다. 이러한 사회적 변화와 혼란의 경험은 과거 어느 때보다 심도 깊고 폭넓은 것이라 할 수 있다. 대중문화가 미친 우리 사회에 대한 영향은 비단 이론적, 도덕적, 종교적인 데 그치는 것이 아니라 어떤 의미에서 거대하고도 구조적이며 총체적인 것이었다.

이 같은 변화는 이론의 영역뿐 아니라 사람들의 가치관이나 행위 양식 그리고 우리의 삶의 각 부분에서 이 시대의 얼굴이자 현주소가 되었다. 미국의 교회연구가인 조지 바나는 우리가 겪고 있는 이러한 변화는 과거 역사 속에서의 인쇄술이나 산업혁명이 가져온 변화보다도 훨씬 더 큰 것이라고 주장한다. 그는 이러한 변화와 위협이 문화라는 이름으로 오고 있다고 지적했다. 그의 주장을 따르면 포스트모더니즘의 형태로 오는 문화적 변화는 과거와 전혀 다른 새로운 세계관을 유포하고 있다는 것이다. 그 결과 과거 우리가 당연한 것으로 전제해왔던 사고나 가치관—신앙관을 포함해서—은 무차별적인 도전을 받고 흔들리게 되었다. 문화를 통해 유포되는 새로운 전제와 가정들은 단순한 상대주의를 뛰어넘어 엄청난 확장력을 얻어가고 있다는 것이다. 그러나 문제는 이러한 변화에 대해 교회가 아직도 잘 모르고 있다며 그는 안타까워하고 있다.

우리가 문화이론에 대해 주목하는 까닭은 우리의 문화현상에 문화이론이 밀접한 현실 연관성을 갖고 있기 때문이다. 앞서 지적한 것처럼 문화란 본래 이론이라기보다는 현상을 가리키는 말일 뿐 아니라, 문화이론 또한 사변적이거나 이론적 학문이라기보다는 현상을 설명하고 그것의 변혁을 꿈꾸는 정치의 영역이다. 따라서 문화이론은 단지 문화현상을 설명하는 해석학에 그치거나 이론이라는 사변론에 머물지 않는다. 오히려 문화이론은 우리의 문화현상에 영향을 미치고 그것을 통한 문화 전복을 시도한다.

문화이론을 이론의 영역이 아닌 운동의 차원에서 이해할 필요가 있다.

실제로 페미니즘 이론에서 보는 것처럼 그것은 아카데미즘의 영역에서 확장되어 영화나 문학 같은 대중문화의 영역에 고루 영향을 미쳤으며, 그 결과 우리 사회의 여성을 깨우는 데 커다란 기여를 했다. 이러한 운동성이 무조건 잘못되었다고 할 수는 없을 것이다. 다만 문화이론의 특수한 정치성과 운동성에 대해 직시할 필요가 있다는 것이다. 최근에 성해방 이론이 영화나 잡지 등을 통해 확산되면서 점차 동성애를 부추기고 합리화시키고 있는 점 등이 그 좋은 예가 될 것이다. 그만큼 문화이론은 현실과 밀접한 관련이 있다.

이러한 이유 때문에 우리는 기독교적 세계관에 비추어 문화이론을 살펴보아야 할 필요가 있다. 문화이론의 주장이나 내용이 기독교 세계관에 비추어 바람직한 모습이 아니라 할 때, 이들을 감싸고 현상의 배후에 영향을 미치고 있는 영적인 힘에 대해 주목할 필요가 있는 것이다. 만약 성경과 배치되는 새로운 가치관들이 문화의 옷을 입고 설득력을 지니면서 공감의 영역을 넓혀갈 때 그것에 의해 받게 될 영향은 결코 간단한 것이 아니다. 우리의 믿음의 근간이 되어온 성경적 가치관이나 도덕심 등이 도전을 받고 급작스레 무너질 수도 있기 때문이다.

문화를 둘러싸고 벌어지고 있는 가치관의 도전 앞에서 기독교인들이 해야 할 일은 문화운동이나 문화이론에 지나치게 큰 의미를 부여하는 일도, 또 그것의 영향에 대해 완전히 무관심한 것도 아닐 것이다. 그리고 문화이론의 영향으로 모든 것이 바뀌었기 때문에 그것에 대처해야 한다는 성급한 결론을 내릴 필요도 없다. 문화를 통해 확산되는 주장에 호응해 더불어 변화해가고 있는 사람들의 내재적 욕구와 오도된 가치관 등의 영향에 대해서도 같은 비중으로 이해되어야 하기 때문이다.

문화이론에만 모든 문화 변화나 가치관의 상실에 대한 책임을 둘러씌우거나 그것 때문에 스스로의 행위나 태도에 대한 면죄부를 행사한다면 그것은 잘못된 시각이다. 오히려 성경에 입각한 원칙적인 입장에서 자세를 견지하되 이 시대나 문화 변화에 주목하고 대처하는 유연한 태도가 필요하리라 생각한다. 그러나 문제는 지금까지 교회는 현대 대중문화에 대해 지나치리만큼 무관심했다는 점이다. 대중문화가 무엇이며 그것을 통해 어떤 영적 전쟁이 벌어지고 있는지 관심을 기울이는 작업이 필요하다. 앞으로의 사회에서 문화가 지니고 있는 영향력은 생각보다 훨씬 심대할 것이기 때문이다.

1. 문화이론이 궁극적으로 추구하는 것은 무엇인지 생각해봅시다.
2. 우리 주변에서 대중문화 현상과 문화이론의 관계가 구체적으로 설명될 수 있는 예는 무엇입니까? 그리고 그 내용을 설명해봅시다.
3. 성경과 문화이론의 관계는 어떻게 설명될 수 있을까요? 그리고 성경에서 관련된 이야기들을 찾아봅시다.
4. 그리스도의 문화를 회복할 수 있는 방법이 있다면 무엇입니까?

이 글의 저자 김연종은 서강대학교 신문방송학과 및 동 대학원을 졸업하고, 미국 남일리노이 주립대학교 언론학부에서 박사학위를 취득했다. KBS, 서강대학교 '사랑의 소리 방송' 기획실장 등을 역임했으며, 『문화연구입문』 등의 역서를 비롯하여 다수의 논문이 있다. 현재는 한동대학교 언론정보문화학부 교수이다.

5장
정보·문화시대의 문화소비자운동

■권장희

1. 정보·문화산업시대의 도래

다가오는 21세기를 정보·문화시대라고 칭하는 데 아무도 이의를 제기하지 않을 것이다. 할리우드 영화 한 편의 제작비용은 어지간한 대기업의 자본금을 훨씬 뛰어넘고, 그 매출 총액은 세계적인 다국적 기업의 1년 매출액과 비견될 만큼 규모가 커지고 있다. 정보통신산업의 비약적인 발전과 대중매체의 기술적인 진보로 문화상품은 대중성과 미학성을 동시에 확장시켜 그 상업적 가치를 극대화시키고 있다.

최근의 통계에 의하면 미국의 경우 국민소득의 40퍼센트가 문화산업 분야에서 발생하고 있으며, 최고의 소득을 얻는 사업가는 제조업이나 금융업 분야가 아닌 컴퓨터와 통신 그리고 문화산업 분야에 종사하는 사람들이 차지하고 있다. 주식시장의 상승률을 주도하는 업종 또한 정보·문화산업 분야가 되고 있다.

따라서 우리 나라처럼 부존자원이 빈약한 경우에는 더더욱 고부가가치의 메카로 여겨지는 이와 같은 정보·문화산업에 사활을 걸어야만 되었고,

<표 1> 1997년 할리우드 메이저 매출액 순위

	미국내	해외	총액
소니 콜럼비아	1,247.6	1,007	2,254.6
브에나비스타	846.9	1,253	2,099.9
폭스	625.2	1,000	1,625.2
유니버설	598.6	910	1,508.6
워너브라더스	665.8	675	1,340.8
파라마운트	617.3	280	897.3
뉴라인	385.7	104	489.7
MGM	84.6	106	190.6

(단위: 100만 달러)

<표 2> 1996년 문화산업 관련 시장 현황

구분	국 내	세 계
극영화	2천28억원	54조원(615억$)
애니메이션	4천억원	5조원(57억$)
비디오	1천996억원	43조원(490억$)
게임('95)	5천억원	61조원(700억$)
음반('95)	4천억원	35조원(397억$)
캐릭터	2천억원	4조원(46억$)
출판	1조 6천억원	69조원(801억$)

계간 「REVIEW」 1998년 봄호

이 분야에 대한 정부의 집중적인 지원과 투자가 격려되고 있다.

2. 정보·문화산업과 가치, 규범의 문제

그렇다면 정보·문화산업의 번창을 환영하고 적극적으로 누리면 되는 것인가? 혹자는 산업혁명은 환경 파괴로 인한 지구의 위기를 초래했지만, 정보·문화혁명은 무공해 산업으로 환경 문제를 야기하지 않는 꿈의 산업이라고 격찬한다.

그러나 정보·문화산업이 환경 파괴적 요소는 상대적으로 적지만 보다 심각한 문화적 오염으로 인한 인간의 규범과 가치를 파괴할 개연성이 있음을 주목해야 한다. 왜냐하면 정보·문화산업을 통해 생산되고 소비되는 문화상품에는 어떤 형태로든 규범과 가치가 내재되어 있어 그 내용에 대한 평가가 필요하기 때문이다.

문화상품도 상대적인 경쟁력을 얻기 위해서는 기존의 유사한 상품보다 구매가치를 갖는 차별성을 확보해야 하기 때문에 문화상품의 생산자들은 기존의 가치와 규범의 틀을 조금씩 깨뜨려서라도 소비자들에게 주목을 받으려 하고, 결과적으로 기존의 규범을 거스르는 문화상품들이 쏟아져나오게 된다.

그런데 과거에는 사회적 금기라는 것이 있어서 반규범적인 내용을 담은 문화상품이 생산되기 어려웠으나, 지금은 포스트모더니즘으로 인해 금기에 도전하는 것이 오히려 미덕이 되었다. 마치 자본의 축적이 산업혁명을 꽃피운 것처럼 포스트모더니즘은 정보문화시대에 문화산업이 번창할 수 있는 토대를 제공하는 사상적 요건이 되었다. 모든 가치를 상대화하고, 합리적 이성에 의한 정화장치를 제거하여 어떤 문화상품이라도 사람들에게 즐거움을 줄 수 있다면 만들어낼 수 있다는 정당성을 부여해주고 있다.

요즘 텔레비전에서 인터넷 누드 모델이나 포르노 배우들이 시청자 확보를 위해 유명 연예인으로 대접을 받고 있는 것이 좋은 예이다. 또 39세의 여교사와 17세의 고등학생 간의 불륜행위가 〈아름다운 청춘〉으로 미화되고 있으며, 온갖 불륜을 부러워하게 만드는 드라마들이 안방의 텔레비전에 넘쳐나고 있다. 속내의를 머리에 뒤집어쓰거나 속옷 차림으로 핸드백을 메고 외출하는 광고 모델을 출근시간의 지하철에서 만나는 것은 이제 낯설지 않은 일상이 되어버렸다.

정보·문화산업시대에는 재미와 상업성이 문화상품을 평가하는 데 있어 가장 중요한 기준이 되고 있다. 어떤 내용을 담아내든지 많은 소비자들에게 판매될 수만 있다면 그 내용이 설령 선을 미워하고 악을 권장하는 것일지라도 문제가 되지 않는다. 물론 선하고 아름다운 가치를 제공하는 문화상품도 얼마든지 경쟁력을 가질 수 있지만, 문제는 과거에는 인정받지 못했던 반규범적 가치를 조장하는 문화상품들조차 선한 것으로 포장되어 생산되고 소비되고 있다는 것이다.

반규범적인 가치들을 선한 것으로 미화하는 대중문화상품들이 경쟁적으로 생산되면서 사회의 전반적인 규범 수준도 낮아질 수밖에 없게 되었다. 왜냐하면 대중문화상품은 사회적 공감과 합의 과정 없이 그 대중성으로 인해 반규범적인 가치들이 소비자들에게 의식화되고 결과적으로 사회적 정당성을 확보하기 때문이다.

과거에는 사회적 공감을 얻지 못했던 문제들에 대하여 현재 많은 사람들이 문제삼지 않는다면, 그것은 받아들일 만한 가치가 있는 것으로 인정하는 것이다. 혼전 순결이나 혼외 순결 등이 과거에는 꼭 지켜야 할 중요한 가치였지만, 지금은 다수가 여기에 동의하지 않기 때문에 이미 골동품이 되어버린 것이 그 대표적인 예일 것이다.

이러한 문화환경 속에서 세상 사람들은 물론이고 그리스도인들조차도 성경에서 하나님이 제시하시는 계명에 의한 선과 악을 취하기보다는 대중문화산업이 제공하는 가치와 기준을 따라야 할 규범으로 인정하는 오류를 범하기 쉽다. 마치 개구리를 뜨거운 물에 갑자기 넣으면 놀라서 튀어나오지만, 차가운 물에 넣어 서서히 열을 가하면 따뜻하기 때문에 잠이 들어 삶아지는 것처럼 우리 그리스도인들도 세상의 문화 속에서 서서히 그 가치에 취해 죽어가고 있는지도 모른다.

그리스도인들은 항상 깨어 있어서 반규범적인 가치들의 지배로부터 자유로워야 함은 물론이고 적극적으로 하나님의 창조질서를 거스르는 왜곡되고 파괴적인 규범들과 맞서 싸워야 한다. 일반적으로 한 문화권과 다른 문화권 사이의 갈등, 즉 그 사회가 가지고 있는 규범 간의 갈등을 문화의 충돌이라고 한다. 그렇다면 20퍼센트의 그리스도인들이 살고 있는 우리 사회에서 세속적인 문화권과 그리스도인들의 문화권 사이에 충돌이 일어나지 않는다면 오히려 이상한 일이 아닌가?

일반적으로 문화전쟁의 의미는 문화 생산자들 사이의 치열한 경쟁을 지

선정적인 장면은 이제 우리에게 더 이상 낯설지 않다(지하철 구내에서 촬영).

칭하지만, 혹자는 문화상품에 내재된 규범과 가치관에 대한 싸움이야말로 진정한 의미의 문화전쟁이라고 지적하고 있음을 그리스도인들은 주목할 필요가 있다. 적어도 우리가 하나님의 백성으로서 하나님의 형상을 따라 이 땅을 회복시켜나가야 할 책임이 있고, 그 범위가 우리의 일상을 포함하여 문화 전반에 미치는 것이라면 정보·문화산업 시대의 문화상품들이 쏟아내는 왜곡된 가치와 규범을 하나님의 기준에 부합하도록 만들어가는 것은 그리스도인의 중요한 사역이 되어야 할 것이다.

3. 정보·문화상품의 반규범성을 부추기는 요인들

정보·문화산업을 통해 하나님의 질서와 규범을 거스르고 파괴하려는 세력들, 곧 문화 속에서 하나님의 창조 사역을 회복해야 할 그리스도인들이 주목해야 할 세력들이 있다. 그 첫째는 기존의 규범과 가치를 무차별적으로 파괴하고 악한 것을 선한 것이라고 왜곡해서 가르치는 문화이론가들이며, 두번째로는 광범위한 영향력을 행사하는 대중매체와 그 상업성 그리고 세 번째로는 '성과 폭력'을 이용하여 청소년들을 대상으로 돈벌이를 하려는 악덕 사업자들이다. 이들은 보이지 않게 서로 협력하면서 대중문화 속에 하나님의 규범과 가치를 왜곡시키고 인간의 존엄성과 가정의 기초를 무너뜨리는 사단의 전령 역할을 수행하고 있다.

1) 규범과 가치를 왜곡시키는 문화이론가

문화에 대한 관심이 높아지면서 문화이론을 다룬 많은 서적들이 출간되고 있는데 그 가운데 『섹스 포르노그래피 그리고 에로티시즘』이란 책의 서론에는 이렇게 쓰여 있다. "이 책의 집필 목적은 세 가지이다. 결혼 안에서의 성을 상대화하려는 것, 이성애주의를 상대화하려는 것 그리고 성인 중심의 성을 상대화하려는 것이다." 이 책이 출판될 당시에 성에 대한 온갖 금기를 깨뜨리고자 하는 이러한 주장은 어느 정도 도발적인 것으로 받아들여졌다. 그러나 이 책의 저자는 1995년 연세대 총학생회와 함께 '성정치문화제'란 이름으로 동성애 축제를 벌였으며 동성애자들의 모임을 발족시켰다. 그리고 이 충격적인 사건을 언론은 집중적으로 보도하여 이를 우려하는 사람들을 안심시켰다. 지금은 공중파 방송에서도 동성애자들이 초대되어 당당하게 그들의 주장을 할 수 있는 상황일 뿐만 아니라, 동성애 문제는 이제 윤리적으로 접근하기보다는 단지 성적 취향의 문제로 받아들이지고 있다. 책의 저자는 3년 만에 그 집필 목적을 달성한 것이다.

『즐거운 사라』를 써서 대법원에서 음란소설 작가로 실형을 받았지만 최근에 다시 『성애론』이라는 책을 써서 재기를 꿈꾸는 또 한 사람의 문화이론가 마광수 씨는 젊은이들에게는 성해방의 교주처럼 받들어지고 있다. 그는 "가족제도의 폐지, 생식적 섹스의 거부, 변태적 성생활의 인정, 미성년자에게 성적 교제의 자유를 보장해야 진정한 민주복지사회가 올 수 있다"는 황당한 주장을 「영남일보」의 칼럼에 게재하였다. 그는 자신의 주장을 반대하는 사람들을 '모럴 테러리스트'라고 비난하면서 자신이 도덕적으로 핍박

받고 있다고 젊은이들을 선동하고 있다.

정신과 의사인 K씨는 "가정주부의 외도는 부부간의 갈등을 사회적으로 승화시킨 것"이라며 유명 시사주간지의 칼럼에서 진단하였다. 이러한 궤변들은 방송 드라마와 일간신문의 연재소설에서 혼외정사와 외도를 죄의 관점이 아닌 가정의 문제를 해결하는 열쇠로 인식하도록 면죄부를 부여하고 있다. 가정주부의 가정 안에서의 헌신과 희생은 아무런 가치도 없었던 것이며, 단지 외도라는 방식으로 자아를 실현해야 한다는 왜곡된 가르침들이 문화이론가들과 이에 편승한 대중매체를 통해 쏟아져 우리를 혼란스럽게 만들고 있다.

대중매체의 확성기를 통해 들려오는 "오락으로서의 성을 자유롭게 표현하고 향유하라"는 문화이론가들의 주장들에 맞서 '성의 자유로운 유희'의 결과는 행복이 아니라 가정의 파괴와 인간관계의 파괴 그리고 에이즈와 같은 괴질의 번창 등과 같은 고통이라는 사실을 외치는 사람들을 찾아보기 어려운 시대가 되었다. 교회의 책임이 여기에 있다. 문화이론가들의 무책임한 주장 속에 담겨 있는 파괴성을 지적해내고, 그들의 꾀임에 빠지지 않도록 올바른 길을 제시하는 것도 복음전도라는 사실을 주목할 필요가 있다. 에스겔 3장 17-19절은 이와 같은 주장을 뒷받침하고 있다.

"인자야 내가 너를 이스라엘 족속의 파수꾼으로 세웠으니 너는 내 입의 말을 듣고 나를 대신하여 그들을 깨우치라. 가령 내가 악인에게 말하기를 너는 꼭 죽으리라 할 때에 네가 깨우치지 아니하거나 말로 악인에게 일러서 그 악한 길을 떠나 생명을 구원케 하지 아니하면 그 악인은 그 죄악 중에서 죽으려니와 내가 그 피값을 네 손에서 찾을 것이고 네가 악인을 깨우치되 그가 그 악한 마음과 악한 행위에서 돌이키지 아니하면 그는 그 죄악 중에서 죽으려니와 너는 네 생명을 보존하리라."

교회는 "성적 쾌락을 원하는 만큼 자유롭게 즐기라"고 외치며 음란 폭력물과 비윤리적인 가치로 우리 사회를 지배하려는 이들의 입을 막아야 한다. "죽은 파리가 향기름에 악취를 만드는 것같이 적은 우매가 많은 지혜를 패하게 하느니라"(전도서 10:1)는 전도자의 충고를 교회는 어떻게 받아들이는가? 문화이론가를 자처하는 사람들이 이 땅의 교회가 두려워서라도 함부로 말할 수 없도록 진리를 선포해야 한다.

2) 현대사회의 메신저, 대중매체와 상업주의

과거에는 성서나 신화들을 통해 인간의 의식과 규범을 이야기하였다. 그러나 오늘날의 스토리텔링은 더 이상 주일학교나 어머니가 들려주는 성서이야기가 아니다. 어린이와 청소년들은 하루 평균 3~4시간을, 성인들은 여가 시간의 80퍼센트를 텔레비전과 함께 보낸다는 통계를 인용하지 않더라도 대중매체의 상징인 텔레비전은 우리의 안방에서 끊임없이 이야기를 하고 있다. 아무리 중요한 사건이 일어나도 텔레비전 방송에 나와야 뉴스가 되는 이 시대에 대중매체에서 선포되는 메시지와 그 속에서 만들어지는 규범은 현대사회가 받아들여야 할 보편적 규범으로 규정되고 있는 실정이다.

대중매체는 소비자들을 얻기 위해 쉽게 성이나 폭력 등을 상품화하려는 속성이 있다. 따라서 대중매체가 다루는 '인간의 성'은 절제의 대상이 아니라 마음껏 즐겨야 하는 것으로 묘사되고 있으며, 결혼과 상관없이 성적 유희를 누리는 것이 행복한 삶이라는 거짓말을 우리에게 속삭이고 있다. 대중매체들은 온갖 종류의 추하고 혐오스러운 행위도 아름다운 것처럼 묘사하는 재주가 있다. 심지어는 현행법으로 명백한 범죄 행위에 해당하는 강간과 폭행 그리고 성추행 등조차 결코 범죄가 아닌 모습으로 묘사하며 오히려 추앙하도록 만드는 힘이 있다.

중앙 언론사들이 발행하는 스포츠지들의 만화와 소설 그리고 '성'을 주제로 한 이야기들은 성의 주소는 결혼한 부부의 침실이라는 평범한 진리를 무차별적으로 파괴하고 있다. 또 선정적이고 음란한 누드 사진들과 음란 외설 광고물들을 게재하여 여성은 단지 인간의 성을 향유하기 위해 만들어진 도구에 불과한 비인격적인 존재라는 메시지도 전달하고 있다.

한편에서는 음란물의 범람을 걱정하는 것 같으면서도 다른 프로그램에서는 음란물을 만드는 배우나 감독을 초청하여 토크쇼를 진행하고, 온갖 불륜과 성행위 장면을 선정적으로 노출하여 우리의 도덕성을 무디게 만들고 있다.

방송과 신문매체와 같은 영향력이 큰 대중매체들의 '성과 폭력의 상품화 현상'을 좀더 적나라하게 묘사한다면 '시청률과 판매 부수를 확보하기 위한 매춘행위'에 가깝다. 이를 적절히 견제하고 차단하는 장치를 만들기 어렵기 때문에 우리 사회의 도덕적 가치와 성윤리는 교회의 노력에도 불구하고 점점 낮아질 수밖에 없는 것이다. 그리스도인들과 한국 교회는 무엇보다도 대중매체에 건전한 압력을 행사하여 견제할 수 있어야 한다. 기독교윤리 실천운동이 다른 무엇보다도 힘이 들기는 하지만 방송, 신문 같은 대중매체 생산자들을 견제하는 사회적 역할을 감당하고 있는 것은 이웃 나라 일본보다 우리 나라의 대중매체가 상대적으로 건전한 중요한 이유가 되고 있다.

3) 청소년들을 대상으로 성을 상품화하는 '매춘산업'

청소년들에게 비교적 많이 노출되어 있는 성인잡지 「HOTWIND」의 1996년 3월호에는 다음과 같은 칼럼이 실렸다. "어머니나 학교의 여교사들이 자기 아들이나 제자들과 직접 성관계를 가지면서 성교육을 시켜야 한다. 청소년들의 성욕은 절제할 수 없는 것이어서 반드시 발산할 수 있도록 어머니가 도와주어야 한다." 이 글을 게재한 김완섭 씨는 '모든 여자는 창녀다'라고 주장하는 글을 PC통신을 통해 유포하고 있으며, 『창녀론』이라는 책을 써서 서점 진열대 맨 앞에서 청소년들의 성에 대한 왜곡된 의식을 강요하는 전령을 자처하고 있다.

　문제의 심각성은 그의 황당한 담론이 한 사람의 주장에만 머물러 있지 않다는 데 있다. 지금 초·중·고교 앞 문방구에서 아무런 제재 없이 팔리는 만화들 가운데 상당수가 이미 그런 주장을 담아내어 청소년들에게 스토리텔링을 하고 있다. 일례로 〈지옥의 문〉이라는 일본 복제만화에는 아버지와 옆집 여고생이 성관계를 갖고, 어머니는 아버지에게 복수하기 위해 아들을 유혹하여 성관계를 가진 후 아들은 옆집 여고생과 다시 성관계를 갖는 내용이 그려지고 있다. 그뿐만 아니라 어머니가 아들과 관계를 가진 후 임신이 되었는데 아버지가 기뻐하는 따위의 생각만 해도 머리가 아픈 근친상간과 미성년자의 섹스 등을 거침없이 묘사하고 있다.

　언론사가 발행하는 스포츠 신문에서조차 반윤리적인 성규범을 고스란히 만화로 게재하는 것은 우리 사회의 무뎌진 도덕성의 일면을 보여주기에 충분하다. 국민의 세금으로 만든 「스포츠서울」의 〈밀크 & 커피〉(김지원 작)라는 만화를 보면 고등학교를 중퇴한 학생이 유부녀를 유혹하여 성관계를 가진 후 돈을 뜯어내는 것을 비롯하여 여고생이 본드를 흡입하고 성관계를 갖는 장면, 동성연애 장면 같은 충격적인 내용이 무려 70회 동안이나 게재되

스포츠 신문들이 음란하고 선정적인 연재물들을 여과없이 게재하다 시민·종교단체의 거센 항의로 결국 연재가 중단되고, 신문사측은 1면에 사과 광고를 냈다.

었다. 이 만화는 음대협(음란폭력성 조장매체 대책시민협의회-기윤실이 중심이 된 33개 시민 종교단체 연대)의 거센 항의와 광고불매운동으로 결국 연재가 중단되었고 신문사는 1면에 사과광고를 실었다. 또 한 가지 성적 추행이 주된 내용인 〈짱구는 못말려〉라는 만화는 18세 미만 구독 불가의 성인만화임에도 대부분의 초등학생들이 구독하고 있으며, 초등학생용 영어 교재로까지 출간되고 있는 것이 우리 사회의 일그러진 현실이다.

컴퓨터 소프트웨어 개발도 '음란물' 제작자들만 돈벌이가 되고 그 외의 프로그램 개발회사들은 심각한 경제적인 어려움에 처해 있는 실정이다. 또한 비디오방은 청소년들의 출입을 막고 있지만 고교생의 64퍼센트가 비디오방에 출입한 경험이 있고, 그때마다 아무런 제재를 받지 않았다고 응답하였다.

청소년들이 주로 이용하는 편의점들(이들은 대부분 대기업이 운영하고 있다)에는 낯뜨거운 음란화보집과 잡지들이 전면에 진열되어 판매되고 있으며, 성인용품점에나 있어야 할 패션 콘돔류들이 CD 케이스 같은 것들에 담겨져 청소년들에게 판매되고 있다. 또한 최근에 사회적 문제로 부상하고 있는 폰팅 산업은 여학생들을 매춘으로 유인하는 도구가 되고 있다.

"미성년자에게 섹스 교제의 자유를!"이라고 외치는 문화이론가들의 주장이 이미 상품화되어 만화, 잡지 그리고 신문 만화에서조차 거리낌없이 소재와 주제가 되어 청소년들에게 공급되고 있다. 이렇듯 문화상품을 통해 성을 파는 신종 매춘산업은 청소년들의 성적 호기심과 충동에 편승하여 광범위한 시장을 형성해가고 있는 것이다.

1997년 7월에 제정된 청소년보호법은 청소년들을 대상으로 음란·폭력 문화상품을 판매하는 사람들을 규제하기 위한 것으로 청소년 보호에 큰 도움이 될 것으로 기대되고 있다. 청소년들을 대상으로 성을 상품화하는 문화상품을 판매할 수 없도록 공권력이 강화되어야 할 것은 물론이고, 시민들 스스로 감시망을 구축하여 성을 상품화하여 돈을 취하는 사람들이 발붙이지 못하도록 해야 할 것이다.

4. 정보·문화산업 자본을 견제하는 시민운동

문화 생산자들은 문화상품의 규범성이나 가치보다는 기업의 '이익'을 우선하기 마련이다. 문화 생산자들이 비도덕적이기 때문이라기보다는 자본주의의 논리에 충실하기 때문에 유해한 문화상품이 쏟아진다고 진단하는 것이 해결 방안을 찾기가 더 쉬울 것이다.

스포츠 신문을 발행하는 언론사의 한 담당자는 그들이 사회적인 비난을 받으면서도 저질의 스포츠 신문을 만들 수밖에 없는 이유를 "언론이기 이전에 기업이기 때문에 도덕적 논리보다 상업적 논리를 앞세울 수밖에 없다"는 말로 설명하고 있다. 이 말은 경쟁적인 오락상품들을 견제하기 위해서는 생산자들의 도덕성 못지않게 소비자들의 수용자 의식이 중요하다는 것을 의미한다. 대중문화상품은 소비자들이 선택하는 것들이 생산되는 것이기 때문에 문화산업에 대한 소비자들의 소비 행태는 생산자들과 문화상품을 가장 효과적으로 견제하는 수단이 될 수 있다.

현대사회를 움직이는 세 개의 축이 있는데 그 첫째는 공권력을 바탕으로 국민의 복지 증진을 목적으로 활동하는 정부 영역이고, 다음으로는 자본력을 바탕으로 이윤 추구를 목적으로 활동하는 기업의 시장 영역이며, 세번째 축은 공공의 선(이익)과 사회 정의를 위해 활동하는 시민사회 영역이다.

과거에는 정부의 공권력이 지나치게 비대하여 문제가 되었지만, 지금은 자본 영역이 점점 강력한 힘을 갖게 되었다. 따라서 기업이 '이윤 추구'라는 상업적 논리에 연연하여 반규범적인 해악을 가져올 때, 명백하게 법률에 위반되는 사항은 정부의 공권력으로 규제해야겠지만 문화상품과 같이 단지 사회적 규범과 가치관을 해치는 것은 예술, 표현의 자유 등의 문제로 정부의 공권력이 개입하기가 어렵다. 그렇기 때문에 문화산업의 반규범성을 견제하기 위해서는 시민사회단체의 견제 역할이 대단히 중요하다. 공익을 추구하는 시민사회의 활동은 우리 사회를 정의롭고 건강하게 유지시키고 올바른 대안을 제시할 수 있는 대안적 활동일 뿐 아니라 특히 정보·문화산업시대에 자본의 횡포를 견제할 수 있는 하는 유일한 대안이라고 할 수 있다.

우리 사회는 서구 사회와 같은 시민사회가 형성되지 못했고, 시민운동 또한 미비한 실정이다. 그러나 우리 사회는 공익을 지향하는 교회가 그 어느 사회보다 많다는 데 희망이 있다. 교회는 시민사회 영역에서 가장 영향력을 발휘할 수 있도록 훈련되고 조직화된 인적 자원과 풍부한 물적 자원을 가지고 있다. 어느 시민단체도 교회만큼 회원이나 재정을 보유하지 못하고, 이념적 결속도 가질 수 없다. 정부와 기업이 청소년들의 건강한 성장을 방해하거나 올바로 인도하지 못할 때 맞서 견제할 수 있는 시민사회의 실질적인 힘을 갖고 있는 곳은 다름 아닌 교회이다. 따라서 교회는 한국 사회에서 시민운동이 해야 할 역할을 감당해야 한다. 예수님은 "많이 맡은 자에게 많이 찾을 것이고 많이 받은 자에게 많이 달라고 할 것이라"고 하셨다(누가복음 12:48). 하나님께서 한국 교회에 많은 것을 주심에 감사한다면 우리는 하나님께서 찾으시는 것을 드릴 수 있도록 준비해야 한다. 교회가 조금만 힘을 쓰면 반규범적인 대중문화로부터 우리 사회를 지켜낼 수 있다. 따라서 대중문화의 도덕성은 교회의 도덕성을 가늠하는 지표가 될 수 있다.

5. 정보 · 문화산업시대의 대안으로서의 문화소비자운동

연예와 오락 중심의 정보와 문화상품은 텔레비전, 영화, 비디오, 음반, 컴퓨터, 인터넷 등의 매체를 통해 점점 더 광범위한 영향력, 때때로 파괴적인 영향력을 행사하고 있다. 그럼에도 불구하고 대부분 그 영향 아래 있는 문화 소비자들은 그 막강한 영향력에 아무런 준비 없이 무기력하게 노출되어 있는 것이 현실이다. 〈짱구는 못말려〉라는 저질 만화를 대다수의 초등학생이 읽고 있는 것에 대해서는 아무런 대응을 하지 않으면서 그 만화를 모방하여 초등학생들이 여학생의 치마를 들추고, 기상천외한 성적 행동들을 한다고 법석이다.

대중문화 생산자들은 눈앞의 이익을 위해 온갖 논리를 동원하고, 예술성과 표현의 자유를 빙자하여 반윤리적인 소재를 담아내고 있는데 문화상품의 소비자들은 적절한 대응과 견제를 하지 못하고 있다. 잠언 21장 31절은 "싸울 날을 위하여 마병을 예비하거니와 이김은 여호와께 있느니라"고 교훈하고 있다. 교회와 그리스도인들은 정보 · 문화시대를 맞아 하나님의 백성으로서 진리를 선포하고, 수호하는 책임 있는 사역을 위하여 준비해야 한다. 그 몇 가지를 제시하면 다음과 같다.

1) 문화소비자운동에 대한 의식 제고

"문화는 단순히 소비하고 향유하는 것이 아니라 문화상품 속에 내재되어 있는 반윤리적인 가치와 성, 폭력 등의 남용 현상에 대해 평가하고 거부해야 한다"는 사회적 인식을 확산시켜야 한다.

농약을 넣어서라도 돈을 벌려는 콩나물 재배업자들에 대해서 우리 사회가 흥분하는 것과 같이 돈벌이를 위해 '성과 폭력'을 쾌락의 수단으로 삼는 대중문화상품과 그 생산자들에 대해서도 부당함을 지적하고 사회적 규제

장치를 만들어가는 문화소비자운동이 필요한 시대가 되었다. 불건전한 대중문화상품의 유해성 문제를 공론의 영역으로 이끌어내어 대중매체를 통해 일방적으로 자행하는 보편적 가치에 대한 도전과 파괴 행위를 견제하고 하나님의 창조질서를 거스르는 가치관과 규범을 주장하는 문화상품들이 돈벌이를 목적으로 생산되지 못하도록 견제하는 운동이 교회를 중심으로 확산되어야 한다.

기독교윤리실천운동은 그 동안 스포츠 신문, 텔레비전 프로그램, 광고, 가요, 영상물, 비디오게임 등을 모니터하여 청소년들에게 유해한 내용들을 평가하고, 교회와 함께 적극적인 문화소비자운동을 전개하여 "문화는 평가되어야 한다"는 사회적 합의를 만들어가고 있으며, 문화 생산자들을 견제하고 있다.

2) 세속적 문화이론에 대응하는 논리의 개발

담배와 관련한 미국 사회의 논쟁은 정보·문화산업시대의 문화 소비자운동에 시사하는 바가 크다. 미국의 금연운동 단체들은 담배 소비로 인한 건강상의 폐해를 소비자에게 묻지 않고 담배 생산자에게 책임을 돌려 무려 330조원이라는 천문학적인 금액을 담배 회사가 배상하도록 법원의 판결을 얻어낸 경험을 정보·문화산업 분야에도 동일하게 응용할 수 있어야 한다.

텔레비전이나 영화, 만화와 같은 대중매체를 접한 후 어떤 사람이 범죄를 저질렀다면 피해에 대한 그 책임과 보상을 가해자에게만 지우지 않고 그 원인을 제공한 문화 생산자에게도 마땅히 물어야 한다는 당위적인 논리를 개발해야 한다.

3) 정보·문화를 소비하는 수용자 의식교육

교회와 정부는 대중매체와 그를 통해 생산되는 정보·문화상품에 대한 연구와 이를 수용하는 수용자에 대한 교육을 위해 투자해야 한다. 캐나다, 영국, 호주 등과 같은 선진국들은 이러한 교육과정을 초·중등 교육에 도입하여 매체 수용자로서의 훈련을 수행하고 있다. 학생들이 대중 오락산업이 만들어내는 과장되고 자극적인 이야기, 소비를 부추기고 대중 의식을 조작하는 내용 등을 비판적으로 파악하고, 수용할 수 있는 훈련이 가정과 학교 그리고 교회에서 이루어지도록 지원하는 체계가 만들어져야 한다. 매일같이 쏟아져나오는 저질 문화들을 모두 걸러서 공급할 수는 없다. 문화 수용자들 스스로 분별해낼 수 있는 능력을 키워주는 것이 가장 바람직한 대안이기 때문에 교육에 대한 관심을 가져야 한다. 기독교윤리실천운동은 초·중·고교의 교사들을 대상으로 대중문화 수용자 교육을 실시하여 학교 현장에서 특별활동을 통해 정보·문화 수용자 교육을 실시하도록 지원하고 있으며, 주일학교 교육에서도 교육과정에 포함되도록 노력하고 있다.

4) 전투적 싸움에 동참을

정보·문화산업이 확장되어갈수록 하나님의 규범과 질서를 지켜내는 일은 점점 더 어려워질 수밖에 없다. 싸워야 할 적이 그만큼 많아질 뿐만 아니라 그 영향력 또한 강력하기 때문이다. 따라서 하나님의 창조질서에 합당한 문화를 회복한다는 것이 현실적으로 불가능하게 느껴지고, 자신만이라도 순결하게 지키는 것이 최선이라는 식의 태도로 문화 회복을 위한 노력을 포기하고 싶은 유혹을 받기 쉽다.

그리스도인들에게 무엇보다도 중요한 것은 문화소비자운동에 적극적으로 참여하는 훈련이다. 반규범적인 문화상품을 생산하는 사람들에게 항의 전화를 거는 것은 어색하고도 힘든 일이다. 그러나 기독교윤리실천운동에서 정보·문화상품들을 모니터하고 있는 자원봉사자들은 일선에서 힘겹게 싸우고 있다. 좀더 많은 회원들과 그리스도인들이 전화기를 들어 성과 폭력을 상품화하는 문화 생산자들에게 항의하고 경고하는 직접적인 행동으로 참여한다면 힘은 반으로 줄고 성과는 배로 증가할 것이다.

우리가 대중문화를 하나님의 형상대로 회복해야 할 청지기적 사명을 인식한다면, 또 타락한 문화적 지형을 창조 본연의 모습으로 되돌려놓으려면 처음에는 어색하고 힘들겠지만 순종하는 마음으로 훈련에 동참해야 한다. 이 싸움에 동참하는 그리스도인들이 많아지면 많아질수록 문화전쟁에서 우리는 문화 생산자들보다 우위를 점할 수 있고, 우리가 원하는 문화가 생산되도록 만들어갈 수 있을 것이다.

생각해봅시다

1. 누가복음 12장 48절은 청소년이 접하는 대중매체를 견제하는 교회의 책임에 대하여 어떤 가르침을 주고 있습니까?
2. 요한계시록 2장 19-21절을 읽고 두아디라 교회가 책망 받은 이유가 무엇인지를 찾아보고, 오늘날 우리 그리스도인들이 책망 받지 않기 위해 해야 할 일들은 무엇인지 생각해봅시다.
3. 민수기 25장 1-16절을 읽고 당시의 비느하스가 직면한 상황과 오늘날 우리 시대의 대중문화 현실과 비교해볼 때, 공통점은 무엇이고 우리에게 주는 도전은 무엇인지 토론해봅시다.
4. 교회 차원에서 문화소비자운동을 전개하는 방안을 토론해봅시다.

이 글의 저자 권장희는 고려대학교 정치외교학과를 졸업하고 숭실고와 한영외고에서 정치경제를 가르치다가 1994년도부터 '기독교윤리실천운동'에서 간사로 일하고 있으며 '음란폭력성조장매체대책시민협의회' 총무로 일하고 있다. 저서로는 『요즘 아이들 힘드시죠』가 있다.

제2부
대중문화의 쟁점들

6장
표현의 자유와 문화검열

▍송태현

1. 현실의 문화와 성경적 규범

1974년 스위스의 호반(湖畔) 도시인 로잔에서 빌리 그래햄(Billy Graham)과 존 스토트(John R.W. Stott)의 주도하에 세계복음화 국제대회가 개최되었는데, 150여 국가에서 참가한 개신교 복음주의 지도자 2천4백여 명 가운데 2천여 명은 '로잔 언약(The Lausanne Covenant)'에 합의 · 서명하였다. 이 언약의 제10조 '전도와 문화'에는 문화에 대한 핵심적인 통찰을 제공하는 내용이 담겨 있다.

사람은 하나님의 피조물이기 때문에 인간 문화의 어떤 것은 매우 아름답고 선하다. 그러나 인간의 타락으로 인하여 그 전부가 죄로 물들었고, 어떤 것은 악마적이라고 할 만하다.

개혁주의의 관점에서 볼 때 인간과 그 문화에 대한 참된 파악은 인간이 하나님의 형상대로 만들어진 존재라는 긍정적인 사실과, 타락으로 인해 인격의 모든 요소가 어느 정도 부패하였다는 사실을 인정할 때 가능하다. 문화예술의 각 영역에서도 외견상 상호 모순되어 보이지만 양립하는 이 두 사실 가운데 한 가지만을 지나치게 강조하는 것은 성경적인 관점이 아니다.

창작의 주체가 누구이든(그리스도인이든 비그리스도인이든), 사랑과 정의의 주제를 올바르게 다루거나 혹은 자연의 아름다움을 잘 드러낸 예술작품은 우리 그리스도인이 얼마든지 향유할 수 있다. 이러한 작품들을 감상함으로써 우리의 경험은 풍부해지고, 세계와 인생에 대한 이해의 폭 또한 넓어지며, 심미적인 기쁨도 체험하게 된다. 비록 타락하긴 했지만 인간은 하나님의 형상을 여전히 지니고 있기에 그 형상이 문화를 통해 구현되는 것을 바라보는 일은 분명 즐거운 일이다. 그리고 좋은 예술작품에 대한 향유는 문화예술 자체를 얼마간 부정적인 것으로 간주하는 근본주의·경건주의의 영향에서 아직 충분히 벗어나지 못하고 있는 한국 교회에 좀더 강조할 필요가 있다.

한편 타락한 인간 본성이 인간의 문화활동 도처에 침투하고 있음도 부인할 수 없다. 많은 문화계 인사들은 하나님께 영광을 돌리기보다 자신의 영광을 구한다. 창조력과 상상력을 오용(誤用)한 예술가는 피조 세계를 왜곡하며 사회에 대한 올바른 시각을 갖지 못하게 방해하거나 인간을 더욱 부패하게 만들기도 한다.

특히 오늘날 미디어에 대한 접근이 보편화(대중화)되어 갈수록 보다 많은 정보와 보다 편리한 생활을 누리는 반면, 매체를 통한 거짓된 표현들은 심각한 비도덕적인 결과를 초래할 수 있다. 실제로 이를 우려하는 목소리가 높아지고 있다. 대중매체가 지배하는 이 시대에 그리스도인은 문화예술에 대해 어떤 태도를 취해야 할 것인가?

모든 복음주의 그리스도인이 동의할 수 있는 것은, 로잔 언약이 명시(明示)하듯이, "문화는 항상 성경에 의해서 검토되고 판단받아야 한다"는 사실이다. 문화에 있어서의 상대주의와 다원주의를 어느 정도 존중하는 가운데서도 우리 그리스도인은 성경이 가르치는 절대적인 규범을 지켜나갈 의무를 지니고 있다.

그리고 우리는 타락한 세상 문화에 동화되지 않고 싸워나가야 한다. 그런데 중요한 문제는 구체적으로 어떻게 싸우며, 그 규범을 현실 세계에서 어떻게 지킬 수 있을 것인가 하는 점이다.

그 싸움을 위해서 우리에게는 신중함과 지혜가 절실히 요청되는데, 우선적으로 우리가 고려해야 할 요소는 우리 사회의 종교적 전통이다. 만일 우리 사회가 구약의 이스라엘과 같은 신정(神政) 사회라면 문제는 간단하다. 아모스 선지자처럼 사회의 부패상을 맹렬히 비판할 수 있고, 비성경적인 행위를 저지른 자에게 가차 없는 처벌을 요구할 수 있다. 중세의 서구 기독교 사회라도 문제는 상당히 단순할 것이다.

하지만 우리 사회는 신정 국가도 기독교 국가도 아니다. 더욱이 우리 사회는 기독교문화와 가치관이 이른바 '세속화' 이후에도 여전히 뿌리를 내리고 있는 서구와 같은 사회도 아니다. 성경의 원리를 직접적으로 주장할 수 없는 상황 속에서 우리는 하나님이 주신 지혜와 지성을 사용하여 그 원리를 향해 비그리스도인도 동의할 수 있는 사회적 합의를 이끌어내는 노력이 필요하다.

우리는 성경적 규범을 지키려는 순수한 신앙적 동기에만 그치지 않고 현실적인 상황을 고려하며 우리의 의도가 어떠한 결과를 낳게 될지를 예측하는 노력도 기울여야 한다. 예를 들어 매매춘 행위는 분명 성경의 규범에 어긋난다. 하나님이 주신 선물인 성(性)을 인간이 상품화해서는 안 된다. 따라서 우리는 매매춘 행위가 옳지 않다고 판단한다. 그렇다고 해서 "사창가를 우리 사회에서 완전히 없애자"고 주장한다면 이는 옳은 일인가? 사창가 없이 사회에 매매춘 행위가 근절되고 올바른 성윤리가 회복된다면 그럴 수 있다. 그러나 현실적으로 볼 때 이는 오히려 성범죄를 높이고 암암리에 매매춘 행위를 더 조장할 우려가 있다. 우리는 신앙의 열정을 앞세워 문화의 타락상을 단순 논리로 강력히 비판하고 성경적인 규범을 섣불리 심기보다 복잡한 현실을 구체적으로 고찰하여 실제적인 전략을 세워 접근해야 한다.

2. 사전검열은 타당한가?

어떻게 하면 성경적인 규범에 반하는 타락한 문화를 변혁시킬 수 있을 것인가? 유해한 문화를 막기 위해서 우리가 할 수 있는 가장 직접적인 방안은 모든 문화예술 작품에 대한 사전검열을 실시해 유해한 문화의 공적인 유통을 사전에 막는 일이다. 이는 전통적으로 동서고금의 거의 모든 국가가 20세기 중반까지 행해왔던 국가검열이다.

여기서 우리는 두 가지 질문을 던져볼 수 있다. 국가검열은 바람직한 것인가? 과연 검열은 유해한 문화를 막는 데 효과적인 수단인가?

만일 모든 문화예술 작품을 대상으로 사전검열을 실시한다면, 민주주의가 보장하는 사상의 자유와 표현의 자유가 침해될 것이다. 그리고 권력기관의 자의적인 남용 또한 우려된다. 예술에도 타락의 요소가 있지만 국가권력기관에도 타락의 요소가 있기 때문이다. 우리는 독재정권 시대에 사전검열을 실행함으로써 사상을 통제하고 정치적으로 악용해왔음을 목도했다. 문화에 대한 엄격한 통제는 전제국가에서나 자행하는 일이고, 유해한 문화를 막는다는 이유로 경찰국가를 택할 수는 없다.

모든 문화예술 작품에 대한 국가기관의 사전검열은 바람직하지 않을 뿐 아니라 효과를 거두기도 힘들다. 더욱이 전자매체의 발전으로 인해 이전에는 전문적인 집단만이 제작하고 유포하는 것이 가능했던 문화상품이 이제는 한 개인의 작업만으로도 가능한 일이 되었다. 만일 엄격한 사전검열이 재개된다면 비공식적인 제작과 유통이 심각해질 것이다. 지하로 흘러든 문화활동은 통제가 더욱 힘들게 된다. 국제 교류가 활발하고 위성방송과 인터넷이 발달해 있는 오늘날 우리 나라만 엄격하게 통제한다고 해서 유해한 문화를 막을 수는 없다.

국가의 사전검열은 헌법상으로도 정당성을 확보하지 못한다. 대한민국 헌법(제21조 제1항)은 '언론·출판의 자유'를 보장하고 있고, 법학계에서는 이를 '개인적 표현의 자유'를 의미하는 것으로 해석하고 있다.

또한 제21조 제2항은 '언론·출판에 대한 허가와 검열'을 인정하지 않음을 명시하고 있는데, 1996년 10월 헌법재판소는 헌법이 금지하는 이 '검열'을 "행정권이 주체가 되어 사상이나 의견 등이 발표되기 이전에 예방적 조치로서 그 내용을 심사, 선별하여 발표를 사전에 억제하는, 즉 허가받지 아니한 것의 발표를 금지하는 제도"를 뜻한다고 밝혔다.

이러한 사실들을 고려할 때 국가권력기관의 사전검열에 의한 문화예술 통제는 오늘날 우리 사회에 적합한 방안이 아님은 분명하다. 하지만 그렇다고 해서 무제한적인 표현의 자유가 허용된 것은 아니며, 자유의 남용에 대한 책임은 여전히 남아 있다. 그리고 헌법상 국가기관에 의한 모든 규제가 불가능한 것도 아니다. 헌법 제37조 제2항은 국민의 자유와 권리가 "국가안전보장 질서유지 또는 공공복리를 위하여 필요한 경우에 한해 법률로써 제한할 수 있다"라고 규정함으로써 헌법이 금하는 '검열'이 아닌 규제는 가능함을 명시하고 있다. 다시 말해 사후적인 제재조치는 여전히 유효하다. 뿐만 아니라 헌법재판소는 청소년을 보호하기 위한 등급심사제도는 사전검열 행위에 해당되지 않는다고 확인했다.

3. 규제의 방안과 원칙

현실적으로 문화예술에 있어서 어느 정도의 규제는 불가피하다. 비도덕적인 작품을 접하게 되면 범죄를 저지른다던가 그 가치관의 영향을 직접적으로 받는다고 단정할 수는 없지만 우려할 수 있는 부분은 충분히 존재한다. 우리 모두는 상호간에 영향을 주고받는 공동체 안에서 살아간다. 물론 결정적인 것은 아니지만, 한 이슈에 대해 아직 뚜렷한 관점을 형성하지 않은 사람에게나, 특히 가치관이 채 형성되지 않은 청소년에게는 상당한 영향을 미칠 수 있다.

무엇보다도 폭력적인 포르노의 영향으로 성적(性的)인 학대를 받은 것으로 확인된 많은 여성과 어린이들의 입장을 고려하지 않을 수 없다. 그리고 우리 사회를 지탱하는 최소한의 도덕적 보루(堡壘)는 지켜져야 한다. 그런 의미에서 규제의 실제적인 방안으로서 제시되고 있는 '등급심사제도'와 '문화소비자운동'을 우선 살펴보고, 규제의 원칙을 이루는 도덕적 판단의 기준을 재검토해보도록 하겠다.

1) 등급심사제도

표현의 자유를 존중한다는 명분과 청소년을 보호한다는 명분을 모두 만족시키는 제도로서 현재 각 매체마다 등급심사제도가 정착되어가고 있다. 이는 분명 우리 시대의 현실을 반영한 불가피한 방안이다. 이 제도가 잘 정착되기 위해서는 좀더 분명한 기준에 의한 적절한 심사가 이루어져야 하고, 심사 과정에서 부조리가 없어야 한다.

그런데 효과적인 심사를 위해서는 매체의 특성이 참작되어야 한다. 영화관 입장이나 비디오를 판매, 대여하는 데 있어서는 청소년에 대한 통제가 가능한 반면에 텔레비전은 그렇지 못하다. 케이블 텔레비전이나 위성방송은 청소년을 보호하기 위해 각 가정에서 수신하지 않을 수도 있지만 일반 텔레비전 방송은 오늘날 생활필수품이다. 부모가 외출하는 동안 텔레비전이 자동적으로 청소년을 감지해 꺼줄 수 없는 한, 일반 텔레비전의 프로그램 등급제는 별 의미가 없다. 최소한 텔레비전 방송에서만은 온 가족이 함께 볼 수 있는 프로그램 문화를 정착시키는 것이 바람직하다.

2) 문화소비자운동

문화예술 작품의 제작과 유통에 있어 그리스도인 소비자의 적극적인 참여가 요구된다. 방송국, 비디오 제작업체, 신문사, 잡지사 등에 훌륭한 작품에 대해서는 격려하고, 불건전한 작품에 대해서는 비판하면서 매체 제작에 선한 영향을 미치는 것이 중요하다.

그리고 작품의 유통에 있어서도 영향을 줄 수 있어야 한다. 가령 등급심사가 이루어진 작품에 대해서 극장이나 매장 혹은 대여점측이 등급에 따른 나이 제한 규정을 실제로 준수하도록 관계당국뿐 아니라 시민들도 적극적인 감시 활동을 펼쳐나가는 노력이 필요하다. 경우에 따라서는 유해한 문화상품 혹은 그 상품의 제작을 후원하는 기업의 제품에 대해 불매운동을 벌이는 등의 문화소비자운동도 필요하다. 이러한 비판과 반대를 위해서는 사전에 작품을 적절히 분석해야 하며, 연후에 작품의 성격에 따라 반대운동의 수위를 조절하는 것이 필요하다(단순한 비평에서 고발까지). 작품에 대한 충분한 검토 없이 선입관 혹은 단순한 감정만으로 반대할 경우 성과를 거두기 어렵기 때문이다.

3) 도덕성의 기준

"무엇이 유해한 것(혹은 비도덕적인 것)인가"라는 질문을 던질 때 흔히 유해 매체의 대명사로 음란·폭력물을 떠올린다. 그리고 반대운동은 대체로 개인의 윤리적인 측면에 초점이 맞추어져 있다. 하지만 음란·폭력만이 유해요소인 것은 아니며, 우리는 사회 윤리적인 측면에도 관심을 가져야 한다.

이 점에 있어서는 『거듭난 텔레비전』의 저자인 퀜틴 슐츠(Quentin J. Schultze)의 권고에 귀기울일 필요가 있다. "복음주의자들이나 다른 사회 단체들이 열을 올리며 지적하는 개인의 죄에만 도덕성을 적용할 수는 없다. 성경 전체를 통틀어볼 때 비도덕성이란 말은 인종 편견, 물질주의, 자민족 중심주의, 성적 편견과 국수주의와 같은 집단적인 죄들도 포함한다. 그리스도인들이 개인 생활의 도덕성을 위해서만 떨쳐일어나서는 안 되고, 사회 전체에 영향을 미치는 진리와 정의의 문제에 대해서도 좀더 폭넓은 행보를 보여주어야 한다."

4. 기독교문화의 창달

문화상품에 대한 규제 혹은 반대운동은 타락한 문화에 대한 직접적인 대응으로서 나름대로의 효능을 지닌다. 그러나 이는 즉각적인 효능을 가져오기에는 유익할 수 있지만 단기적인 효능으로 끝나버리고 말 우려가 있다. 인간 타락의 뿌리는 매우 깊이 뻗어 있어서 일정한 규제가 행해지더라도 생산자측에서는 이리저리 법망을 피해가며 불건전한 문화를 계속해서 제작할 가능성이 높고, 또한 소비자측에서도 그러한 문화를 즐기고자 하는 죄성(罪性)이 여전히 도사리고 있다.

그 동안 한국 교회는 문화예술을 대함에 있어 대중문화의 해악성을 비판하는 데 주된 관심을 가져온 것이 사실이다. 그런데 타락을 비판하는 것만으로는 부족하다. 장기적인 안목에서 문화를 변혁시키기 위해서는 "악에게 지지 말고 선으로 악을 이기라"는 말씀을 문화 영역에도 적용하여 건전하고 아름다운 문화를 창달하는 데 더 많은 정열과 관심을 가져야 한다. 나쁜 문화가 창궐한다는 말은 곧 좋은 문화가 활성화되어 있지 않다는 뜻이다. 저질 문화상품을 즐기는 청소년을 꾸짖는 일도 중요하지만, 더 중요한 일은 이들이 즐길 수 있는 아름다운 문화를 활성화시키는 일이며 문화예술에 접근하는 안목을 길러주는 일이다. 그 기반을 마련하기 위해 그리스도인 공동체가 관심을 가져야 할 부분들을 살펴보기로 한다.

1) 경건주의의 극복

문화에 대한 적극적인 관심을 방해하는 기독교 내부적인 주요 요소는 경건주의와 근본주의이다. 이들의 가르침에 의해 그리스도인은 '영적인 삶', '위엣 것'에만 관심을 가지도록 권유받고, 세속적인 문화는 될 수 있으면 피하도록 충고받는다. 이러한 기독교적 이원론은 그리스도인 개개인의 경건을 유지하는 데 도움을 줄 수 있지만 이러한 입장만을 고수한다면 문화예술, 특히 대중문화를 세속에 맡겨둠으로써 그 영역에 그리스도의 주권을 포기하게 된다. 결과적으로 문화의 타락에 방조하게 되며, 결국은 각종 매체를 통해 타락의 영향을 되돌려받게 된다.

오늘날 우리는 아무리 피하려 애써도 대중매체를 벗어날 도리가 없기 때문에 현대 문화에 기독교적인 정신을 불어넣느냐, 아니면 반기독교적인 정신이 문화를 지배하게 두느냐를 선택해야 할 기로에 서 있다.

2) 대중문화의 구속(救贖)

우리 시대의 문화를 지배하는 것은 대중문화이다. 그리고 이른바 고급예술과 저급예술, 순수예술과 상업예술 간의 구분도 점점 더 불분명해지고 있다. 더 이상 대중문화를 정죄하고 무시만 할 것이 아니라 그 중요성에 합당한 관심을 가져야 한다.

『대중문화 전쟁』에서 로마노프스키(William D. Romanowski)가 이야기하는 대로, 만물이 주의 것이라면 대중예술도 비판과 함께 개발(cultivate)되어야 하며 구속적(救贖的) 활동(redemptive activity)으로부터 제외되어서는 안 된다. 고급문화뿐 아니라 대중문화의 창작과 비평에도 그리스도인이 적극 참여하여 성경적인 가치관에 입각해 예술활동을 수행함으로써 문화를 구속시키는 노력을 기울여야 한다.

물론 여기에는 적지 않은 위험이 따를 것이다. 창녀들을 전도하다가 그들로부터 유혹을 받았던 어떤 전도자처럼, 타락한 세상 문화와 경쟁력 있는 문화를 일구어내기 위해 노력하는 이들도 물질주의와 상업주의의 유혹에 빠지지나 않을까 하는 우려를 가질 수도 있을 것이다. 그들 역시 인기와 명예를 추구하려는 욕구로부터 자유롭지 못할 것이며, 대중문화계 내의 부패한 권력 메커니즘으로부터도 자유롭지 못할 것이다. 심지어 교회나 교계 혹은 기독교 단체 내에도 그런 위험은 항시 도사리고 있다. 특히 정치나 사업 같은 영역은 그 부패의 사슬이 매우 견고한 편이다. 그러나 이 같은 영역의 부패를 그리스도인이 묵과할 수 없듯이, 대중문화에서도 그리스도의 주 되심과 왕 되심을 선포해야 한다.

3) 그리스도인 예술가의 양성

대중문화를 구속하기 위해서는 그리스도에 헌신한 신자이면서도 예술의 은사가 있는 인재들을 발굴해서 훈련시켜야 한다. 꽤 오래 전부터 한국 교회에서 '지성의 제자도'에 적지 않은 관심을 기울여오고 있다.

예술에 있어서도 제자도가 요청된다. 기독교 학문에서 철저한 학문성(scholarship)이 요구되듯이, 기독교 예술에도 높은 예술성이 요구된다. 그리스도인 예술가가 행하는 예술활동이 그 자체로서 기독교 예술이 될 수는 없으며, 그리고 단순히 성경적인 주제를 다룬다고 해서 기독교 예술로 완성되는 것은 아니다. 그리스도인 예술가는 숙련된 예술가로서 인생과 우주를 기독교적인 관점으로 바라보고 자신이 창조한 의미를 예술 형태 속에 잘 드러내는 사람이다.

진정한 그리스도인 예술가는 문화 선교사로서 부르신 소명에 충성된 사역자인데, 로크마크(Hans R. Rookmaker)는 그 소명을 이렇게 설명한다. "그의 소명은 선을 도모하고, 악과 추한 것과 부정적인 요소들을 타파하며, 의에 주리고 목말라 하는 것이다. 거기에는 물론 적재적소에 단어들을 삽입하며 적절한 음색을 고르고 '마무리 필치' 하나에도 완벽을 기하는 태도까지 포함된다."

기독교 공동체는 이러한 예술가들을 배출하고, 또한 이들이 이 세상의 세대를 본받지 않고 하나님께 영광을 돌릴 수 있도록 사랑과 격려를 보냄으로써 동역(同役)해야 한다.

생각해봅시다

1. 표현의 자유와 규제 문제는 기독교 인간관 및 문화관과 어떠한 관련이 있는지 토의해봅시다.
2. 대학 캠퍼스에 서 있는 장승을 반(反)기독교적 문화(혹은 우상)라고 판단하고 순수 신앙적 동기에서 몰래 톱으로 잘라버린다면 당신은 동의할 수 있습니까? 기독교적인 관점에서 문화에 대한 정책을 세우고 전략을 논의할 때 고려해야 할 요소들은 무엇일까요?
3. 문화예술에 대해서 정부기관이 사전검열을 실시하는 것을 어떻게 생각합니까? 엄격한 검열을 실시하는 경우와 일체의 규제를 철폐하는 경

우, 각각 어떤 장단점이 있을지 토의해봅시다.

4. 그리스도인이 대중문화에 관심을 가져야 하는 이유는 무엇입니까?

이 글의 저자 송태현은 한국외국어대학교 불어과와 동 대학원을 졸업하고 프랑스 그르노블 대학교에서 「질베르 뒤랑의 문학비평관」으로 문학 박사학위를 받았다. 현재 한국외국어대학교에 출강하고 있으며, 기독교문화와 기독교문학에 많은 관심을 가지고 공부하고 있다.

7장
대중문화의 양대 해악 : 폭력성과 음란성 문제

■ 정재후

1. 대중문화의 활성화와 그 문제점

제2차 세계 대전 이후로 서구 사회는 포스트모더니즘의 부각과 함께 본격적으로 대중문화가 활성화되었고 우리 나라는 1980년대 후반에야 비로소 본격적으로 포스트모더니즘이 대중문화에 수용되기 시작했다.

포스트모더니즘은 여러 가지 의미와 운동 방향을 가지고 있어서 한 마디로 기술할 수 없는 어려움이 있다. 그러나 대중문화의 부각이란 점으로 논의를 좁혀보면 고상한 예술과 대중예술, 순수예술과 상업예술과의 구별을 없애는 일에 포스트모더니즘이 중요한 역할을 했다는 점은 부인할 수 없는 사실이다.

대중문화의 해악을 이야기하면서 마음에 걸리는 것은 "그렇다면 대중문화는 나쁜 것인가?" 혹은 "대중문화는 반기독교적인 것인가?" 하는 질문이다. 원론적인 이야기를 하자면 대중문화는(아니 순수한 예술문화도 마찬가지이지만) 그 자체로서 좋다 나쁘다 가치 평가를 내릴 수 없다. 당연히 긍정적인 순기능과 부정적인 역기능을 공유하고 있기 때문이다.

그러나 이 글에서 다룰 내용은 대중문화의 역기능이다. 유감스럽게도 부정적인 면에 초점을 맞추는 까닭은 현재 혹은 미래에 단순히 우려의 차원이 아닌 실제의 해악들이 속속 등장하고 있고 또 등장할 것이기 때문이다.

청소년 성폭력 범죄가 88년 2천2백4건에서 5년 뒤인 93년 9천4백30건으로 무려 427퍼센트나 증가했다. 그 원인을 대검의 관계자는 지난 해부터 특정범죄가중처벌법상 특수 강간죄에서 피해자가 고소를 취소하더라도 처벌할 수 있도록 한 기존의 '친고죄 규정'이 삭제된데다 향락적인 문화가 청소년 성범죄를 부추겼기 때문이라고 풀이했다. (「세계일보」, 1994. 5.21, 22면)

시중에서 나도는 일본 만화들은 대부분 섹스, 특히 근친상간, 폭력, 잔혹성 등 우리 정서에 맞지 않는 비윤리적 내용들인데도 청소년들에게 무분별하게 수용되고 있다. 이 영향으로 청소년들의 비행이 급증하고 있지만 대책이 없는 실정이다. (「중앙일보」, 1994.6.22, 23면)

중·고교는 물론이고 초등학교 주변마저 폭력이 날로 심해져 사회문제로 부각되고 있다. ―여론조사에 의하면 중·고교생의 36퍼센트가 등하교길에서 학생 폭력배에게 돈을 빼앗기고 폭행을 당한 적이 있다고 한다.―학원폭력의 이러한 변모와 확산 현상은 각종 영상매체와 무분별한 폭력물 방영과 폭력을 휘두르는 만화 잡지 등이 주된 원인이라는 것이 전문가들의 지적이다. (「한국일보」, 1995.9.21, 3면)

우리가 아는 대로 윤리는 필요에 따라 예술의 창조성과 표현을 제한하기도 한다. 그것은 사상과 표현의 자유를 침해하기 위한 것이 아니라 뜻하지 않은 피해자들(불평등한 위치에 있는 약자들)을 보호하기 위해서이다. 기독교 윤리의 미덕은 왕(강자, 기득권, 성인)의 자유보다 오히려 고아, 과부, 나그네(약자, 가난한 자, 소외된 자, 미성년자)의 평등권을 강조하는 것이다. 우리 또한 우리의 문화가 특정한 강자들의 쾌락과 수익을 위해 약자들의 피해를 고려하지 않은 채, 고삐 풀린 망아지처럼 낭떠러지를 향해 질주하고 있는 것은 아닌지 반성하고자 한다. 우리 문화에 대한 윤리적 반성이 시급한 것은 바로 우리 자신은 물론이고 우리 시대의 약자들을 음란성과 폭력성으로부터 보호하기 위함이다. 그런 취지에서 이 글은 우리에게 많은 영향을 주는 대중문화가 좀더 건전하고 아름답게 되기를 바라는 마음으로 그 역기능들을 비판하고자 한다.

2. 폭력성 문제

1) 유머로 미화된 폭력성

유머는 폭력의 심각성을 약화시킨다. 또한 검열과 비난을 무사 통과할 수 있는 좋은 방편이기도 하다. 텔레비전의 코미디 프로에서 심심치 않게 볼 수 있는 장면은 바보로 설정된 주인공을 때리고 넘어뜨리는 것이다. 이러한 장면들이 사람들을 웃기려는 소박한 형태의 유머를 동반한 폭력성이라고 한다면 이제는 더욱 노골적이고 의도적인 전략이 숨어 있는 프로들이 공중매체를 통해 방영되고 있다. 유머로 포장된 폭력은 안방극장인 텔레비전의 단골 메뉴로 자리잡아가고 있다.

"최근 MBC 미니 시리즈 〈복수혈전〉은 각목으로 때리고 유리병으로 머리를 때리는 등 홍콩 영화를 능가할 수준의 폭력을 블랙코미디라는 포장으

로 교묘히 위험 수위를 비껴나간다."(「중앙일보」, 1997.12.11, 46면)

이러한 프로의 해악은 폭력을 휘두르는 주인공들이 거부감 없는 인기 스타라는 점에서 청소년들에게 모방심리를 자극할 뿐만 아니라 폭력의 위험성이 심각하게 취급되지 않고 단순한 웃음거리로 넘어간다는 점이다.

몇 년 전에 공전의 히트를 기록한 〈모래시계〉의 주인공 태수(최민수) 신드롬은 참으로 대단했다. 태수의 폭력을 멋으로 이해한 청소년들은 너도나도 장래의 희망을 '깡패 두목'으로 수정하느라 바빴다고 한다.

이제 폭력 문제는 청소년들의 문제만이 아니라 어린이들의 문제이기도 하다. 특히 만화(만화영화)의 표현에서 주로 등장하는 것은 폭력을 통한 유머이다. 우리가 잘 아는 〈톰과 제리〉라는 만화를 떠올려봐도 어리숙한 톰은 제리의 잔꾀에 의해 엄청난 폭력을 당한다. 쇠망치로 머리를 맞으면 머리 위에서는 별이 빙빙 돌고, 그 모습을 시청하는 아이들은 깔깔대고 웃는다. 어떤 때는 절벽에서 떨어져도 땅에 몸의 자국만 선명하게 남긴 채 다시 일어나서 수모를 당하고, 심지어 폭탄을 맞아도 톰의 저주받은 불사의 몸에선 까만 연기만 올라올 뿐이다. 하종원은 그의 역서(譯書) 『만화와 커뮤니케이션』(이론과실천, 1987)에서 그 위험성을 다음과 같이 경고한다.

"많은 만화영화에서 폭력은 유머의 원천이다. 디즈니의 작품을 살펴보면 정상적인 상황에서는 공포와 연민을 자아낼 매우 '잔인하고 가학적인' 사건이 도리어 웃음을 야기하고 있음을 발견할 수 있다. 만화 인물에 의한 폭력행위의 목격은(독자에게 폭력의 결과에 대한) 불안을 조장하지 않으므로 도리어 모방을 유발할 수 있다"는 것이다.

2) 낭만과 동정으로 미화된 폭력성

우리 나라의 대중매체에서 깡패를 소재로 한 영화나 드라마를 본격적으로 만들기 시작한 것은 바로 홍콩 영화 〈영웅본색〉의 영향일 것이다. 그 영화 속의 주윤발은 특유의 미소에다 훤칠한 키로 수많은 팬들을 확보했다. 〈영웅본색〉 이전의 현대판 홍콩 액션 영화(대표적인 것이 성룡의 〈폴리스 스토리〉 시리즈이다)에는 항상 주인공의 제물인 '나쁜 놈'이 나온다. 그 '나쁜 놈'은 주로 마약 밀매를 하는 갱들이었고 주인공은 경찰이었다.

〈영웅본색〉의 주윤발은 경찰이 아니고 갱이다. 그러나 그는 카메라 앵글이 만들어낸 이미지에 의해서 차별화된다. 주윤발이 쏘아대는 쌍권총에서는 쉴새없이 실탄이 난사되고 이른바 나쁜 놈들의 몸에서는 피가 튄다. 좀더 강한 자극을 위해서(고전적인 서부영화처럼 멀리서 총을 쏘아대는 것이 아니라) 근접한 거리에서(카메라는 클로즈 업을 한다) 총을 쏘고 맞는다. 수없이 많은 총알 세례를 받은 나쁜 놈들의 몸은 고깃덩이처럼 취급되고 잘생긴 귀공자 타입의 주인공의 부상이나 죽음은 낭만과 동정을 불러일으켜 발을 동동 구르게 한다. 마지막 장면에서는 극장 여기저기서 너무 멋있다며 눈시울 적시는 관객들의 탄성도 들린다. 나쁜 놈들은 저렇게 죽여도 괜찮다

액션 영화는 폭력성이 낭만과 동정으로 미화된다. 영화 〈러시 아워〉 중에서.

는 초헌법적인 묵인들이 만장일치로 통과되는 순간이다.

3) 이데올로기를 반영하는 폭력성

특히 일본의 만화는 사무라이 정신을 반영한 "강자만이 살아남는다"는 약육강식의 제국주의 이데올로기가 숨어 있다. 예를 들면, 초대형 베스트셀러 〈드래곤 볼〉의 등장인물들은 기상천외한 능력을 지닌 가공할 무사들이다. 지구의 강자들끼리 무력 대결이 끝난 다음에는 외계의 별에서 무사(사무라이)가 쳐들어오는 설정을 하여 스토리를 유지시킨다.

문제는 점점 강력한 힘을 가진 자가 출현한다는 것이다. 어떤 무사는 혼자 지구를 멸망시킬 만큼 가공할 힘을 가졌다. 그의 사명은 '별 사냥'이다. 생명체가 살 만한 별을 골라서 그곳의 생명체들을 전부 없애버리고 다른 외계인들에게 그 별을 파는 것이다. 지구에서 그런 침입자를 물리치는 것 역시 신무술을 터득한 주인공으로 더욱 강한 무사인 것이다. 상상을 초월하는 힘에 대한 우상화를 통해 독자들에게 흥분과 호기심을 불러일으킨다. 그 만화를 읽는 독자들이 "이제 더 이상 강한 놈은 없을 것이다!" 하고 있을 때 악마적인 힘을 지닌 가공할 침입자가 또다시 등장한다. 독자들은 강자를 동경하며 동시에 자신의 약함에 열등감을 느끼며 더욱 강해져야겠다는 욕망을 갖게 된다.

문제는 그런 욕망이 진실로 자아를 건전하고 강하게 유도하는 것이 아니라 종종 폭력을 사용하면서 자신의 열등감을 극복한다는 사실이다. 다른 사람이 내 앞에 무릎을 꿇고 있을 때 나는 영웅이 된다. 고통과 공포에 질린 사람들이 내 눈치만 살피고 있을 때 나는 신이 된 쾌감을 느끼는 것이다. 이런 심리가 학원 폭력 써클을 만들게 되는 것은 아닐까?

약자의 생명, 또한 악인으로 묘사되는 생명들은 너무도 쉽게, 연민을 유발할 사이도 없이, 아니 통쾌하게 죽어간다. 또 하나의 밀리언 셀러인 〈북두의 권〉에는 다음과 같은 장면이 수도 없이 자주 나온다.

"북두잔회권! 이 손가락을 떼면 너는 3초 후에 죽는다."

생명이 너무도 쉽게 여겨진다. 독자들은 악인들이 빨리 죽어서 자신의 스트레스가 풀리기를 원한다. 대중들의 그런 심리를 놓치지 않고 대중문화산업은 폭력을 상품화한다.

4) 폭력으로부터 생명의 보전

폭력이 왜 심각한 문제인가? 그것은 생명을 위협하고 최악의 경우에는 생명을 빼앗을 수도 있기 때문이다. 그런 의미에서는 음란한 범죄보다 폭력적인 범죄가 더 치명적일 수 있는 것이다. 그럼에도 불구하고 일반 대중들의 생각은 낯뜨거운 정사장면이 나오는 영화는 절대로 검열을 통과해서는 안 된다고 생각하면서도 정작 사람을 잔인하게 죽이는 장면이 쉴새없이 나오는 영화들은 괜찮은 것으로 생각하는 것 같다. 상대적으로 음란보다 폭력에 대해서는 관대하다.

그러나 음란이 생명의 질(관계의 파괴)을 떨어뜨린다면 폭력은 생명 자체를 파괴한다. 그러므로 가장 잔인하고 용서받을 수 없는 범죄는 '폭력을 동반한 음란죄(강간, 성희롱)' 라 할 수 있겠다. 그런 범죄로부터 피해를 당한 사람들은 삶의 의지마저 박탈당하기 때문이다.

인간에게 가장 기본적인 절대 가치는 생명이다. 생명이 보존된 연후에 자유와 평등, 정의 등등의 기본 가치가 의미 있는 것이다. 다시 말하면 윤리를 말하는 이유는 바로 생명 보존과 실현에 있는 것이다. 생명의 보존은 인간의 기본 의무인 것이다. 특히 기독교 신앙을 가졌다면 생명은 하나님께서 주신 것으로 보전해야 할 의무가 더욱 크다 하겠다.

어떠한 생명이든 하나님께서 창조하셨다. 그러므로 인간은 처음부터 생명에 대한 권리를 갖지 못했으며 다만 보전해야 할 책무만 있는 것이다. 이것은 분명히 청지기적 사명인 것이다.

  위에서 살핀 대로 인간의 기본적인 사명은 자신과 이웃의 생명을 보전하는 일인 것이다. 폭력은 폭력에 의한 희생자뿐만 아니라 그와 관계된 사람들, 특히 가족들에게 지울 수 없는 상처를 준다. 폭력에 의해 사랑하는 사람을 잃은 사람들의 충격과 상처를 어떻게 보상할 것인가? 또한 사람의 생명이 육체에만 있는 것이 아니고 영혼이 있다고 믿는다면, 어떤 사람(특별히 불신자)을 폭력으로 인해 죽게 했다는 것은 그 사람에게 주어진 영생의 길도 박탈했을 가능성도 있는 것이다(다른 측면에서 보면, 폭력을 행사한 자는 희생자의 영생을 박탈한 씻을 수 없는 범죄를 저지른 것이다).

  이렇듯 폭력은 이웃의 육체뿐만 아니라 영생까지도 빼앗을 수 있는 가장 흉악한 범죄이다. 사람의 생명을 함부로 다루는 폭력적인 대중문화가 다시 한번 순화되기를 바란다. 대중문화 생산자들은 상업성을 보장해주는 재미가 꼭 잔인한 폭력을 노골적으로 표현해야만 얻어질 수 있다는 생각을 버려야 하며, 대중문화의 수용자들은 잔인한 폭력물을 외면하는 성숙한 소비정신을 가져야 할 것이다.

3. 음란성 문제

1) 소비문화와 성의 상품화

  인간의 욕망을 자극하는 가장 쉬운 방법은 '눈'에 자극을 보내는 것일 것이다. 그래서 '아이 쇼핑'이라는 말도 생겨나지 않았을까? 인간은 성욕뿐만 아니라 소비 욕구 또한 주로 눈을 통하여 자극받는다. 소비사회에서 광고가 점점 자극적이 되고 섹시한 여자들을 모델로 등장시키는 것도 이와 관련이 있을 것이다. 그 대표적인 현상이 인간의 신체를 소재로 하여 에로티시즘을 표현한 것이다. 특히 최근에는 여성의 속옷 선전이 아닌, 직접적으로 여성의 육체와 상관 없는 상품 광고까지 여성의 섹시한 이미지를 강조하고 있다.

특히 광고에서 "섹시하다! 환상적인 몸매다!" 하고 탄성을 자아내게 하는 모델들의 몸은 많은 여성들에게 자기 신체에 대한 열등감을 만들어낸다. 그 열등감은 곧 그 모델들에 대한 동경으로 이어져 "나도 그 화장품을 쓰면, 나도 그 옷을 입으면" 하고 자신의 개성(주체적인 기호와 판단)을 뒤로 하고 광고 메시지의 명령에 집단적으로 순종하게 된다. 소비자본주의 사회에서 성적 욕망과 육체는 소비상품이 되고 성해방은 이를 표방하는 문화산업의 유행을 통해 파급된다. 이명자는 그의 '이상화된 몸, 아름다운 몸을 위한 사투' (「사회비평」, 1997, 가을) 라는 글에서 "쾌락의 자극에 의해 또는 욕망과 생산의 조작에 의해 문화적 통제를 가하여 자본주의는 인간의 몸까지 생산력 발전에 이용하고 있는 것뿐만 아니라, 인간의 욕망 체계에까지 그 문화적 권력을 행사하고 있는 것"이라고 지적하고 있다.

이런 소비문화에 의해 사람들, 특히 여성들이 소외되는 것은 미인대회나 모델 선발대회가 여성들에게 육체를 무기삼아 인생을 승부하려는 신데렐라의 환상, 하루아침에 스타가 되고 싶은 욕망, 육체의 상품화를 미화하고 예찬하도록 몰아가기 때문이다.

남자들에게도 문제가 없는 것은 아니다. 아니 더욱 심각하다. 그것은 바로 대중매체가 전해준 '섹시한 미녀'를 차지하고 싶은 욕망에 늘 시달려야 하기 때문이다. 모델 같은 애인을 얻기 위해서는 최소한 그 여자보다 더 긴 다리가 있어야 하고 필수적으로 많은 돈이 있어야 하는 것이다. 또 수많은 남성들은 이런 불만을 갖게 된다. 텔레비전과 영화에는 이토록 섹시한 여자들이 많이 나오는데 내 여자 친구는, 혹은 (기혼자들은) 내 아내는 왜 이렇게 스타들(탤런트, 모델, 가수)과 다른가?

같은 흐름 속에서 소비문화사회에서 왜 매매춘이 성행하는가 생각해보

자. 먼저 생각해야 할 것은 매스컴을 통하여 남성들의 성욕을 불러일으키는 자극이 쉴새없이 전개된다는 점이다. 그러한 충동적 자극에 의한 욕망이 만족스럽게 가정에서 해소되기는 어렵기 때문에, 바로 섹시한 스타들과의 동침을 꿈꾸던 남자들이 그 실현 불가능한 꿈을 대리 만족하기 위해 섹시한 스타들과 비슷한 몸매를 가진 호스테스나 창녀들을 찾아나서는 것이라고 볼 수도 있다.

또한 매매춘에 의하지 않고도 프리섹스를 주장하는 사람들이 많다. 그들은 서로 원하기에, 합의하에 하는 것이 무슨 죄가 되느냐고 주장한다. 이런 음란한 문화에 하나의 토대를 제공하는 것은 어설픈 해방론자들의 논리들이다. 가령 음란성이 기존의 질서와 도덕에 항거하는 것으로 미화되는 것이 그 예이다. 도덕과 질서는 기득권 세력이 만들어놓은 것이기 때문에 그러한 질서에 타격을 가해야 한다는 주장이다. 그래서 육체에 대한 찬사와 성적 쾌락의 자유가 저항, 해방의 시도로 받아들여진다. 특히 포스트모더니즘이나 사이비 페미니즘을 상업화하는 문화산업은 저항의 수사학을 남발하는 경향이 있는데, 그것은 파격적인 일탈 행동과 주체성을 상실한 채 자신의 몸과 마음을 마구 학대하는 것조차 어설프게도 해방적 몸부림으로 가장한다.

2) 예술을 빙자한 외설의 홍수: 포르노그라피의 해악성

대중문화의 자극은 대중들의 가치관과 윤리에 심대한 영향을 미친다. 소설, 영화, 만화 속에 나타나는 섹스 장면은 대부분 결혼한 부부 사이의 정상적인 성관계를 그리는 것이 아니다. 다시 말하면 대중매체의 상당 부분이 불륜이나 혼전 성관계를 정상적인 것처럼 세뇌하고 있다. 게다가 급진적인 성담론자들은 성에 대한 윤리적, 종교적 억압이 사라지고 자유로운 성행위가 만연된 사회가 오면 남녀가 평등하게 성을 즐길 수 있다고 주장한다. 또

한 문학평론가 하태환은 포르노가 널리 퍼지면 지배 문화에 타격을 가하는 해방의 역할을 한다고 말한다.

"자유롭고 무한한 폭발을 지향하는 남성의 성적 욕구는 인간의 동물성을 표방하기에 윤리적 억압의 대상이었고 금기의 대상이 되었으며, 포르노적 해방의 목표가 된다. 포르노적인 환상은 거의 모든 문화권의 지배 이데올로기에 타격을 가하고, 금기에 저항함으로써 쾌락을 가져다 준다"고 하태환은 「세계의 문학」(1997, 봄호)에 실린 그의 글에서 밝히고 있다.

그러나 윤리적인 규제가 사라지고 그에 편승해 활개치는 외설들은 여성을 상품화, 대상화함으로써 성에 대한 심각한 왜곡을 가져온다. 더욱이 아직 절제력이 약한 청소년들에게는 마약과 같은 해악을 끼치게 된다. 특히 포르노의 소비층이 대부분 남성들이고, 그 남성들에 의해 여성들이 피해를 입는다는 사실도 기억해야 할 것이다.

공산주의의 몰락으로 일방적인 승리를 거둔 현대 자본주의 소비문화사회는 '자유'를 가장 중요한 가치로 여기며 성장해왔다. '자유 경쟁'과 '표현의 자유'가 그 대표적인 에토스(ethos)이다. 그러한 분위기에서는 기존 관습, 윤리의 타파가 바로 해방과 연결되는 듯한 착각을 일으킨다. 더욱이 어떤 특정한 세력이 자신들의 집단 이익을 위하여 선동할 경우 그 영향력은 막강하다. 포르노는 바로 그런 일련의 흐름 속에서 지위를 굳혀왔다. 미국의 법학자 캐서린 맥키넌(Catherine A. mackinnon)은 그의 책 『포르노에 도전한다』에서 "표현의 자유가 남용되고 오용되어 포르노를 통해 증대되는 성적 증오와 여성, 어린이들에 대한 성적 공격의 선동이 있다는 사실은 부인되고, 포르노의 범람 그 자체가 마치 민주주의와 해방의 상징이자 현실인 양 축하받고 있는 현실"이라고 비판하고 있다.

사실상 포르노를 옹호하는 것은 표현의 자유를 옹호하는 것이 아니라, 표현으로서의 성적 학대를 옹호하는 것을 의미한다. 표현의 자유는 기본적으로 특정인들에 대한 모욕의 자유가 아닌 사상의 자유를 말하는 것이다. 그러나 "포르노 소비자들은 사상을 소화하는 것이 아니라 음란한 이미지, 공격성을 흡수하여 자위행위에 사용하고, 또 그것을 현실 세계에서 체험하기를 갈망할 뿐"이라고 캐서린 맥키넌은 말한다. 맥키넌은 이어서 "포르노 소비자가 물리적인 힘 외에도 권력, 돈, 지위 등의 힘을 가지고 있다면 그는 주위의 여자들에게 성행위를, 그것도 포르노에서 본 대로 강요할 것"이라며 포르노의 불평등성을 폭로하고 있다.

맥키넌과 함께 '반 포르노 법률 모델 안'을 만든 안드레아 드워킨도(Andrea Dworkin)도 『포르노그라피』(동문선, 1996)라는 그의 저서에서 포르노그라피의 본질이 남성의 여성에 대한 정복의 권력욕을 반영한 것이라고 주장한다. 거기서 여성은 대상화되고 나아가 이미 죽어 있는 시체로서 박제된다고 고발하고 있다.

포르노 사진의 명료한 의미는 권력으로서의 섹스이다. 섹스의 권력은 명백히 남자측에 존재한다. —성의 권력은 궁극적으로 정복의 권력으로 정의된다. 남자들은 여자를 몰아서 포획하고, 묶고 박제해서 높이 매단다. 흥분은 전혀 여자의 동의를 얻지 않았다는 특질에서 생겨난다. —남자의 에로티시즘의 삼위일체—섹스, 폭력, 죽음—가 최상을 지배한다. 사진의 여자는 앞으로 혹은 지금 이미 죽었다.

맥키넌은 계속하여 우선적으로 보호되어야 할 것이 포르노 산업 자본가의 수익, 포르노 소비자의 감정, 충동인가, 아니면 생명의 위협을 받고 지울 수 없는 수치심과 공포를 경험한 여성들의 인권인가를 존엄하게 묻고 있다.

우리 스스로 질문을 해보자! 포르노 속의 강간, 살인이 예술적으로 표현되었다면 그것은 예술적 욕구에 대한 표현의 자유로서 괜찮은 것인가? 포르노를 본 후에 그 충동대로 강간과 살인을 저지른 예는 얼마든지 있다. 즉 포르노의 해악에 대한 증거는 규제법을 만들 만큼 충분하다. 포르노는 남녀의 불평등, 나아가 어른, 아이, 가진 자, 못 가진 자, 인종차별 같은 불평등을 야기시키는 '반인륜, 반인권' 의 대표적인 상품이다. 표현의 자유도 불평등을 야기시킬 때는 제한받아야 한다.

맥키넌은 '포르노, 민권, 언론' 이란 글에서 다음과 같이 폭로한다.

"포르노의 내용은 단 한 가지이다. 거기서 여성은 본질적으로 강탈당하고 잔인하게 취급당한다. 여성들은 묶이고 매맞고 고문당하고 능욕당하고 살해되고 싶어 안달한다. 남성에게는 이것이 에로틱하다. ……오랜 기간 남성들이 포르노에 노출되면 그들은 여성들을 하찮고 무가치하며 사람이 아닌 물건처럼 보게 된다. 포르노에 노출된 남성들은 강간범들의 태도와 비슷해진다. (포르노에 노출된) 남성의 3분의 1에 해당하는 남성들이 여성을 강간할 것으로 예상됐다.

우리 사회의 성윤리가 불과 20여 년 만에 혁명적으로 변한 것은 대중문화의 영향이 컸다고 생각된다. 우리 나라가 경제발전에 대한 욕구에서 자본주의뿐만 아니라 그에 동반되는 상업주의 서구 문화, 그 중에서도 저질 문화들을 무분별하게 수용하면서 우리의 가치관과 5천년을 지켜오던 미풍양속은 수십 년 만에 무너지고 말았다. 이렇듯 대중문화의 힘은 가공할 만하다.

영화 〈원초적 본능〉의 악마성을 생각해보면 섬칫해진다. '섹시하면 모든 것이 용서된다? 는 의미를 담은 기호가 바로 원초적 본능 아닌가? 샤론 스톤은 악마적인 살인범이다. 그를 쫓는 마이클 더글라스는 경찰이다. 그러나 그는 그녀에게 무너진다. 그녀가 범인이라는 사실을 알면서도 그녀의 섹시함에 무너진다. 만약 샤론 스톤이 섹시하지 않고 못생기고 뚱뚱한 여자였다면 관객들은 돌을 던져 스크린을 찢었을지도 모른다. 그러나 섹시한 범인 덕에 그 영화는 히트에 히트를 거듭했다. 섹시함을 먹고 사는 상업주의가 완전한 승리를 거둔 것이다.

섹시하면 모든 것이 용서된다? 영화 〈원초적 본능〉.

이제 샤론 스톤은 악마적이기보다는 매력적인 이미지의 대명사가 되었다. 매력은 윤리를 집어삼킨다. 그리고 그러한 매력에 길들여진 대중들은 점점 더 강한 자극을 원한다. 아니 정확히 말하면 대중문화산업이 대중을 점점 강한 자극으로 몰아간다. 자극, 충동, 재미는 가치와 윤리를 제압한다. 이렇듯 대중문화의 자극은 대중들의 가치관에 심대한 영향을 미친다.

대중문화가 실제로 사람들의 범죄에 영향을 주는가 하는 것은 이미 여러 사건의 보도에서 잘 나타나 있다. 25차례나 강도 강간을 저지른 어느 범죄자는 영화처럼 살고 싶었다고 진술했다. 그는 비디오를 보고 느낀 점을 메모해가며 실제로 그와 같은 범죄를 저질렀는데, 특히 〈칼리포니아〉라는 영화를 보고 그 주인공 '얼리'가 이유 없는 살인행각을 벌이다 처절하게 죽는 모습을 보고 얼리처럼 죽음을 맞고 싶었다고 한다.

맥키넌 또한 캐나다 대법원의 판결을 예로 들면서 성의 평등을 해치는 포르노 규제법이 합헌이라고 말했다. 표현의 자유보다 더욱 소중한 가치는 약자들의 평등권이라는 사실이다. 예를 들어보자. 포르노에서 남성이 여성을, 그것도 유색인종 소녀를 채찍으로 때리면서 강간하는 장면을 묘사한 것이 인간 욕망의 한 단면을 표현한 것이라고 주장한다면, 그 표현의 자유가 약자의 불평등을 강요하는 이미지를 전달하므로 직·간접적인 범죄행위로 연결된다는 것이다. 맥키넌은 『포르노에 도전한다』는 그의 저서에서 캐나다 대법원에서 포르노 규제법이 승리할 수 있었던 것은 포르노로 인한 해악의 증거들이 규제법을 만들 수 있을 정도로 충분했다는 데 있었다고 한다.

4. 현대문화에 요구되는 윤리적 반성

인간의 존엄한 인격적 가치는 자신의 행위에 대한 숙고적인 반성에 있다고 생각한다. 좀더 구체적으로 말한다면 나의 욕망의 실현이 이웃에게 피해를 주지는 않았는지 묻는 것이다. 인간이 자신만의 쾌락이 아닌 이웃의 안녕까지 생각할 줄 아는 것이야말로 인간의 미덕이자 존엄한 인격이 아니겠는가?

바로 그러한 책임 있는 삶을 위해 우리는 현대문화에 대한 윤리적 반성을 해야 한다. 반 퍼슨은 인간의 과학을 셋으로 분류한다. 자연과학, 생명과학, 문화과학이 그것이다. 각각은 지식, 기술, 윤리를 근간으로 한다. 우리가 아는 대로 종래의 지식과 기술은 가치 중립적인 것으로 종교나 윤리로부터의 독립을 추구해왔다. 지식을 통하여 비합리적인 주술(magic)로부터 해방을 경험하였고, 기술은 자연을 정복해나갔다. 그러나 인류는 산업사회 이후로 수많은 윤리 문제들을 야기시켰다. 그러므로 이제 인류가 공존하기 위해서는 총체적인 의미에서 문화에 대한 윤리적 반성이 있어야 할 것이다.

"학문 분야인 문화과학은 인간과 더욱 가까운 위치에서 인간 자체를 다룬다. 문화 전략을 제대로 세우려면 비판적 평가가 있어야 한다. 이렇게 볼 때 다른 과학과 마찬가지로 문화과학 안에서도 윤리적 반성이 반드시 있어야 한다는 것을 알 수 있다."

의사이자 신학자이기도 했던 '아프리카의 성자' 슈바이처는 이미 오래 전에 '윤리와 문화'의 긴밀성을 말했다. 그의 논문 「문화와 윤리」에서 "삶의 의지 속에서 발생되는 삶에 대한 외경은 서로 내면적으로 연결된 세계 긍정과 삶의 긍정 윤리를 내포하고 있다"고 말했다. 그는 나아가 "인간의 정신적인 가치를 중요시하는 삶의 외경은 교회가 보호해야 할 가치이며 삶에 대한 외경은 종교 사회의 이상을 향한 교회의 변혁을 도모할 수 있다"고 말한다. 다음 인용은 현대 국가의 '물신성'을 경계하는 슈바이처의 통찰력을 유감 없이 보여주고 있다.

"우리는 국가와 개인을 위한 진정한 힘은 정신과 윤리 속에 들어 있다고 말할 권리가 있다. …… 현대국가가 더 이상 정신적이고 윤리적인 것을 원하지 않기 때문에 비참하게 될 때에 비로소 그 본래의 뜻을 발휘하게 될 것이다."

인류에게 보편적으로 시사하는 기독교 윤리의 정체성은 무엇인가? 그것은 약자를 보호하고 평등을 추구하는 정의에 있다고 본다. 폭력과 성적인 방종의 일차적인 피해자는 약자들이다. 폭력의 피해자들은 대개 육체의 힘이 미약한 약자들이며, 성폭력의 주된 피해자들은 대중문화의 충동에 절제력을 잃은 자들, 돈이 절박하게 필요한 미성년자들 그리고 강자인 남편에게 학대당하는 아내, 역시 강자인 직장 상사에게 성희롱을 당하는 부하 직원일 것이다. 이들의 약점을 자신의 쾌락을 충족시키는 데 이용하는 것은 기독교 윤리의 정체성에 부합되지 않는다.

우리 기독교인들은 진공 속에서, 혹은 기독교인들만의 공동체에서 살고 있지 않다. 오히려 다른 문화가 우리 주위를 포위하고 있는 실정이다. 현대 국가의 소비문화는 더 이상 이웃을 위한 절제와 배려를 생각하지 않고 '자유'의 극대화란 명목으로 개인의 쾌락을 모든 가치관의 중심으로 몰아간다. 이에 편승한 성의 상품화와 성해방, 성정치운동들은 음란한 문화를 만들어가고, 한편에서는 상업성이란 명분으로 노골적 폭력을 담은 문화상품들을 쏟아내며 기독교인들의 윤리관을 공격하고 있다. 이에 대한 '방어와 공격'이 매우 시급한 실정이다[여기에서는 '방어와 공격'의 구체적 의미를 지면상 다루지 못한다. 대략의 개념을 말한다면, '방어'란 교회와 시민운동단체들이 연합하여 음란하고 폭력적인 문화를 감시·감독(모니터)하는 것을 말하고 '공격'이란 음란, 폭력적인 문화상품들에 대하여 경쟁력 있는 좋은 문화예술품(상품)을 만들고 문화상품들의 유통구조까지 바르게 개혁하는 것을 의미한다].

1. 대중매체를 통하여 전달되는 폭력적이거나 선정적인 장면과 묘사에 대한 혐오감을 느낀 경험이 있다면 서로 이야기해봅시다.
2. 대중문화의 음란성, 폭력성을 순화시기 위해 교회가 할 수 있는 일은 무엇입니까?
3. 우리를 포함한 대중들은 정말 음란하고 폭력적인 것을 원하고 있을까요? 음란하지도 않고 폭력적이지도 않았던 영화, 드라마, 소설 가운데 재미있고 유익했던 것이 있었다면 한번 나누어봅시다!

이 글의 저자 정재후는 장로회신학대학교 및 동 대학원(기독교와 문화)을 졸업하고, 장로회신학대학교 강사와 '문화선교연구원'에서 책임연구원으로 있다. 젊은이들을 위한 사역에 관심과 사명을 갖고 일산광성교회 청년부를 지도하고 있으며 저서로는 『황금알을 낳은 개』와 『하나님이 쓰신 카피』가 있다.

8장
영매문화와 그리스도인
— 환생, 귀신, UFO, 무속

▌박양식

　대중문화에서 드러나는 특징은 대체로 폭력성, 선정성 그리고 속류 신비주의이다. 앞의 두 가지는 일반인들에게도 어느 정도 문제가 있는 것으로 알려져 있다. 이에 반하여 속류 신비주의는 심각한 사회문제로 비화되지만 않는다면 마음껏 향유해도 괜찮은 것으로 받아들여지고 있다. 속류 신비주의가 과학과 종교라는 이름으로 다가와 사람들의 마음을 훔치고 있는 가운데 일반 사람들은 그 해악을 전혀 감지하지 못하고 있다. 오히려 그들은 속류 신비주의가 마치 새 시대의 새로운 경험을 가져다 주는 것인 양 오해하고 있다. 이런 속류 신비주의에 대한 관심은 앞으로 세기말의 종말론적 분위기에 편승하여 더욱 기승을 부릴 것으로 예상된다. 따라서 그리스도인들은 이 속류 신비주의 현상을 유심히 관찰하며 영적 질서를 잡아가는 일에 힘을 모아야 할 것이다.

　우리 그리스도인들은 대중문화현상으로서 속류 신비주의를 어떻게 다루어야 하는가? 이 물음에 직면하여 이 글에서는 속류 신비주의의 양상이 어떤지를 간단히 살펴보고 그 안에 크게 자리잡고 있는 영매문화를 좀더 구체적으로 검토하여 그에 대한 그리스도인이 정립해야 할 안목을 제시하고자 한다.

1. 속류 신비주의의 양상

　속류 신비주의가 사회 전면으로 등장하여 대중문화의 한 특징으로 자리 잡게 된 것은 최근의 일이다. 근대 세계를 형성하게 한 과학혁명, 지성혁명, 산업혁명을 통해 인류 사회는 물질적 유익을 누리며 새로운 가능성에 대한 희망을 실현시켜왔다. 그 과정에서 사람들은 영적 존재에 대한 비과학성을 지적하며 신의 죽음을 부르짖어왔을 뿐만 아니라 악마나 천사의 존재도 미신으로 규정지어 미개한 행태로 간주해왔다.
　약 300년 정도 그렇게 해오다가 지금에 와서는 역현상이 일어나고 있다. 영적 존재의 실재에 대한 체험을 증언하고 영적 존재의 현상에 대한 일반 공개를 자연스럽게 주장하고 있는 것이다. 특히 뉴에이지 운동가들이 그 같은 일을 치밀하게 실천해가고 있다.
　이런 상황에서 인간이 감각할 수 있는 세계 밖의 또 다른 세계에 존재한다고 믿어지는 죽은 자의 혼령 내지 귀신 혹은 외계인들에 대한 신념을 가지고 그에 따른 종교적 제의나 실천을 수행하는 모든 것을 속류 신비주의라는 말 속에 함축시켜 사용하고자 한다. 이런 속류 신비주의의 전달은 주로 텔레비전, 영화, 비디오 등의 영상매체를 통해 이루어지며 그 영향력은 대중의 의식 깊숙이 스며들고 있다. 속류 신비주의는 주로 환생, 귀신, UFO 개념 속에 담겨져 대중들에게 계속 확산되고 있는 중이다.
　속류 신비주의의 대표적 양상으로서 환생은 전생과 윤회의 개념과도 상통하는 유서 깊은 사상이다. 동방의 여러 지역에서 그것은 하나의 설이라기보다는 분명한 사실이자 중력과 같은 우주법칙으로 간주되어왔다.

제2부 대중문화의 쟁점들 161

　동양에서 환생은 지배적인 삶의 현실로 받아들여졌고, 많은 사람들에게 큰 호소력을 가졌다. 그러나 그것은 새로 주어지는 좋은 기회로 받아들여지기보다는 육체적 생존의 어려움으로 받아들여졌다. 이것이 윤회의 바퀴인데, 고통스러운 윤회의 굴레로부터 벗어나는 길을 가르치는 종교가 바로 불교와 힌두교이다.
　서구에서는 환생설이 거의 주목받지 못하였다. 그러다가 기독교 반대운동에 적극적이었던 블라바츠키(H. P. Blavatsky)를 중심으로 세워진 신지학협회 등에 의해 소개되면서 환생에 대한 믿음이 서구인들 사이에 급속히 퍼져나갔다. 환생은 뉴에이지 운동의 확산에 힘입어 서구인들에게 대중화되었다. 한 조사에서는 58퍼센트 이상의 미국인들이 환생을 믿거나 가능성이 있다고 믿는다고 말했다.
　귀신과 악마의 유행도 속류 신비주의의 한 양상이다. 귀신과 악마 이야기는 요즘 텔레비전과 영화의 소재가 되어 많은 사람들에게 친숙해져 있다.

죽은 자의 혼령 내지 귀신에 대한 관심은 영상매체를 통해 증폭되면서 대중의 의식 깊숙이 스며들고 있다. 한국에서 폭발적인 인기를 누렸던 죽은 영혼과의 사랑을 다룬 영화 〈드라큐라〉와 〈사랑과 영혼〉.

과거에 귀신과 악마는 인간에게 재앙을 가져다 주는 존재로 인식되었지만 오늘날에는 신비한 체험을 가져다 주고 미래를 꿰뚫는 신통력을 지니고 있는 특별한 존재로 이해되고 있다.

이런 현실 속에서 귀신과 악마는 점차 주요한 문화 이미지로까지 자리잡아가고 있다. 사람들은 악마, 마녀 같은 부정적 개념들을 적극적이고 공략적으로 사용함으로써 강한 이미지 부각의 효과를 노리고 있고, 또 그 이미지를 자연스럽게 받아들이고 있다. 이것이 우리의 대중문화 현실이다. 이를 가르켜 '사탄 현상' 이라는 말로 표현할 수 있다. 이 같은 현실은 우리 그리스도인이 무시한다고 해서 위축당하거나 잠적해버리지 않는다. 오히려 사탄 추종자들은 더욱 기세를 올릴 것이다. 전에는 생각할 수도 없었던 사탄 교회의 등장이 그 단적인 예이다.

1966년 라베이(Anton Szander LaVey)가 최초의 사탄 교회를 설립하여 『사탄 성경(Satanic Bible)』을 만들어 대학 캠퍼스에 진짜 성경보다 더 많이 보급하였다. 그때 아이들이 기괴한 행동에 관심을 갖고 있다는 점이 표면화되었고, 범죄 현장에서 이상한 증거들이 조사되었는데 청소년 사이에 저질러진 폭력 범죄는 『사탄 성경』에 연루되어 있었다는 사실이 밝혀졌다.

이렇듯 사탄 숭배는 점차 하나의 종교의식으로 자리잡아갔고, 그 영향력도 하나의 실재로서 인정받게 되었다. 더 나아가서 사탄 현상은 문화의 옷을 입고 우리 안방 깊숙이 침투해 들어왔다. 텔레비전을 통해 안방에 전달되는 〈전설의 고향〉은 물론이고 〈다큐멘터리 이야기 속으로〉, 〈토요 미스터리 극장〉, 〈환상여행〉, 〈X파일〉 같은 프로그램들은 죽은 혼령과 귀신과의 의사소통을 자연스럽게 받아들이도록 하고 있는 것이다. 이제 사탄 현상은 기괴하고 이상한 밀교의식이 아니라 문화현상으로서 사람들의 정신 속으로 파고들고 있다.

UFO도 속류 신비주의에서 빠뜨릴 수 없는 한 양상이다. UFO는 과학과

제2부 대중문화의 쟁점들 163

문화 전반에 만연하고 있는 세기말적 분위기와 오컬티즘 현상을 배경으로 세상과 인간을 구하기 위해 사악한 힘에 맞서는 사람들을 다룬 영화 〈퇴마록〉과 〈X파일〉.

신비주의적 종교가 교묘히 결합되어 사람들의 관심을 끌고 있다. 그리하여 사람들은 UFO에 관한 기사는 그 내용이 아무리 황당할지라도 상상력과 흥미를 극도로 자극하여 실감나게 한다고 고백한다.

UFO가 외계에서 왔다는 생각 때문에 UFO는 지구 외의 세계, 곧 끝없이 넓은 우주와 연관지어 과학적으로 논의되기도 한다. 『UFO X파일』이라는 책에 따르면, 우리 은하에 존재하는 기술문명이 발달된 행성은 3억9천만 개라고 한다. 그 중에서 50만분의 1개를 제외한 나머지 행성에는 우주선을 보낼 수 있을 만큼 발달된 문명이 있을 것이라고 본다.

그리하여 그들은 현재 도달한 과학적 지식을 동원하여 UFO의 존재를 설득하려는 노력을 보였다. 이 같은 맥락에서 UFO에 대한 주장은 과학적으로 타당한 것으로 받아들여졌다.

천문학자 세이건(Carl Sagan)은 자신의 저서 『브로카의 뇌(Broca's Brain, 1979)』에서 고대 그리스에는 인간이 올림포스 산에 거주하는 신들과 교류했다는 이야기가 많았고, 중세에는 사람들이 신, 성인, 성모 마리아의 출현과 조우했다는 이야기가 있었다는 사실을 상기시키며 오늘날의 UFO 숭배는 그것들의 변형이라고 주장하고 있다. 그것은 전환기에 나타났다가 사라지는 일종의 일과적인 종교운동이며 그러한 UFO 숭배가 창궐할 때 사회적 위험이 나타나게 된다고 경고하였다.

2. 영매문화의 대중화와 기능

영매란 신령 또는 죽은 자의 뜻을 전달하거나 심령 현상을 일으키는 능력이 있는 사람을 가리킨다. 영매는 보통 '영매 트랜스'라는 무의식 상태에 들어가 심령 현상을 일으킨다. 박영호 씨의 저서 『뉴에이지 운동과 영매술』에서는 다음과 같이 정의하고 있다. "영매술이란 이승에 있는 사람과 저승에 있는 사람이 서로 대화하거나 교통할 수 있다고 믿는 일종의 과학, 철학 또는 종교이다. 영매사상은 죽은 자들의 영들이 물질 세계와 영혼 세계를 연결하는 중매자의 역할을 하는 영매들을 통하여 이 땅 위의 사람들과 교통할 수 있다는 것이다."

서구에서는 이런 영매의 등장을 근대의 일로 보고 있다. 그 이전에도 존재했겠지만 영매의 존재가 본격적으로 부각되기 시작한 것은 19세기 심령주의의 대두를 통해서였다. 서구에서 최초로 영혼과 최초로 교신에 성공한 것은 1848년 3월 31일이었다. 이날 존 폭스는 집안 식구들의 단잠을 방해하는 이상한 소리의 정체를 밝히고자 결심하고 집의 창틀을 흔들어보았다. 그때 어디서 나는지 알 수 없는 기묘한 소리가 들렸다. 일곱 살 난 딸 케이트가 장난치듯 손뼉을 치자 손뼉을 친 횟수만큼 소리가 들렸다. 열 살 난 마가렛이 다시 네 번 손뼉을 치자 네 번 소리가 났다. 그리고 그가 본격적으로 여러 번 횟수를 달리하여 손뼉을 쳤는데 그때마다 같은 횟수의 소리가 들렸다. 뉴욕 주 하이데스빌의 폭스 가(家)에서 일어난 이 괴이한 사건은 심령술의 탄생을 알리는 사건이었다.

이후 여러 영매자들이 나와 공중을 떠다니기도 하며, 영혼의 사진을 찍기도 하고, 역사적 인물들의 혼을 불러내기도 하였다. 사기극으로 밝혀진 심령술도 있었지만 부정할 수 없는 현상으로 인정받는 심령술도 있었다. 최근 뉴에이지 운동이 확산되면서 기이한 심령술이 더욱 기승을 부리고 있다.

한국에서는 훨씬 더 오래 전부터 영매문화가 존재하였는데, 무당이 영매로서의 기능을 고대사회 때부터 수행해왔다. 그들은 굿을 통하여 죽은 조상신이나 억울하게 죽은 혼(魂)을 불러내어 산 사람들과의 접촉을 중개하는 일을 하였다. 그런 까닭에 한국 사람들에게 영매는 그리 낯설지도 신기한 존재도 아니다. 무속신앙을 통해 문화로 뿌리내려져 있는 영매문화는 사회의 불안이 만연해지면 늘상 한국 사람들의 마음을 사로잡은 하나의 생활방식이 되어 있었다. 어려울 때면 사람들은 무당이나 점쟁이들을 찾아 문제를 해결하려는 습속에 젖어 있었고, 무당이나 점쟁이들은 영매로서 조상신이나 원혼을 달래며 문제를 해결해주는 해결사로 나섰다.

우리 사회에서 영매문화는 60, 70년대 근대화를 이루는 과정에서 미신타파의 기치 아래 상당히 위축당하였다. 그러던 것이 근래에 와서 우리 사회에 영매문화현상이 다시 만연하고 있다. 초등학생과 청소년들은 귀신과 접하는 놀이를 자연스럽게 행하고 있으며 정치인이나 기업인들도 선거나 큰 사업에 직면해서 용하다고 소문난 점쟁이나 무당을 찾아다니는 일을 은밀히 행하고 있다. 이와 같은 일들은 그저 심심풀이로 행해지는 것이 아니라 사활이 걸린 최후의 보루처럼 받아들여지고 있는 실정이다. 영매문화는 사람들의 삶에 중요한 부분을 차지하여 산업면에서도 상당한 규모를 인정받고 있을 뿐만 아니라 생활의식면에서도 심각한 영향력을 미치고 있다.

이제 영매문화가 이 시대에 하나의 문화 흐름으로 자리잡게 된 것은 사회적 위기와 속류 신비주의 운동가들의 신비 체험이 서로 맞물리면서 일어난 현상이라고 할 수 있다. 이런 영매 문화의 기본적인 기능은 우리 시대에 다음 두 가지로 요약할 수 있다.

하나는 감정의 분출구로서 기능한다는 것이다. 이 같은 사실은 우리 나라의 굿놀이로 상사병으로 죽은 딸의 넋이라도 만나고자 하는 이의 한을 잘 보여주는 '배뱅이 굿'과 자기를 죽인 친구가 자기 애인을 차지하려는 음흉한 계획을 막으려는 죽은 혼의 사랑 이야기를 담은 영화 〈사랑과 영혼〉 등의 예를 통해서 확인할 수 있다. 죽은 사랑하는 자식과 애인을 만나고 싶어하는 애절한 욕구가 영매를 통해 해소되는 것을 볼 때 영매문화는 감정의 분출구로서 기능한다고 하겠다.

다른 하나는 새로운 종교적 체험을 하게 만드는 수단이라는 것이다. 최근에 기(氣)나 단(丹)을 통해 새로운 경험을 추구하는 사람들이나 뉴에이지 운동을 통해 새로운 종교적 체험을 가지려는 사람들에게 발견되는 일반적인 경향이다. 『내면 세계의 탐험』(교문사, 1991)이라는 책을 보면 셜리 맥클레인(Shirley MacLaine)에게서 그 예를 찾아볼 수 있다. 그는 명상을 통해 깨달음을 강조하는 한편 영매활동을 통한 속된 영적 모험의 신비를 가르치고 있다. 그는 영매 현상에 대해 기괴하다고 표현하는 일반인의 생각은 편협한 가설에 기인한 것이라고 단언하면서 자신의 경험을 소개한다. 그는 브라질 출신의 최면술사이자 치료사인 루이스 안토니오 가스파레토와 만난 경험을 '인간 속에서 활동하는 신'의 경험이라고 결론짓는다.

양친이 영매였던 가스파레트는 열세 살 때부터 화가들을 영매하기 시작하였고, 맥클레인이 그를 찾아갔을 때도 화가들을 영매하는 것을 보였다. 가스파레트는 고흐, 피카소, 르노와르 같은 화가들을 불러내어 작업을 하였고, 셜리와 파리에서 만났던 툴루즈 로트렉이 서로 대화를 하게 하며 그의 그림을 그렸다. 이런 가운데 그는 셜리에게 자신이 맺고 있던 화가들과의 관계를 생생하게 설명해주었다. 이런 그를 통해서 셜리는 금세기 말에는 산 사람과 죽은 사람 사이의 교류가 가능하고 인간의 영은 진화하고 발달하지만 영원하다는 사실을 확인할 수 있었음을 밝히고 있다.

이것은 사람들이 영매를 통해 새로운 종교적 경험을 추구한다는 것을 뒷받침해주는 좋은 증거이다.

3. 영매에 대한 기독교적 안목

『악마: 성서로 본 신비신앙』(종로서적, 1979)에서는 심령적 현상이라 알려진 것들에 대하여 다음의 범주로 분류하고 있다.

첫째, 물리적 현상으로서 공중 부유 상태, 환영(幻影), 격동 현상 등이 있다.

둘째, 심리적 현상으로서 영적 환영, 무의식적인 서사, 황홀경에 몰입되어 말하기, 영의 체현, 책상을 옮기는 심령 기술, 컵을 움직이는 현상, 영혼의 회유 현상 등이 있다.

셋째, 형이상학적인 현상으로서 유령, 귀신 등이 있다.

넷째, 마술 현상으로서 마술적 학대, 마술적 방어 등이 있다.

다섯째, 제(祭)의 현상으로서 무속적 제의, 크리스천 제의 등이 있다.

이처럼 많은 신비적 심령 현상이 있는데, 그에 대한 언급이 성경 곳곳에서도 발견된다. 그것을 여기에서는 다 확인할 수 없기 때문에 접신(接神)한 사울의 예를 통해서 몇 가지 점을 지적하기로 한다.

사울이 제사장직을 침해해 하나님으로부터 버림을 받게 되자 악신에 의해 고통을 받고 있었다. 악신과 접하게 된 사울은 다윗을 죽이려 갖은 방법을 동원하였으나 실패하고 말았다. 그러던 중 사무엘이 죽자 사울은 신접한 자와 박수를 그 땅에서 쫓아내고, 여호와에게 물었으나 꿈으로도 우림으로

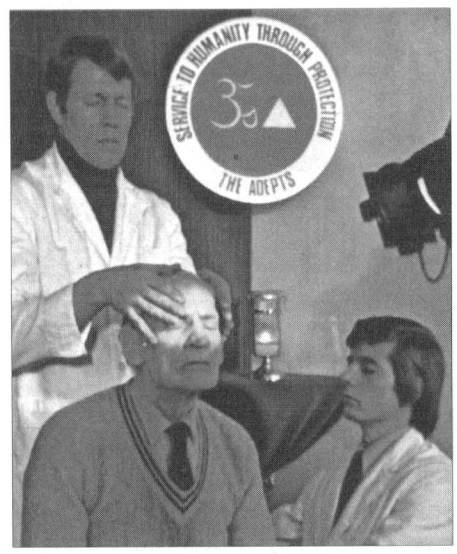

초능력으로 최면을 걸어 두개골을 치료
하고 있는 심령 치료사.
오늘날 신유 은사라고 하는 병 고침은 기
독교뿐 아니라 불교·힌두교 일본의 신
사에서도 행해진다. 그러나 말씀의 능력
과 기도의 응답인 기독교적 치유와 정신
에너지에서 나오는 치유, 사탄의 표적으
로 나타나는 치유는 구별해야 할 것이다.

도 선지자로도 대답하지 않으셨다. 그러자 사울은 자신의 신분을 속이고 신접한 여인을 찾아가서 사무엘을 불러올리라고 하였다. 그러자 그 신접한 여인은 사무엘을 불러올리며 사울임을 알아차렸다. 다음은 그 영매 현상에 대한 성경의 묘사이다.

"왕이 그에게 이르되, 두려워 말라 네가 무엇을 보았느냐 여인이 사울에게 이르되 내가 신이 땅에서 올라오는 것을 보았나이다. 사울이 그에게 이르되 그 모양이 어떠하냐 그가 가로되 한 노인이 올라오는데 그가 겉옷을 입었나이다. 사울이 그가 사무엘인 줄 알고 그 얼굴을 땅에 대고 절하니라. 사무엘이 사울에게 이르되 네가 어찌하여 나를 불러올려서 나로 분요케 하느냐 사울이 대답하되 나는 심히 군급하나이다. 블레셋 사람은 나를 향하여 군대를 일으켰고 하나님은 나를 떠나서 다시는 선지자로도, 꿈으로도 내게 대답지 아니하시기로 나의 행할 일을 배우려고 당신을 불러올렸나이다. 사무엘이 가로되 여호와께서 너를 떠나 네 대적이 되셨거늘 네가 어찌하여 내게 묻느냐. 여호와께서 나로 말씀하신 대로 네게 행하사 나라를 네 손에서 떼어 네 이웃 다윗에게 주셨느니라. 네가 여호와의 목소리를 순종치 아니하고 그의 진노를 아말렉에게 쏟지 아니하였으므로 여호와께서 오늘날 이 일을 네게 행하셨고 여호와께서 이스라엘을 너와 함께 블레셋 사람의 손에 붙이시리니 내일 너와 네 아들들이 나와 함께 있으리라. 여호와께서 또 이스라엘 군대를 블레셋 사람의 손에 붙이시니라. 사울이 갑자기 땅에 온전히 엎드러지니 이는 사무엘의 말을 인하여 심히 두려워함이요 또 그 기력이 진하였으니 이는 그가 종일종야에 식물을 먹지 못하였음이니라." (사무엘상 28:13-20)

이 말씀에서 논할 논점이 한두 가지가 아니지만 이 글의 주제와 연관하여 중요한 점만을 간략히 말하자면, 우선 이 세계에서 영매 현상은 속임수나 가짜 환영이라고만 말할 수 없다는 점을 지적할 수 있다. 영매 현상은 하나님께 속한 것은 결코 아니지만 헛것을 본 것이라고 격하시켜버린다고 해서 일반인들이 영매 현상에 대한 관심을 버리지 않는다는 것이다.

더 중요한 것은 영매 행위를 통해 하나님의 뜻이 전달되었다는 데 있다. 사무엘이 신접한 여인에 의해 불러올리워졌다는 이야기에서 하나님의 사람이 불려올 수 있는 것인가 그리고 죽은 자의 영혼은 어디에 있는 것인가 하는 문제는 필자가 답하기에는 한계를 벗어나는 것이라서 논외로 하겠다. 그래도 신접한 여인이 불러내었다는 사무엘의 영은 사울에게 정확한 하나님의 뜻을 전달한 것으로 볼 수 있다. 이에 대해서 다음 두 가지 문제를 제기할 수 있다.

첫째, 하나님의 뜻이 신접한 사람들을 통해서도 전달되는 것에 정당성이 있는가 하는 문제이다. 가끔 무당에게 전도받았다는 그리스도인이 있는데,

영매는 대체로 악마성과 연관되어 있음에도 불구하고 하나님의 크심에 자신을 어찌하지 못하는 경우도 있음을 알 수 있는 대목이라 하겠다. 하나님의 영역에 속한 것은 아니지만 하나님의 것을 진술할 수밖에 없는 존재가 있다는 것은 이상한 일이 아니다. 가버나움에서 안식일에 회당에서 가르치신 예수님을 더러운 귀신들린 사람이 말한 것을 통해서 유추해볼 때 긍정할 수 있다. 그때 더러운 귀신이 "나사렛 예수여 우리가 당신과 무슨 상관이 있나이까 우리를 멸하러 왔나이까 나는 당신이 누구인 줄 아노니 하나님의 거룩한 자니이다"(마가복음 1:24)라고 한 것을 보면 더러운 귀신 내지 악령들도 하나님의 존재를 바로 인식할 수 있다는 것이다. 그럼에도 불구하고 그런 경우들은 하나님에 대한 믿음에서 나오는 것이 아니라 영적 존재로서의 하나님에 대한 앎의 표시에 지나지 않는다는 점을 잊어서는 안 된다. 그것들은 결코 하나님을 기쁘게 하는 신앙의 방법이 아닌 것이다.

둘째, 우리 신앙의 본질에 관련된 문제로서 사울의 잘못에 관한 것이다. 성경은 접신 자체에 대해서 강력히 부정할 것을 가르친다. 그것은 하나님을 멀리하는 것이기 때문이다. 따라서 접신한 자들을 찾는다는 것 자체가 하나님 앞에 큰 죄가 아닐 수 없다. 이 같은 죄를 사울은 스스로 범하고 있다. 접신한 여인을 찾은 사울의 이유는 하나님의 응답이 없기 때문이라 변명하고 있다. 그러나 그러면 그럴수록 사울은 더욱 근신하며 회개하는 자의 모습으로 주님을 기다려야 했다. 그런데도 그가 하나님을 의지하지 않고 하나님이 싫어하시는 신접한 여인을 찾은 것은 하나님 앞에 또 하나의 큰 죄를 범한 것이다. 죄인 사울에게 필요한 것은 신접한 여인을 통해 하나님의 심판을 확인하는 것이 아니라 하나님께 의지하지 못하는 자신의 태도를 회개하고 하나님께로 향하는 자세를 갖는 것이었다.

4. 그리스도인의 실천적 과제

요즘 세상에서는 영매를 통해서 어느 정도 앞날을 예견할 수 있고, 죽은 자와의 대화를 시도할 수 있으며, 새로운 경험을 통한 나름대로의 의미를 찾을 수 있다는 확신이 널리 퍼져 있다. 이에 대한 우리 그리스도인의 대응은 그런 확신의 허황함을 밝혀주고, 기독교의 진리성을 드러내는 문화를 창출하는 쪽으로 갈 수밖에 없다. 겉모양은 같을 수 있으나 속의 내용은 현격한 차이가 있다는 사실을 알려주는 방법을 찾아 실천해가야 하는 것이다.

그러기 위해서 사술(邪術)과 참 신앙 사이에 자연스럽게 나타나는 열매를 비교해보는 것이 필요하다. 무당이나 영매들의 주변을 살펴보면 불행이 둘러싸고 있음을 발견하게 된다. 그들의 식구 중 누군가 큰 병을 앓다 죽거나 비정상이 되어 있다. 그런 가운데 그들은 접신하고 있는 귀신과의 관계를 끊었을 때 닥칠 재앙을 크게 두려워하고 있다. 이런 그들의 삶이 참 신앙의 길이라고 결코 할 수 없음은 누구라도 인정하게 된다. 바알세불을 힘입어 귀신을 쫓아내는 것과 하나님의 능력으로 귀신을 쫓아내는 것은 천지 차이인 것이다.

또한 그리스도인은 하나님에게서 받은 영적 힘으로 영매자들의 초능력을 제압해가는 것이 필요하다. 요즘 그리스도인들의 영적 힘은 일반 대중매체에 출연하여 행사하는 초능력보다 약한 것으로 비춰지고 있다. 이런 현실에서 우리 그리스도인들은 능력 없이 사는 모습에 대해 회개하고, 예수의 이름으로 모든 사탄적 행위를 물리쳐나가야 할 것이다. 이런 하나님께로부터 주어지는 영적 힘은 깊은 영성에 비례하여 흘러나오게 되어 있다. 그 영성은 인간적인 노력에 의해 개발되는 것이 아니라 말씀공부와 기도를 통해 선물로 받는 것이다. 이 점을 감안할 때 속류 신비주의가 판을 치는 현실에서 우리 그리스도인이 할 일은 더욱더 집중하여 말씀공부와 기도를 해야 한다. 예수님께서 본을 보여주셨듯이 말씀으로 사탄을 물리쳐야 하며(마태복음 5:1-11), 기도를 통해 악한 영을 쫓아내야 한다(마가복음 9:14-29).

우리는 창조주이시고 구원자이신 살아계신 하나님의 권위 앞에 굴복하는 그 어떤 영에게도 미혹받지 말아야 한다. 영매를 통해 접촉되는 영적 존재는 참 하나님이 아니라 궁극에 가서는 사람들을 넘어뜨리는 존재이기 때문이다. 그러므로 신비 체험만으로 하나님을 확인하려 하다가는 잘못된 영과 접촉하기 쉽다는 사실을 우리는 명심해야 한다. 참 하나님에게로 나아가는 올바른 신앙의 길을 가는 것이 무엇보다 중요하다는 것을 결코 잊어서는 안 된다.

1. 속류 신비주의의 양상에는 어떤 것들이 있고, 그 특징은 무엇이라고 생각합니까?
2. 초능력 내지 신비술이 대중에게 주는 영향에 대해서 일반적 관점과 기독교적 관점을 구분하여 이야기해봅시다.
3. 영매현상에 대해 기독교인으로서 파악하고 있어야 할 개관적 이해란 무엇입니까?

이 글의 저자 박양식은 문화선교 '보냄과 세움' 대표와 『21세기 기독교문화포럼』 대표로 섬기고 있다. 숭실대학교 사학과를 졸업하고 서강대학교 대학원에서 석사학위를 받고, 「종교개혁 시대의 천년왕국운동」으로 박사학위를 받았다. 서울 제일성결교회 교육목사로 사역하고 있으며 서강대학교와 서울신학대학교에서 기독교, 문화, 역사에 관련된 과목들을 강의하고 있다. 저서로는 『선교하는 예수공동체』, 『주님을 따르십니까』 등이 있고 그 밖에 다수의 논문들이 있다.

9장
청소년 문제와 청소년문화

▌도종수

1. 날로 심각해지는 청소년 문제

지난 30년 간의 범죄 통계를 보면 청소년에 의한 강력범죄가 4.6배로 증가하였고 폭력범죄는 4.4배로 증가하였다. 같은 기간 동안에 청소년 인구는 30퍼센트가 증가하였으며 사회 전체 범죄도 30퍼센트 정도 증가한 것을 고려하면 엄청나게 증가한 것이다. (법무연수원, 범죄백서 1996)

요즈음 중·고교는 물론 초등학교까지 확대되고 있는 학교폭력의 피해는 날로 더해가고 있다. 3분의 1이 넘는 청소년들이 동료 청소년들로부터 따돌림받고 위협받고 폭행당하며 금품을 빼앗기고 있다. (「한겨레신문」, 1997. 7. 14.)

이 밖에도 우리는 성적 부진과 학교폭력에 시달리다 자살하는 청소년에 관한 보도를 수시로 접하고 있으며, 중·고생이 성행위를 실연하는 음란 비디오가 불티나게 암시장에서 판매되고 있고, 악마와 죽음과 마약과 폭력과 섹스를 숭배하는 '악마주의' 음악이 10대들 사이에서 번져가는 현실을 목격하고 있다. 그런가하면 4분의 3이 넘는 청소년들이 가출하고 싶은 충동을 느껴본 적이 있으며……. (「동아일보」, 1997. 6. 6.)

　많은 학생들이 학교를 그만두고 주유소, 음식점 등 저임금 노동현장에 뛰어들고 있다. 이들 중 상당수는 술집 등 접객업소에서 일하며 매춘에 빠지기도 한다. 30퍼센트가 넘는 청소년들이 정신병적 증세를 보이고 있으며 이들 중 일부는 치료를 요하는 심각한 상태에 있기도 하다. (「동아일보」, 1997. 5. 9.)

　매일 담배를 피우는 상습 흡연자가 남자 고등학교 2, 3학년 경우에는 반 이상에 이르고 있는 것으로 보이며, 교복을 버젓이 입고 대낮에 담배 피우는 것이 일부 청소년들의 멋이 되고 있다. 본드나 신나를 흡입하고 환각상태에 빠지는 청소년이 초등학생 중에서도 나타나고 있으며 환각상태에서 각종 범죄를 저지르기도 한다. 지난 6년 간 청소년 환각물질흡입사범은 3배로 증가하였다. 가벼운 성희롱, 성추행으로부터 성폭행에 이르기까지 성비행은 나날이 증가하고 있고 각종 퇴폐유흥업소, 음란·폭력물의 범람은 이것을 부추기고 있다. 청소년의 강간범죄는 지난 30년 간 4배로 증가하였다. (법무연수원, 범죄백서 1996)

　최근에는 청소년 인구가 줄어가고 있는데도 청소년 범죄는 오히려 늘어가며 포악·파렴치해지고 있다. 이와 같이 청소년 문제가 심각해지고 청소년들의 윤리의식이 둔감해지는 가장 큰 이유는 청소년이 살고 있는 사회 환경과 문화가 타락하는 데 있다. 우리 사회 전체의 문화와 함께 청소년문화가 어떤 상황에 있으며 어떻게 변화하고 있는지를 알아보기에 앞서 우선 그간의 사회 변화와 그 가운데서 성장하고 있는 청소년들은 어떻게 변하고 있는지 살펴보고자 한다.

2. 사회 환경의 변화와 청소년

청소년들의 삶은 그들이 살고 있는 시대 상황을 투영해준다. 오늘날 청소년은 부모 세대와는 다른 시대에 출생하여 성장하고 있다. 특히 지난 3, 40년 동안 한국이 경험했던 급격한 사회 변화의 결과 기성세대와 청소년은 아주 이질적인 성장 경험을 갖고 있으며 이에 따른 세대차도 심각한 문제 요인이 되고 있다. 일례로 1인당 GNP를 보면 1965년에 105달러였던 것이 1995년에는 1만 76달러를 기록하여 30년 사이에 96배로 증가하였다. 자동차 등록대수는 1966년에 4만9천 대에서 1997년에는 1천만 대를 돌파하여 200배 이상 증가하였다. 도시화를 보면 1960년도 도시 인구 비율이 28.0퍼센트였으나 1995년에는 85.7퍼센트로 증가하였다. (통계청, 한국의 사회지표 1996)

청소년들은 80년대 중반의 교복 자율화 및 두발 자율화에 힘입어 달라진 패션관을 갖게 되었다. 이들은 자신의 개성과 유행에 아주 민감한 구매자이다. 영화 〈세븐틴〉의 한장면.

이러한 급격한 변화에 따라 문화, 교육 등 청소년 생활과 관련된 분야에도 엄청난 변화가 있었다. 이제 청소년 생활과 관련된 중요한 변화를 몇 가지 살펴보고자 한다.

첫째, 오늘의 청소년들은 과거 어느 세대보다도 물질적으로 풍요한 사회에서 살고 있다. 부모 세대인 4, 50대가 한국전쟁 이후의 물질적 빈곤 속에서 오직 경제발전에 몰두하였던 시기에 청소년기를 보낸 반면, 지금의 청소년들은 부모 세대가 마련해놓은 물질적 성취에 힘입어 80년대에서 90년대에 걸쳐 풍요를 구가하며 청소년기를 지나고 있다. 먹고 사는 것에 관심을 집중시켜왔던 기성세대와는 달리 지금의 청소년 세대는 뭔가 즐기고 추구할 수 있는 삶이 가능해진 것이다.

둘째, 청소년들이 유년기와 아동기를 보낸 80년대에서 90년대에 이르는 시기는 컬러 텔레비전의 등장과 함께 대중매체의 영향력이 막강해진 시기이다. 컬러 텔레비전은 다양한 문화적 특성으로 인해 청소년들에게 큰 영향을 미쳤다. 컬러 텔레비전에서 나오는 화려한 치장의 배우들, 또래 집단인 10대들의 화려한 연예계 진출과 같은 요인들은 '공부를 통한 성공'만이 입신양명을 위한 유일한 통로로 보던 기존의 가치관을 흔들어놓아 연예인 지망생이 급증하는 현상을 보이고 있다. 스토리보다는 장면 중심으로 보는 '영상세대' 청소년의 시청 행동은 텔레비전 방송 내용에 영향을 주어 많은 프로그램이 장면 중심의 프로그램으로 변형되기도 했다.

또한 컬러 텔레비전으로 대표되는 대중매체와 함께 다양한 뉴미디어의 등장은 청소년들의 생활에서 매체의 개인화와 함께 여러 매체를 동시에 접할 수 있는 생활방식을 낳았다. 텔레비전의 화면을 기웃거리면서 라디오 방송은 이어폰으로 듣고 동시에 공부도 하는 다면적인 행동도 가능하다. 일명 워크맨으로 통칭되는 소형 카세트뿐만 아니라 일부 청소년들이 퍼스널컴퓨터를 갖게 되면서 자신의 방에서 외부와 차단된 자신만의 문화를 향유하기도 한다. 라디오 프로그램에는 청소년들이 직접 참가하여 자신들만의 언어로 자신들의 삶을 이야기하는 프로그램이 인기를 끌고 있으며, 불가능해 보였던 음악 테이프의 밀리언 셀러가 나타나기도 하였다. 또한 세계 어느 나라보다도 짧은 시기에 VTR의 보급이 일반화되면서 비디오물이 청소년 문화에 미친 영향도 엄청나다.

셋째, 이렇게 막강한 대중매체의 광고와 보도를 통하여 각종 상품과 여가활동, 소비생활, 문화활동이 소개되면서 소비를 부추기는 상업주의 시대가 전개되고 있다. 더구나 대부분의 매체들이 기업에 의해 소유·운영되고 있으며, 그렇지 않더라도 이윤을 좌우하는 광고수입 때문에 기업이 대중매체를 통하여 소비·여가·문화 시장을 주도하는 상업주의가 폭넓게, 깊숙이 진행되고 있다. 이러한 과정에서 소비자의 얄팍한 감성과 본능을 자극하는 선정적이고 폭력적인 내용이 흘러 넘치고 있어 성인세대는 물론 청소년들에게도 음란·폭력 문화가 깊이 뿌리내리고 있다.

넷째, 이들은 80년대 중반의 교복 자율화 및 두발 자율화에 힘입어 달라진 패션관을 갖게 된 세대이다. 지금은 다시 교복을 입고 있기는 하지만 교복이 사라진 공간에 나타난 패션의 흐름을 타고 형성된 시장에서 청소년들은 패션 경향을 가장 잘 따라가는 중요한 구매자가 되었다. 이러한 경향은 최근 들어 십만 원대의 청바지와 운동화로 대변되는 유형화되고 사치스러운 구매문화를 형성하며 매출을 선도하고 있다.

다섯째, 청소년들은 점차 파행화되어가는 교육제도 아래서 신음하고 있다. 지난 수십 년 동안 진행되어온 입시 지옥에서의 탈출은 고사하고 점점 깊은 수렁으로 빠져들고 있다. 이에 따라 과외, 학원 등 사교육비에 대한 투자가 점증하여 연간 20조 원대에 이르게 되고 사회에 만연하고 있는 부정부패의 주범으로 지목되고 있다. 반면 학교 교육의 현장에서는 19세기 교실에서 사기가 극도로 저하된 20세기 교사가 21세기 학생을 가르치는 코미디가

진행되고 있다. 청소년들의 마음을 몰라주는 교육제도 아래서 학교는 교육보다는 청소년을 잡아두는 데 급급하며 청소년들은 부모, 기성세대와의 갈등을 피하고 학생의 면책 특전을 유지하기 위해 학교에 다녀주는 실정이다. '학교를 거부하는 아이'가 '아이를 거부하는 사회'에서 살고 있는 것이다 (조혜정, 『학교를 거부하는 아이 아이를 거부하는 사회』, 또하나의 문화, 1997).

이러한 사회 변화에 따라 부모와 아이가, 교사와 학생이 서로를 이해하지 못하는 극심한 세대차가 존재하며 다양한 갈등이 배태되고 있다.

이들은 입시, 취직의 압박, 공해, 범죄의 불안 속에 표면적으로는 매끄럽게 사는 것처럼 보이지만 서로 신뢰하고 의지하는 공동체적인 삶을 모르고 살고 있다. 또한 이들은 광고나 매스컴 등을 통해 보여지는 잘나가는 아이들을 보며 상대적 박탈감을 느끼기도 한다. 이들은 영악하고 세련되어 보이나 고독하고 외로운 세대이다.

3. 청소년의 삶과 문화

그렇다면 이러한 사회 환경의 영향을 받으면서 성장해온 청소년들의 생활과 문화는 어떤 모습인가? 우선 이들의 생활 공간을 이해하기 위해서는 청소년들의 생활 시간을 살펴보는 것이 필요하다.

1) 공부 스트레스에서 벗어나지 못하는 비문화적인 삶

중·고등학생의 경우 평일에는 7시간 정도 잠을 자고 학교에서 보내는 시간은 10시간 정도이며, 학교 밖에서 하는 과외 등의 학습 시간은 2시간 30분이다. 그리고 집에서 혼자하는 공부 시간은 2시간이고 나머지 시간은 텔레비전을 시청(2시간)하는 등의 여가시간과 일상적인 시간으로 활용한다. 이렇게 볼 때 청소년들의 일상생활은 대부분 공부와 관련된 시간이거나 텔레비전을 보는 시간이고 나머지 몇 시간이 여가시간임을 알 수 있다.

그러면 10여 시간을 보내는 학교에서 그들은 어떻게 살아가는가? 공부를 잘해야 자신이 원하는 학교에 갈 수 있다고 학습된 청소년들은 친구들과 날마다 비교하고 경쟁하며 살아간다. 노는 아이들의 경우에는 선생님과 수업에서 소외된 채 저급한 대중문화에 탐닉하면서 위안을 삼는다.

공부를 잘하든 그렇지 않든 청소년들은 공부로 인한 스트레스와 시간 제약을 모두 경험하고 있다. 그들은 음악이나 미술을 감상하고 창작 등의 문화 활동을 즐길 여유가 거의 없다. 이들은 시간이 나면 수동적으로 텔레비전을 시청하거나 오락실, 노래방, 당구장 등에서 스트레스를 풀고 싶어한다.

친구끼리도 얼굴을 맞대고 의미 있는 대화를 나누지 않는다. 이들의 화제는 스타들의 사생활과 가십, 텔레비전 드라마나 만화, 패션, 스포츠와 컴퓨터 게임 등에 관한 것들이 큰 비중을 차지한다. 깊이 있는 대화는 오히려 전화를 통해서 나누는 경향이 있다.

더욱 파행적으로 치닫고 있는 청소년 문제. 자살 및 학원 폭력 등 심각한 사태에서 빠져나오지 못하고 있다.

청소년들의 말투는 거칠고 욕설로 얼룩져 있다. 이들이 쓰는 문장은 문법을 무시한 국적 불명의 기이한 형태를 보이기도 한다. 이들은 랩, 헤비메탈 등의 음악을 좋아하며 학교에서 배우는 가곡이나 클래식 음악은 수업시간 밖에서는 부르는 경우가 거의 없다. 이렇게 이들의 삶은 저급문화에 물들어 있거나 비문화적이다.

2) 상업주의 문화의 수동적인 고객
청소년들의 말을 들어보면 그들의 인생 목표는 '개성껏 사는 것'이라고 하며, 장래에 원하는 생활방식은 '취미와 개성을 살릴 수 있는 생활'이라고 하여 자신만의 개성을 추구한다. 그러나 개성 추구를 위한 시간도 확보하기 어렵고, 틈을 내어 표현하는 그들의 개성조차도 사실은 상업주의의 영향으로 획일적으로 표현된다. 청소년들의 문화생활이라는 것도 수동적인 스트레스 해소에 불과하며 그들의 생활은 독창적이기보다는 유행의 포로가 되어 끊임없는 모방으로 특징지워지고 있다. 비록 '나는 나'라고 외치면서 살아가지만 실제로는 주눅들어 살아가는 것이다.
학교 안에서 청소년들의 삶이 공부에 집중되어 있는 것과 마찬가지로 학교 밖에서의 삶 또한 상업주의의 소비 대상으로 획일화되어 있는 편이다. 친구들과 적당히 오락실에서 오락을 즐기기도 하고, 간혹 노래방에서 목청이 터져라 유행하는 노래를 불러보기도 하고, 자신이 좋아하는 가수의 음반을 모으고, 유명 연예인이 입고 나오는 바지를 사서 입기도 하고, 간혹 음란물을 보거나 PC통신에 접속해서 비밀스런 이야기를 하기도 하고, 유명 연예인의 스캔들에 집중한다.
청소년들은 가정에서나 학교에서나 사회에서나 돌파구를 찾지 못한 채 겉돌고 있다. 이렇게 반항심, 고독감, 상실감, 무기력감, 공부 스트레스로 텅 비고 찌들린 공간을 채워주는 것은 이들의 마음을 잘 알아주는 대중문화와 소비문화이다.

교육 현실과 기성세대는 청소년들의 마음을 지독히도 몰라주지만 대중문화와 시장구조는 이들의 마음을 너무나도 잘 알아준다. 상업주의는 이들의 반항심, 상실감에 파고들어 끊임없이 소비하도록 부추기며 기업과 대중매체가 창출하는 유행과 문화 패턴에 따르도록 이끌고 있다. 청소년들은 유행하는 패션, 헤어 스타일, 음악 등을 따르며 유명 브랜드 상품을 경쟁하듯 구매하고 있다. 운동화와 가방의 경우 서울 시내 중·고생의 4분의 3 이상이 유명 브랜드 제품이며, 옷은 60퍼센트 정도가 유명 브랜드 제품을 입고 있다. 이들 중 40퍼센트 정도가 자기 이름으로 된 현금카드를 갖고 있으며 자기 카드가 없더라도 부모의 카드를 쓰는 경우도 적지 않다.

3) 선정, 폭력, 주술적인 쾌락 지향 문화

철저한 이윤 추구의 상업주의로 무장된 대중문화는 선정성, 폭력성, 주술성을 재료로 한 다양한 프로그램으로 이들에게 즐거움과 군중 속으로의 도피처를 제공한다. 청소년들이 즐겨보는 TV 프로그램은 쇼, 코미디, 영화, 드라마, 만화영화 등으로 선정적인 의상과 율동, 헤비메탈, 랩, 비속한 대사, 혼외정사, 불륜, 삼각관계, 치정, 음모, 폭력, 주술적 요소로 가득 차 있다. 걸핏하면 사용되는 음주, 흡연 장면은 청소년들에게 음주와 흡연을 동경하게 할 뿐만 아니라 사회 전체적으로도 음주문화를 조장하고 있다. 특히 대학신입생 환영회의 음주신고는 여러 사람의 생명을 앗아가고도 수그러들지 않는다. 혼외정사, 불륜을 미화하는 드라마는 성적으로 순수한 것이 오히려 바보처럼 느껴지게 한다.

스포츠 신문을 필두로 잡지, 만화 등 각종 간행물은 선정적인 장면과 노골적인 성관계 묘사, 부도덕한 성관계와 성폭행의 묘사, 폭력 조장적인 잔혹한 살상 장면 묘사, 성기 노출 장면, 비정상적 성관계(동성애, 근친상간,

편의점에서는 포르노 잡지나 음란성이 짙은 상품을 쉽게 구입할 수 있다. '18세 미만 구입 불가'라는 문구가 오히려 어색하다.

수간 등) 묘사 등을 통해 성의식, 성도덕을 왜곡·타락시키며 불륜을 조장하고 성의 상품화, 도구화를 적극 촉진하고 있다.

청소년문화의 중요한 부분일 뿐만 아니라 청소년이 주 소비대상이자 고객인 대중가요는 선정적이고 폭력적, 반사회적인 가사로 채워져 있고 최근에는 사탄주의와 함께 자살을 조장하는 가사들도 범람하고 있다. TV, 신문, 만화, 오락을 불문하고 확산되고 있는 주술성은 각종 괴기물, 잠재의식, 초능력, 오늘의 운세, 점성술, 환생 등을 통해 하나님의 신성을 부정하고 사탄숭배를 조장하며 우리 영혼을 오염·타락시키고 있다.

청소년들이 즐기는 전자오락이나 컴퓨터 게임은 무분별한 파괴, 살상, 초능력, 점성술 등을 담고 있는 경우가 비일비재하며 파괴 본능을 자극하고 생명의 존엄성을 말살하는 경향을 보이고 있다. 최근 급증하고 있는 PC 보급률, PC통신 이용률, 인터넷, 위성방송 보급률에 따라 뉴미디어를 통한 음란, 폭력물의 전파와 개인주의의 심화가 크게 우려되는 부분이다. 특히 뉴미디어를 통한 음란·폭력물의 제작·유통은 대중매체에 비해 통제하는 데 더 어려움을 주고 있다.

4) 무분별하게 세계화된 청소년문화

청소년들이 즐기는 음악, 패션, 만화 등은 외래문화에 무방비 상태로 노출되어 우리 사회의 어느 부분보다도 먼저 '세계화' 된 부분이다. 급속한 정보통신의 발달에 따라 청소년들은 국경을 불문하고 소비적 동질성을 보이고 있으며 청소년 시장은 이미 세계적으로 단일화된 시장이 형성되었다고 한다. 동서양을 막론하고 세계의 청소년들은 청바지를 입고 MTV와 컴퓨터 게임을 즐기고 나이키나 리복 사의 농구화, 삐삐, 휴대폰을 사용하며 힙합 바지와 머리카락 코팅, 배꼽티 등 동질적인 소비와 문화 형태를 보이고 있다.

우리 나라는 서구의 영향 못지않게 일본의 영향 또한 크게 받고 있다. 〈논노〉 같은 패션 잡지가 이 땅에서 사랑받고 있는 지도 이미 수십 년이 되었으며 노래방, 노바다야키, 패션, 가요, 비디오, 전자오락, 만화 등은 우리 청소년문화에 깊숙이 침투해 있다. 만화책과 만화영화의 80퍼센트 이상이 일본 제품이며 전자오락 게임, 음란비디오 역시 일본에서 건너온 것이 주류를 이루고 있다. 최근에는 위성 TV, 유선 TV, 케이블 TV 등을 통해 미국, 일본은 물론 홍콩 대중문화의 영향이 더욱 커지고 있다.

5) 퇴폐적이고 타락한 가치관

이러한 문화 환경 가운데서 생활하는 오늘의 청소년은 가치관의 측면에도 우려할 요인이 많다. 퇴폐, 쾌락, 편리성을 추구하는 문화 속에서 성장한 청소년들은 힘들고 어려운 일보다는 부담 없이 즐길 수 있는 것을 선호한다. 편리한 것을 선호하고 익숙해 있기 때문에 불편한 것은 인내하지 못하는 경향을 보이고 있다.

이들은 성인사회의 퇴폐 향락풍조의 만연, 가치관 혼란, 황금만능주의 등의 영향을 받아 물질주의 성향이 강하고 쾌락 추구적이다. 또한 다른 사람에 대한 배려 없이 자기 기분대로만 행동하고 자신을 위해서는 거침없이 행동하며 타산적이다. 인내심이나 지구력이 없고 매사에 요령을 부리고 필요에 따라 적당히 타협하고 매사를 편안하게만 살려고 하는 경향이 있다는 평가도 받고 있다. 어려서부터 경험하는 학업 경쟁 등 치열한 경쟁 때문에 친구들끼리도 협력하지 못하고, 출세 지향적이며 개인주의적인 가치 지향이 늘어가고 있고 인명 경시 성향, 인간을 도구로 보는 경향, 성의 상품화 및 쾌락 도구화 경향 등도 심화되고 있다.

4. 앞으로의 과제

지금까지 살펴본 바와 같이 오늘 우리 사회의 문화는 청소년의 정서를 황폐화시킬 뿐만 아니라 가정, 사회, 국가를 병들게 하며 하나님의 창조질서를 파괴하고 있다. 청소년문화를 건전하게 회복시키기 위해 그리스도인과 교회는 책임의식을 가지고 싸워나가야 한다. 이를 위한 방안을 몇 가지로 나누어 생각해보자.

첫째, 우리 사회의 청소년문화를 올바로 발전시키기 위해서는 입시 위주의 파행적인 교육제도와 관행을 개선하는 일이 선행되어야 한다. 이를 위해서는 입시정책 등 교육제도의 개혁이 시행되어야 하지만 부모들이 우리 아이도 남들처럼 공부 잘하는 아이로 만들어 출세시켜야 한다는 우상화된 가치관을 바로잡는 일이 우선되어야 한다. 자기 자녀가 가진 재능과 소질에 적합한 교육 목표를 세우고 적절한 직업을 갖도록 이끄는 노력이 필요하다. 그러나 이것은 장기간을 요하는 근본적인 개혁 과제이다.

둘째, 청소년들 스스로 자주적인 문화 활동을 하도록 격려하고 여건을 조성해주어야 한다. 오늘날의 청소년문화는 비문화적이고 상업주의적인 환경 속에서 영리 추구의 문화산업들에 의해 주도되고 있으며 청소년들은 수동적인 고객에 불과하다. 이를 타파하기 위해서는 미숙하더라고 청소년들 스스로 기획하고 준비하고 실천하는 자주적인 활동이 활성화되어야 한다. 학교 내에서의 특별활동, 동아리 활동 등이 권장되어야 하며 교회에서도 청소년들이 스스로 연출, 제작, 출연하는 문화활동이 많아져야 한다. 이러한 활동을 통해 청소년의 욕구와 불만을 합법적이고 건설적인 방법으로 표현하고 연마하는 기회를 제공해줄 수 있다. 이를테면 청소년 문제를 스스로 해결하고 이들의 진취성과 창의성을 발전시킬 수 있을 것이다. 또한 타인과 조화를 이루고 발전에 기여하는 자질을 키워갈 수 있다.

셋째, 어른들이 먼저 음란물, 폭력물 시청을 자제하고 폭력 행사를 하지 않으며 대중매체를 올바로 사용함으로써 사회 전체의 문화를 건전하게 만들어야 한다. 퇴폐적인 문화는 청소년에게 유해할 뿐만 아니라 성인에게도 유해하다. 단지 정서적으로 좀더 성숙하다는 이유로 퇴폐 향락적인 문화를 즐겨도 된다는 것은 눈가리고 아웅하는 짓이며, 어른들의 위선일 뿐이다. 어린이와 청소년은 듣는 대로 배우는 것이 아니라 보는 대로 배우는 것이다. 실제로 대부분의 청소년들이 부모들이 감추어둔 음란물을 부모들이 집에 없을 때 몰래 봄으로써 음란물에 접촉하게 된다. 이와 함께 좋은 프로그램을 선택하고, 담겨져 있는 메시지가 인간의 음란함과 탐심, 폭력성, 악한 본능을 부추기며 하나님의 주권에 도전하는 것이 아닌지 분별하는 습관을 가져야 한다.

넷째, 청소년들을 이해하고 사랑으로 감싸주어야 한다. 모든 청소년 문제의 이면에는 청소년에 대한 관심과 이해를 보이지 않는 성인들이 있다. 이해받고 사랑받지 못하는 고민 많은 청소년들이 갈 곳은 자기들을 알아주는 친구(역시 불만과 상처로 얼룩진)나 순간적인 쾌락과 재미밖에 없기 마련이다. 청소년들에게 이래라 저래라 하기에 앞서 그들의 이야기를 듣고 생활을 알고 공감해주는 것이 필요하다.

다섯째, 그리스도인들은 세속문화를 이겨낼 기독교문화를 창조하고 발전시켜야 한다. 그리스도인들이 즐길 수 있는 음악, 문학, 영화 작품, 컴퓨터 게임 등이 제작 발표될 뿐만 아니라 비기독교인들도 인정하고 즐길 수 있는 많은 작품, 문화상품이 만들어져야 한다. 이와 함께 우리의 일, 사업, 학업, 교제, 여가, 오락, 문화 등이 기독교적이어야 한다. 이러한 운동은 이 일에 관심 있고 능력 있는 영적 분별력이 있는 일꾼들에 의해 이루어져야 한다. 교회는 이러한 일꾼들을 길러내고 지원해주어야 하며 교회 공간과 시설을 제공하고 활용하여 기독교문화운동에 관심과 지원, 노력을 기울여야 한다. 예를 들면 청소년들을 위한 문화교실 개설, 공부방 제공, 탁구장, 농구장 등 활동 공간을 마련하여 청소년 건전한 여가 활동과 자율적 문화활동을 권장하는 것이다.

마지막으로 청소년 유해 환경에 대한 지속적인 민간 감시 활동과 여론 형성이 필요하다. 기윤실, YMCA, YWCA 등 여러 시민단체에서는 이미 여러 해 전부터 음대협(음란폭력성조장매체 대책시민협의회), 방송모니터 모임, 광고모니터 모임, 영상·음반모니터 모임 등을 통해 청소년 유해 환경 퇴치에 노력해왔다. 또한 1997년 7월부터는 청소년 유해 환경에 대한 효율적인 대처를 위해 청소년보호법이 시행되고 있다. 이제 청소년보호법의 효율적 시행을 위해서 이러한 민간 감시 활동이 활성화되어 지속적으로 유해 환경을 고발하고 시정을 촉구하며, 정부에서 법 집행 의지를 늦추지 않도록 감시·격려하고 여론을 형성해가야 한다. 이러한 노력들을 통해 이 땅의 청소년문화가 바로 서기를 기원한다.

1. 청소년 문제가 심각해지는 것과 청소년문화가 변화하는 것의 연관성을 생각해봅시다.
2. 창의성 있는 청소년문화를 발전시키기 위한 방안에는 무엇이 있는지 토의해봅시다.
3. 청소년문화를 주도하는 가치관은 무엇이라고 할 수 있습니까?
4. 기독교적인 청소년문화의 발전을 위해 필요한 과제는 무엇인지 토의해봅시다.

이 글의 저자 도종수는 미국 오하이오 주립대학교에서 사회학 박사학위를 받았고, 한국청소년개발원 연구위원과 가톨릭대학교에서 강사로 활동하고 있다.

제3부

대중문화를 어떻게 볼 것인가?

10장
텔레비전의 이해와 교회의 사명

| 안정임

텔레비전을 아버지라 부르고 싶다
(한때 테레비가 부의 상징이기도 했다)
테레비가 가족을 침묵시키고 둘러앉게 한다
가족 중 테레비와 가장 많은 시간을 보낸다 (중략)
저를 이렇게 길러주신 테레비님께 감사하며
어머니 테레비 갖다 버릴까요
독서가 잘 안 되서 그러는데요 (중략)
이제 나는 어버이날 테레비에게 카네이션을 달아드린다
아버지처럼 소중한 나의 친구여
― 함민복의 시, '텔레비전 : 오우가' 중에서 ―

1. 텔레비전에 대한 기본적 이해

텔레비전이 우리의 생활에 일부가 되어버린 지는 이미 오래이다. 우리는 텔레비전으로부터 세상 돌아가는 이야기를 듣고 생활의 재미를 느끼며 산다. 특히 여가활동이 제한되어 있는 현대인의 생활에서는 텔레비전이 모두의 유일한 오락 수단이 되어버렸다. 텔레비전과 대화를 나눈다는 말도 틀린 표현이 아니다. 이미 텔레비전은 가족의 일원으로 우리의 일상을 지배하고 있고 안방을 차지하고 있기 때문이다.

우리는 이제 텔레비전 앞에서 웃기도 하고 울기도 하며 때로 흥분하기도 하고 그와 더불어 행복해하기도 한다.

통계에 의하면 우리 나라 사람들의 하루 평균 여가시간은 4시간 3분인데 이 중에서 텔레비전 시청이 차지하는 비율이 평일에는 76.7퍼센트, 토요일에는 83.7퍼센트, 일요일에는 78.8퍼센트에 이르는 것으로 나타났다. 그리고 텔레비전을 보지 않는 시간에는 약 26퍼센트가 "그냥 잠을 잔다"고 답했다. 우리 나라 사람들은 쉬는 시간에는 거의가 텔레비전 또는 비디오 등을 보내면서 지낸다는 결론이다. 이와 같은 결과는 다른 나라의 경우에도 크게 다르지 않다. 텔레비전은 이른바 '가장 강력한 문화적 무기(cultural weapon)'로 자리잡고 있다.

1) 텔레비전의 별명들

텔레비전을 지칭하는 용어는 수없이 많다. 인간의 무한한 욕망을 창출하려는 바벨탑(tower of Babel)이나, 바보상자(idiot box), 알라딘의 램프(Aladin's lamp), 외눈박이 괴물(one eyed monster), 제5의 벽(the fifth wall) 등이 모두 텔레비전에 붙여진 별명들이다.

링스(W. Rings)는 그의 저서 『제5의 벽』에서 "텔레비전은 우리들 가정의 네 개의 벽 외에 제5의 벽과 같은 존재가 되었으며, 가정에 전기나 수도가 있어야 하듯이 방송 프로그램도 빠뜨릴 수 없는 필수품이 되었다. 제5의 벽은 외계로 향하는 창과 같은 것이며, 그 창을 통해 외계는 가정 환경의 일부로 변해가고 있다. 이 환경은 심리적인 면에서 고독을 달래주며, 방문객을 맞이하고 친구가 되며, 프로그램 현장에 같이 있는 것 같은 일체감을 느끼게 하고 자기도 그 일부라고 생각하게 하고, 고독감의 해소, 일체감, 친밀성, 체험성을 준다"고 말한다.

그런가 하면 마샬 맥루한(M. McLuhan)과 같은 미디어 학자는 텔레비전을 인간의 확장(extension of man)으로 보았고, 뉴욕 대학 교수인 슈왈츠(T. Schwaltz)는 텔레비전을 '제2의 신(the second God)'이라고 지칭했다. 신은 전지전능하며 육체가 아닌 정신으로 우리 생활 속에 깊이 편재하여 있으며, 모든 것을 가능하게 한다. 권력자나 서민이나 유식한 자나 무식한 자나 남녀노소를 막론하고 모든 사람에게 영향을 미치고 있다는 것이다. 교회가 있던 자리에는 방송국이 세워졌고, 사람들은 교회에 가는 대신 라디오와 텔레비전 미디어라는 제2의 신을 통해 제1의 신을 믿는다는 것이다.

텔레비전에 대한 이 같은 시각은 거의가 부정적인 측면에 근거를 두고 있다. 폭력과 범죄를 조장하고 물질적 가치관을 심어주며, 가족과 공동체를 파괴하는 등의 많은 비판이 텔레비전을 향해 쏟아져왔다. 그러나 텔레비전이 가진 영향력은 긍정적인 면도 찾아볼 수 있다. 갖가지 정보의 제공, 세상 소식의 전달, 휴식과 오락의 제공 등은 텔레비전을 통해 얻을 수 있는 중요한 이점들이다. 텔레비전의 영향력에 대해서는 완전한 부정도, 완전한 긍정도 하기 어렵다. 학자들의 의견도 텔레비전이 '세상을 향한 창(early world window)'이라는 긍정적 입장과 '폭력과 범죄의 교실(a school of violence)'이라는 부정적 입장으로 나뉜다.

중요한 것은 텔레비전의 영향력이 긍정적이냐, 부정적이냐에 대한 판결이 아니라 텔레비전이 우리 삶에 있어서 빼놓을 수 없는 존재, 즉 외면할 수도 거부할 수도 없는 존재로 자리잡고 있다는 점이다. 따라서 이미 거실에 필수적인 요소로 자리잡고 있는 텔레비전의 부정적 영향력을 축소시키고 긍정적 영향력을 확대시키는 시도가 필요하다. 이를 위해서는 텔레비전을 좀더 제대로 알고 이해하려는 노력이 있어야 한다.

일반적으로 교회들은 텔레비전을 외면하고 해악한 존재로 무시하려는 경향을 보인다. 텔레비전의 해악에 대해서도 '안 보면 그만' 이라는 단순한 태도를 취하는데 이것은 텔레비전의 존재가 우리 사회에서 갖고 있는 위치와 영향력을 과소평가한 것이다.

텔레비전은 우리에게 무엇을 생각할 것인가 뿐만 아니라 어떻게 생각하고 우리가 누구인지를 인식시키는 하나의 세계관을 제공한다. 우리는 알게 모르게 텔레비전을 통해서 자신의 궁극적 가치를 투영하고, 자신의 행동과 삶의 양식을 정당화시켜주는 세계관을 만난다. 어떻게 보면 텔레비전을 통해 형성된 세상의 가치관을 정당화하는 데 교육이나 사회가 이용되고 있는 것이라 할 수 있다.

오늘날 텔레비전은 모든 사람에게 가정과 학교, 교회보다도 더 크고 강력한 영향을 미치고 있으며, 실생활 한가운데서 우리의 생각과 행동을 통제하고 있다.

2) 텔레비전의 영상적 특징

텔레비전을 올바로 이해하기 위해서는 텔레비전이 영상매체라는 점에 유의해야 한다. 영상, 즉 이미지(image)가 갖는 심리적 특성, 커뮤니케이션적 특성을 먼저 이해해야만 텔레비전이 미치는 영향력에 대해서도 바른 인식을 가질 수 있다.

영상(image)이라는 말은 라틴어로 'imago(모방)' 라는 말이다. 영상매체의 기본적 기능은 '본다(see)' 는 것으로 설명할 수 있는데, 여기에는 인지, 판단, 관찰 등의 뜻이 포함되며, 이는 '알다(know)' 라는 말과 동의어이다. 색채나 명암, 형태 같은 시각적 요소를 감지하는 것이 '보는' 것이라면 그것을 조립·구성하고, 지각하고 인지하고 판단하는 작용까지가 'see'라는 말에 포함된다. 영상의 의미도 그런 맥락에서 이해되어야 한다.

텔레비전이 최초로 등장했을 때, 당시 최고의 인기를 누리던 영화산업은 크게 긴장하지 않았다. 영화 스크린과는 비교도 되지 않을 정도로 작은 화면을 가진 텔레비전이 영화의 자리를 넘볼 수 없다고 믿었기 때문이다. 그러나 텔레비전은 바로 그 '작은' 화면 영상으로 엄청난 인기를 끌었다.

텔레비전의 작은 화면은 현장에서 본다는 현장감, 인간에 대한 친근감, 동반의식, 현실감, 참여의식 등을 전달한다. 즉 텔레비전의 화면은 작지만 언제나 가깝고 눈에 익은 매체로 인식된다. 특히 시청자와의 1대 1의 관계, 즉 2인칭 영상의 매체로 실제 사람과 대화를 하는 듯한 느낌을 전달한다. 우리는 사람과 대화를 하듯이 텔레비전을 보면서 반응하고 감정을 표현하고 때로는 스위치를 꺼버림으로써 대화를 끊어버리기도 한다. 또한 카메라 렌즈를 바라보는 등장인물의 시선이 마치 자신의 눈을 바라보는 듯한 착각을 가짐으로써 실제 현장감이나 동반감이 더해지기도 한다.

텔레비전은 진행형의 매체이기도 하다. 텔레비전만큼 장소와 사건이 일치하는 동시성을 가장 효과적으로 만족시켜주는 매체도 없다고 한다. 또한 사물이나 풍물보다는 인간관계에 더 중점을 둠으로써 사람들에게 친밀감을 더해주는 매체이기도 하다.

텔레비전의 이러한 영상적 특징은 사람들에게 '유사 환경(類似環境)'을 제공해준다. 즉 시청자들은 본인의 체험과는 상당한 거리가 있으면서도 텔레비전이 보여주는 세계의 진실성이나 필연성을 믿으며 본인의 강한 욕망을 투여하기도 하는 것이다.

2. 텔레비전의 영향력 : 인식 문제

그렇다면 영상과 이미지를 무기로 한 텔레비전은 우리에게 어떠한 구체적인 영향력을 행사하고 있는가?

텔레비전의 영향을 말할 때, 그 내용보다 오히려 텔레비전이라는 매체 자체에 대해 결정론적인 입장을 취하는 시각들이 있다.

미디어 학자 마샬 맥루한은 한 시대의 문화는 그 시대에 어떤 커뮤니케이션 매체가 중심을 이루고 있느냐에 따라 결정된다는 매체 결정론을 제시했다. 그에 따르면 텔레비전을 비롯한 영상매체가 중심을 이루고 있는 사회의 인간들은 영상매체를 닮아 그 이전의 문자시대의 사람들과 완전히 다른 특징을 나타낸다고 한다.

문자가 중심이 되던 시대의 인간들은 문자적 특성을 닮아 논리와 질서를 선호했던 데 비해 영상 중심의 사회에서는 영상매체의 특성에 따라 비논리적, 사고 기피, 감성 중심의 경향을 보이고, 또 전체적으로 빠르고 화려하고 가볍고, 흥미로운 것을 좋아한다는 것이다. 이러한 경향은 텔레비전과 함께 자란 요즘 청소년들에게 매우 극명하게 드러난다. 이른바 X세대들이 갖는 특징이 영상매체의 특성과 매우 흡사하다는 사실은 맥루한의 주장이 어느 정도 타당성이 있다는 것을 보여준다.

매스 미디어의 나쁜 영향에 대해 이야기할 때 우리는 흔히 겉으로 드러난 행위에 대해서 초점을 맞추게 된다. 가령 일곱 살짜리 꼬마가 슈퍼맨 흉내를 내다가 2층 베란다에서 떨어졌다든가, 폭력 비디오를 보고 모방 범죄를 저질렀다든가, 소비를 부추기는 광고 때문에 필요도 없는 물건을 사게 된다든가 하는 것 등에 대해 상당히 민감하게 반응한다. 그러나 이렇게 겉으로 드러난 행위 못지않게 중요한 것은 미디어가 우리의 생각과 삶에 보이지 않게 미치고 있는 영향력이다.

청소년들이 선망하는 영웅들은 탤런트 아니면 스포츠 선수들이다. 청소년들은 이들을 보면서 자신의 꿈을 키워나 간다. 요즘 청소년들에게 인기있는 댄스 그룹 〈H.O.T〉와 탤런트 최지우.

　텔레비전은 우리가 깨닫지 못하는 사이에 우리의 눈과 귀로 엄청난 양의 메시지를 주입하고 그것은 우리의 머리 속에 고정된 가치관을 심어놓는다. 한 가지 예를 들어보자. 지금의 부모 세대가 어렸을 때 존경받던 영웅들은 대부분 위인들이었다. 이순신, 유관순, 에디슨, 나이팅게일 같은 나라와 인류를 위해 공헌한 사람들이 대부분이었다. 그러나 요즘은 어떤가. 아마 청소년들 사이에서 이런 위인들을 존경한다고 하면 웃음거리가 될 것이다. 그보다는 H.O.T와 같은 인기 가수, 최진실, 최지우처럼 예쁜 탤런트, 아니면 박찬호나 마이클 조던 같은 유명한 스포츠 선수가 되고 싶다는 대답이 가장 많을 것이다. 말하자면 청소년들이 선망하는 영웅의 상이 바뀐 것이다. 그리고 이 영웅들의 공통된 특징은 모두 텔레비전에 아주 잘 어울리는 인물들이라는 점이다.

　또한 외면적으로는 나타나지 않더라도 물질과 외형을 중요시하는 가치관, 타인에 대한 편견과 부정적인 인식, 즉흥적이고 충동적인 사고 등은 반드시 주목해야 할 텔레비전의 숨겨진 영향력들이다. 이러한 시각을 바탕으로 텔레비전이 사람들에게 어떤 영향력을 행사하고 있으며 그것이 사람들의 현실 인식 및 성격 형성에 어떻게 기능하고 있는지를 좀더 구체적으로 살펴보자.

1) 현실과 허구의 혼동

텔레비전의 중요한 특징 중의 하나는 우리에게 유사 환경을 만들어준다는 것이다. 텔레비전에 장시간 노출되어 있는 사람들은 간접 체험은 확대되고 직접 체험은 감소되어 현실과 허구의 세계를 구분하지 못하는 경향이 있다. 특히 텔레비전이 비추는 세계를 현실로 인식하기가 쉽다. 그뿐만 아니라 책에 비해 실감나는 영상 이미지를 제공하기 때문에 현실을 그대로 반영하는 것처럼 보이게 된다.

텔레비전 드라마 속의 내용을 사실적이라고 믿거나 텔레비전이 세상을 그대로 비추어주는 창문이라는 생각을 갖고 있는 사람들은 의외로 많다.

뉴스의 경우를 생각해보면 이것은 더욱 분명해진다. 우리는 텔레비전 뉴스를 통해 오늘 하루 동안 우리 나라뿐 아니라 세계 각국에서 무슨 일들이 일어났는지를 알게 된다. 그러나 뉴스 시간을 통해 보도되는 사건의 수는 극히 제한되어 있다. 그날 하루 동안 일어난 수많은 사건들 중에서 극히 일부분만이 우리에게 전달되고 나머지는 그런 일이 일어났다는 사실조차 모른 채 묻혀버리게 된다. 그러나 우리는 텔레비전이라는 창문을 통해 보여지는 세상만을 보면서 마치 그것이 세상의 전부인 것처럼 생각하면서 살아가게 된다. 또 그렇게 받아들인 정보로 세상에 대한 평가를 하게 된다. 하지만 이러한 정보는 때로 경험해보지 못한 세계에 대한 편견으로 이어지기 쉽다. 특히 세상에 대한 직접 경험이 지극히 적은 청소년들이 텔레비전 속에 비친 세계와 실제 세계를 구분하지 못하리라는 것은 충분히 가능한 일이다.

2) 대인관계의 변화

텔레비전에 지나치게 몰입해 있는 시청자들은 타인과의 커뮤니케이션이나 평범한 교제를 제대로 하지 못한다는 조사결과가 있다. 또한 기계 친화성이 높으면 대인관계가 원만하지 못하여 고독감을 느끼기 쉽다는 주장도 있다. 비디오 게임을 즐기는 청소년들을 대상으로 한 조사에 의하면 비디오 게임을 자주 하는 아이들은 사회적 규칙에 무관심하고 자기 기분 내키는 대로 행동하는 경향이 있다고 한다. 다른 사람과의 커뮤니케이션, 감정과 의사를 서로 나누는 것을 골치 아파하며, 또 그렇게 하려는 마음도 없다. 정면대결이나 승부를 하지 않으며 그 자체를 싫어한다는 것이다. 이들은 친구를 가려서 사귀고 싫어하는 친구는 절대 상대하지 않는다. 또 크게 싸우는 적도 별로 없고 자신의 생각을 말로 전달하는 데도 그다지 관심이 없다고 한다.

비현실적인 영상 속의 등장인물들과 자주 접촉하다 보니 현실에서 다른 사람들과 상호작용하면서 획득해야 할 사회적 능력을 학습하지 못하고 사회적 발달이 저해되는 것이다.

3) 현실 인식의 약화

텔레비전이 제공하는 간접 체험이 증대됨에 따라 현실 인식이 약화될 가능성도 크다. 특히 타인의 아픔을 내 것처럼 공감하는 능력이 떨어지게 된다. 어떤 일에 대한 직접 체험은 그 인상이 선명하게 각인되어 그 후에 발생하는 간접 체험을 마치 직접 체험인 것처럼 실체화하는 기초가 된다. 가령 실연한 경험이 있는 사람은 그런 내용의 책이나 드라마를 볼 때 마치 자신의 일인 것처럼 느끼게 된다. 그러나 간접 체험의 경우에는 그러한 동일시가 이루어지지 않는다.

몇 년 전 페르시아 만 전쟁이 터졌을 때, 많은 사람들이 텔레비전에서 중계해주는 실전의 상황을 마치 비디오 게임을 보듯이 즐겼다는 보고가 있다.

즉 아무리 비참한 전쟁이라도 그 광경을 편안한 소파에 앉아서 보는 것은 간접 체험이기 때문에 실감이 전혀 나지 않는 것이다.

미디어를 통한 간접 체험이 증가하면 미디어가 자신의 환경을 둘러싸는 일종의 캡슐(capsule)형 인간이 생겨난다는 우려도 있다. 즉 미디어에 의한 간접적인 커뮤니케이션에 둘러싸여 자신의 신변에서 일어나는 현실을 제대로 인식하지 못하고 타인과의 커뮤니케이션을 의도적으로 차단하거나 회피하는 인간을 말한다.

4) 고정관념 형성

이것은 미디어의 '스테레오 타입' 기능을 지칭한다. 텔레비전이 무의식 중에 사람들에게 세상과 인간에 대한 고정된 이미지를 제공한다는 것이다. 일반적으로 사람들은 대부분 다른 사람들, 특히 자신과 비슷한 사람들이 어떻게 살며, 무슨 생각을 하는지 알고 싶어한다. 그런 욕구를 채워줄 수 있는 가장 손쉬운 수단이 바로 텔레비전이다. 그런데 여기에 비친 세상 자체가 제한적이고 편파적인 모습일 때 문제가 발생한다.

텔레비전에서 묘사하는 인간의 모습은 심하게 왜곡되어 있는 경우가 많다. 이상적인 남성상과 여성상은 모두 출중한 외모와 체격 조건을 갖춘 것으로 그려지고, 장애인들이나 노인들은 무가치하고 불필요한 인물로 묘사되는 경우가 비일비재하다. 또 종교인은 어떤가. 텔레비전에서 묘사되는 기독교인의 이미지는 결코 긍정적이라고 볼 수 없다. 고리타분하고 융통성 없는 모습, 텔레비전에서 보여주는 대표적인 기독교인의 모습이다.

텔레비전을 통해 습득된 고정관념은 우리 삶에 있어서 손쉬운 길잡이로 지침이 되기도 하지만, 때로는 그릇된 세상 인식을 심어주기도 한다. 이 같은 고정관념은 직접 경험치 못한 사람이나 집단에 대한 선입관으로 자리잡게 되어 실제 경험에서 자칫 그릇되게 작용할 수 있다. 미디어를 통한 우리의 간접 경험은 얼핏 경험의 확장같지만 실제로는 인간의 능동적인 경험을 축소시키는 거짓 경험이라고 해도 틀린 말이 아니다. 사람들은 아는 것이 많아졌다고 생각하는 경향이 있지만 그 경험의 대부분은 굴절되어 있거나 과장, 축소, 왜곡된 고정관념의 결과인 것이다.

5) 공격성 증대

텔레비전이 가져오는 폐해 가운데 빼놓을 수 없는 것이 폭력의 문제이다. 텔레비전은 허구의 세계를 만들어내기 쉽고 정보의 시각화가 가능하다는 특징 때문에 훨씬 더 실감나고 자극적인 폭력들을 시청자들에게 제공하고 있다. 폭력에 있어서 좀더 근본적인 문제는 인간의 생명과 존엄성에 관한 외경심, 동정심을 상실하여 정서가 황폐화할 수 있다는 사실이다.

어린이들은 초등학교를 졸업할 때까지 텔레비전을 통해 8천 건의 살인과 10만 건이 넘는 폭력행위를 보게 된다고 한다. 또한 청소년들이 즐겨하는 비디오 게임 가운데 89퍼센트가 폭력적인 내용을 담고 있으며, 죽음을 가볍게 다루는 내용도 많았다는 조사결과가 바로 그런 우려를 뒷받침해준다.

폭력적인 미디어의 내용이 사람들에게 구체적으로 어떤 영향을 미치는가에 대해서는 다음 몇 가지로 설명할 수 있다.

첫째, 거부감이나 혐오감을 불러일으키는 영상 자극을 반복해서 보면, 폭력에 대한 저항감이 약해지고 폭력 행동에도 익숙해진다.

둘째, 실제로 체험을 하지 않더라도 타인이 공격적 행동을 하는 것을 보면 그것을 모방하여 똑같은 행동을 하게 된다는 모델링 이론의 설명이 있다.

셋째, 문화 계발 효과로 일컬어지는 측면으로 텔레비전 시청 시간이 긴 사람일수록 폭력 범죄의 발생률을 높게 예측하거나 현실 사회를 위험한 세계로 인식하는 경향이 높아져 타인에 대한 경계심을 지니게 된다는 것이다.

그 밖에 폭력행위를 봄으로써 오히려 잠재되어 있는 공격 성향이 해소된다는 카타르시스 이론 등이 있기는 하지만, 현대 영상매체의 지나친 폭력성과 자극성, 선정성 등이 그런 미디어에 직접적으로 장시간 노출되어 있는 사람들, 특히 자아 형성 단계에 있는 청소년들의 성격에 부정적인 영향을 미치리라는 점에 대해서는 학자들도 대체로 동의하고 있다.

6) 가치관의 변화

영상에 익숙한 사람들은 재미있는 텔레비전 프로그램을 따라 채널을 돌리듯 '옳고 그름' 보다는 '좋고 싫음' 으로 사물을 판단하는 경향이 있다. '좋고 싫음' 이란 곧 취향을 의미하는데 취향에 따른 가치 판단은 곧 남들과 다르게 살고 싶다는 이질 지향적인 가치관을 만들어낸다. 요즘 X세대의 특징으로 지적되는 '남과 다르고 싶다' 는 의식은 바로 이러한 이질 지향적인 가치관에서 연유한다고 볼 수 있다. 이들은 남들과의 합의에 도달하기 위해 노력하기보다는 각자의 취향과 개성을 존중해주는 선에서 타협하는 성향이 강하게 드러낸다.

또한 영상세대들이 즐기는 영상물은 대부분 감각적이고 전환이 빠른 화면으로 구성되어 있다. 그 대표적인 것이 텔레비전 광고이다. 영상세대들은 광고를 프로그램과 동일한 선상에서 좋아하고 즐긴다. 감각적이고 자극적인 영상, 15초 내지 20초 동안 빠른 속도로 전개되는 스토리, 인간의 욕구와 갈망을 가장 강렬하게 표현해내는 광고가 사람들의 흥미를 자극하는 것은 당연한 일이다. 이들이 접하는 광고의 수가 주당 평균 7천2백여 편이라는 수치를 생각해볼 때, 광고가 이들에게 미치는 영향력을 가히 짐작할 수 있다.

광고의 가장 기본적인 메시지는 "이 물건을 사면 문제가 해결된다"라는 것이다. 시선을 끌고 싶다면, 연인과의 좋은 시간을 원한다면, 머리가 아프다면, 예뻐지고 싶다면, 바로 이 물건을 사면 된다는 것이 광고의 주장이다.

이 같은 광고에 계속 노출될 경우 물질주의적인 가치관을 내면화할 가능성은 매우 높아진다.

3. 교회의 사명과 대처

지금까지 살펴본 텔레비전의 영향력은 단지 부정적 역기능이라고 치부해버릴 수 만은 없는 것들이다. 부정적이든, 긍정적이든 텔레비전이 우리 삶의 한가운데에 자리잡고 있는 증거들이라고 할 수 있다. 그렇다면 이 같은 텔레비전의 강력한 영향력에 대해 교회와 그리스도인 그리고 교육자들은 어떻게 대처해야 하는가?

가장 중요한 것은 텔레비전 자체에 대한 무조건적인 거부 또는 기피의 태도를 버려야 한다는 것이다. 우리는 텔레비전에 대해서 멀리서 바라보고 비판하고 손가락질하는 경향이 있다. 그리고 은연중에 텔레비전에 빠져 있는 사람들을 경멸하기조차 한다. 자신은 마치 그 탁한 물에 속하지 않은 존재처럼 스스로를 위치지우는 것이다. 크리스천일수록 이러한 모습을 많이 갖는 편이다. 이들은 텔레비전이 영적인 성장이나 하나님과의 관계 유지에 전혀 도움이 되지 않는다고 말한다. 그리고 가능하면 텔레비전과 절연하거나 멀리하는 것이 바람직하다고 충고한다.

그러나 오늘날 텔레비전과 절연하는 일은 결코 쉬운 일이 아니다. 특히 아직 영적으로 미숙하고 자기 의지가 불확실한 어린이들이나 청소년들에게는 거의 불가능하다. 또한 텔레비전이 교회보다 훨씬 재미있다고 느끼고 있는 아이들에게 무턱대고 텔레비전을 보지 말라고 하기는 더욱 어렵다.

텔레비전이 낳은 영상문화는 이미 이 시대의 문화적 특성으로 자리잡고 있다. 이 같은 상황에서 영상문화를 문젯거리로만 보고 그것을 무조건 기피

한다면 "어떻게 청소년들을 지도할 것인가"라는 중대한 문제를 해결할 수 없다.

텔레비전과 같은 영상매체와 더불어 살아온 젊은이들은 이미 듣는 것보다 보는 것을 좋아하고, 어쩌면 그것을 자신들의 생체 리듬이라고까지 말할 수 있는 세대이다. 이렇게 보면 영상매체는 이제 교육과도 뗄 수 없는 중요한 문제가 아닐 수 없다. 영상매체를 무조건적으로 배척할 수 없는 이유가 여기에 있고, 그것 또한 하나님께서 우리에게 허락하신 교육 수단이라는 데 인식을 달리해볼 필요가 있다. 다시 말해 텔레비전의 긍정적인 효과의 측면에 관심을 기울이고 그것을 청소년들의 전도와 선교를 위해 활용하는 방안을 생각해보아야 한다는 것이다. 영상에 익숙한 그들의 취향과 특징을 잘 파악해서 그것을 하나님의 말씀을 전하는 유용한 도구로 사용할 수 있는 방안을 마련해야 한다.

우리가 텔레비전에 대해서 교육해야 할 이유가 바로 여기에 있다. 텔레비전 보기를 즐기든, 즐기지 않든 텔레비전에 대한 분별력을 길러줄 필요가 있는 것이다. 만약 우리가 텔레비전 보는 눈을 기르지 않으면 텔레비전이 전달하고자 하는 것 이상으로 섭취하고 거기에 동화될 위험이 있다. 자기도 모르는 사이에 수동적인 수용자로 전락할 수 있다는 것이다. 따라서 우리는 그리스도인의 입장에서 적극적으로 텔레비전의 위력에 대해 관심을 가져야 하며, 텔레비전이 제시하는 세계와 가치에 대해 적극적인 의문을 제시해야 한다.

현재 우리가 목격하고 있는 영상문화의 여러 가지 문제들은 단지 영상매체에만 책임을 돌릴 수 없는 것들이다. 물론 문화 변화에 있어 매체가 중요한 위치를 차지하고 있지만 문화는 그것과 더불어 변화해가고 있는 사람과 매체와 조직과 구조의 총체적인 맥락에서 이해되어야 한다.

따라서 텔레비전에 대한 올바른 이해를 위해서는 텔레비전을 하나의 중요한 사회제도로 보는 데서 시작해야 한다. 그리고 그것에 대한 체계적인 교육 커리큘럼이 개발되어야 한다. 텔레비전 프로그램이 어떻게 만들어지는지, 그 제작과정에 어떠한 조직적, 제도적 요인들이 작용하는지 등에 대한 이해가 이루어져야 하고 텔레비전이 우리의 삶과 가치관과 사회 환경을 변화시키는 양상에 대해서도 교육해야 한다.

그리고 텔레비전 때문에 교회를 가지 않겠다는 아이들이 늘어가는 현실에서 크리스천으로서 왜 만화영화보다 예배가 더 중요한지도 가르쳐야 한다. 이를 위해서는 텔레비전을 무조건 백안시하고 배격하는 태도는 이제 버려야 한다. 교회 내에서 미디어와 말씀의 문제, 말씀의 가치와 텔레비전의 가치를 가르치는 본격적인 미디어 교육이 실시되어야 한다.

이제 교회는 우리가 마주하고 있는 미디어 현실에 대해 좀더 세심하게 주의를 기울이고 그것을 단지 어린이나 청소년들의 문제만으로 한정지을 것이 아니라 우리 사회 전체가 어떠한 문화적 풍토 속에 놓여 있는가에 대한 좀더 폭넓은 관심으로까지 연결할 수 있어야 할 것이다.

생각해봅시다

1. 나와 우리 가족이 하루 동안 텔레비전을 시청하는 시간이 얼마나 되며, 주로 어떤 프로그램을 보는지 일주일 단위로 기록하고 여기에 대해 이야기해봅시다.
2. 텔레비전을 보는 이유에 대해 토론하고, 그 중에서 텔레비전의 좋은 점과 문제점을 이야기해봅시다.
3. '텔레비전과 나'라는 주제로 생각해보고 지금까지 텔레비전이 나에게 어떤 영향을 미쳤는지에 대해 토의해봅시다.

이 글의 저자 안정임은 서강대학교 신문방송학과와 동대학원을 졸업했다. 미국 남일리노이 주립대학교에서 언론학 박사학위를 받고 방송위원회 정책연구실 선임연구원을 역임하였으며, 현재 서울여자대학교 신문방송학과 교수로 미디어 교육, 방송학, 미디어 심리학 등을 가르치고 있다.

11장
광고의 사회학

■ 마정미

1. 끝없이 나타나는 '일용할 고민거리'

펩시콜라 광고의 '펩시맨'은 국내 젊은이와 어린이들에게 널리 사랑받는 캐릭터이다. 펩시콜라 광고가 그리고 있는 펩시맨의 영웅적 이미지(위기에 놓인 사람들을 극적으로 구해준다는 점에서 펩시맨은 우리 시대의 영웅이다)는 기존의 영웅들과는 사뭇 다르다. 펩시맨은 언제 어디서든 나타나 펩시콜라 소비자에게 봉사한다. 그러나 이 착한 영웅은 목적한 바를 이루기도 전에 실수를 저지르거나 봉변을 당하는 '멍청한 슈퍼맨'이다. 펩시맨이 영웅의 이미지를 가지고 있음에도 이렇게 희화(戱畵)되는 것은 사람들에게 웃음을 줌으로써 제품과의 친밀감을 높이려는 광고전략 때문이다. 기존의 영웅과의 또 다른 차이점은 이 광고가 탄생시킨 영웅이 바로 상품이라는 점이다. 펩시맨은 펩시콜라의 다른 모습이다. 펩시맨은 펩시콜라를 전해주고 소비자의 욕구를 충족시키고 나면 폐기되거나 재활용되는 콜라 캔과 같다. 실제로 펩시맨의 광고를 보면 에피소드 후에 상품 씬이 한 번씩 나오는데, 매번 펩시맨이 놓여 있던 상황을 재현한다. 흠씬 얻어맞아 찌그러진 캔, 물방울이 맺혀 있는 캔, 옆으로 누워 있는 캔, 신기루처럼 사라지는 캔 등 각각의 에피소드가 환치된 모습이다.

우리 나라를 비롯하여 전세계적으로 공전의 히트를 친 만화 〈드래곤 볼〉역시 영웅서사라 할 수 있다. 불사의 묘약인 7개의 드래곤 볼을 찾아 떠나는 손오공의 모험은 어찌된 일인지 목적을 달성하고도 끝나지 않는다. 속편까지 42권에 이르고 우리 나라에서 연재된 기간만도 10여 년에 가깝다. 어떻게 그 긴 플롯과 서사구조가 가능한가? 드래곤 속편의 뼈대는 최강자를 뽑는 무술대회와 끊임없이 나타나는 최강자, 초(超) 샤이안, 초초(超超) 샤이안의 결투 이야기이다. 우주 최강자를 가르는 이 끝없는 싸움은 매회 갈등과 클라이맥스가 있고 다음 회로 이어진다. 이들에게 적은 '대결' 그 자체이다. 선과 악을 떠나서 누가 강자이냐가 중요한 것이다. 기실 영웅도 따로 없다. 매번 최고수를 만나 싸워야 하기 때문에 주인공은 죽도록 고생한 끝에 겨우 승리를 거두고, 그 기쁨을 만끽하기도 전에 곧 또 다른 적수를 만나 싸워야만 한다.

이 영웅 이야기는 소비사회를 살고 있는 우리의 인식 구조를 분명하게 반영하고 있다. 상상해보라! 새로울 것 없는 아침에 눈을 떠 이런저런 준비로 부산을 떨고, 직장(또는 학교)에 가기 위해 버스를 타고, 같은 자리에 앉아 지금껏 해왔던 일을 또 해야 하는 소비사회 사람들을. 늘 반복되는 일상을 살아가야 하는 사람들에게 세계 평화는 결코 자신의 고민거리가 아니다. 자신의 문제는 눈앞에 있는 일상의 골칫거리들이고, 이 문제를 해결하기 위한 모험만으로도 너무나 바쁘다. 더구나 일상의 골칫거리란 손오공 앞에 점점 더 강한 싸움 상대들이 나서는 것처럼 끝도 없이 나타난다. 오늘의 난제를 해결하면 또 '일용할 고민거리'가 생기는 것이다.

이 일상의 문제는 대부분 "당신은 이런 문제가 있지 않은가? 이것은 큰 문제이다. 이를 해결하기 위해서는 우리 제품을 꼭 써야 한다"라는 식으로

병주고 약주는 광고에 의해 더욱 부추겨진다. 이러저러한 상품을 사기만 하면 우리 인생이 좀더 나아질 수 있다고 계속 상기시킴으로써 우리의 공포, 불안 그리고 걱정에 편승하는 것이다.

사람들은 고민을 해결하기 위해 상품을 사게 된다. 예를 들어 얼굴에 여드름이 나면 이를 퇴치하기 위해서 로션과 비누를 바꾸고 연고를 사야 한다. 그러니 내 앞의 적을 무찌르기 위해서는 슈퍼맨처럼 날아서 슈퍼나 약국으로 달려가 상품을 사야 할 형편이다. 놀랍게도 이제 상품이 영웅의 자리에 등극한 것이다. 그러나 이 영웅은 신화적인 영웅과는 달리 한 번 쓰고 나면 버려지는 1회용이요, 다시 필요한 상황이 되면 편의점에 가서(하나님께 영웅의 도래를 간구하는 것이 아니라) 돈을 지불하고 살 수 있는 영웅인 것이다.

우리는 어느덧 상품이 영웅으로 되는 시대에 살고 있다. 누구도 이 사실을 부인할 수는 없겠지만, 그러나 과연 이 같은 현실이 바람직한 것인가 하는 질문을 던질 수는 있다. 더불어 우리는 우리의 소비 욕망을 지나치게 자극하는 상품의 홍수 속에 살고 있는 것은 아닌지 반성해야 한다.

소비에 대한 욕망이란 펩시맨이 역설적으로 보여주었듯이 신기루 같은 것이고, 콜라를 아무리 마셔대도 좀처럼 갈증이 가시지 않는 것과 같은 이치가 아니던가. 만약 우리가 이 같은 문제점에 대해 깊이 있게 반성하지 않는다면, 우리는 단지 "나는 소비한다. 고로 존재한다"는 소비사회의 무기력한 개체로 전락하고 말 것이다.

2. 광고는 체제를 수호한다

모든 상품의 궁극적인 목표는 판매이다. 상품이 상품으로서 스스로의 가치를 실현하는 것은 사용자에게 사용되어 그 사용 가치를 실현시키는 것이며 이를 위해 소비자에게 선택되는 것이 자유경쟁 시장구조에서는 필수적이다. 포장과 광고의 필요성이 대두되는 것은 이 시점이다. 수많은 상품과 동종 품목들 중에서 구매를 결정하는 것은 사용 가치가 아니라 사용 가치의 '약속'으로 변화하고 있다.

상품의 가치를 보장받을 때 구매 행위가 이루어지며 사용 가치의 약속은 구매자의 동기 유발을 끌어내야 한다. 동기 유발은 소비자 각각의 상이한 욕구, 개인의 정체성 형성 과정에 기초하여 수립된다. 상품 미학의 효과는 수용자를 통해 이루어지지만 한편으로는 수용자에게서 효과적인 재료를 찾아내어 조형된다. 사회의 반영이 이루어지며 한편으로 사회의 이데올로기가 만들어지는 것도 여기에서 비롯된다.

광고는 일차적으로 상품 판매의 촉진 과정에서 특수한 관념이나 가치관을 선택하여 문화적인 형식으로 제시하게 된다. 상품 광고는 '관념, 태도, 동기, 꿈, 욕망, 가치 등을 다루고, 말과 이미지에 의해 의미를 부여하는 작업', 즉 '의미화하는 실천'을 통해 이들에 문화적 형식을 부여한다. 상품 광고의 의미와 가치는 텍스트 자체로서부터 연원되는 것이 아니라 생산 과정과 텍스트, 텍스트와 수용 과정의 상호작용을 통해 드러나기 때문이다. 그리하여 소비자가 특정한 상품을 사거나 서비스를 취득하는 것은 물건을 사는 것일 뿐만 아니라 어떤 이미지를 사는 것이기도 하다. 그 이미지는 더 나은 삶에 대한 신념과 희망으로 구성되어 있다.

광고는 지각을 조직하고 의미 구조를 창조하기 위해서 고안된 메시지 체계이다. 광고주들은 시청자의 실생활과 대중매체로부터 사회문화적 의미를 추출하여 상품의 의미 관계 속에 조합하여 시청자에게 제시하는 이미지 속에 끼워넣는다. 이런 의미 과정은 모든 광고의 기본적인 과정이며, 이러한 기초적인 의미 과정이 상품과 아이디어를 연결하는 기본적 광고의 틀이다. 광고주는 광고에서 소비자가 잘 알지 못하는 상품이라는 기표를, 의미 있는 기호로 전환시킨다.

그러나 광고는 상품 이외의 것들에 대한 평가, 규범 및 명제도 직접, 간접적으로 전달한다. 광고는 시청자에게서 광고주가 원하는 해독을 최대화하기 위해 어떤 틀을 발전시키는데 그 틀은 상품의 세계를 사회적 관계의 세계로 변환시키는 구실을 한다. 광고는 일종의 사회화의 역할을 수행하며 일정한 방향으로 현실을 구성하는 것이다.

광고는 상품 판매를 위한 설득 이외에도 사회의 신념 체계에 그 자신의 의미들을 유포시키는 것을 비롯하여 그 밖에도 여러 가지 의미화하는 실천을 행하기 때문이다. 그래서 광고는 그런 의미화 작업이 이차적인 구실임에도 불구하고 사회적으로는 구매 설득이라는 일차적인 구실 못지않게 중요하다고 할 수 있다. 광고는 경제적으로는 대량 생산과 대량 소비를 연결시키는 기능을 하고 광고를 매개하는 매체의 생존을 돕기도 한다. 사회정치적으로는 주요한 사회적 통제기관으로 구실하고 사회적 스테레오 타입을 영구화하고 정치행동이나 정치의 양식을 변모시키는 등 중요한 구실을 행하는 것이다.

광고는 사람들이 그들 주위의 세계에 반응하는 방식에 강력한 영향력을 갖는 이미지와 정보의 순환력을 창조하고, 처리하고, 정제하고 주재한다. 광고는 흔히 사회를 비추는 체하지만 현실을 있는 그대로 반영하는 것이 아니라 많은 사람들이 실제로 있다고 믿고 싶어하는 장밋빛 세계를 그린다. 광고는 현실이 제공하는 것보다 더 견딜만한 세상에 대한 사람들의 꿈과 희망을 다룬다.

광고는 그 영향력을 기존 질서를 선호하는 방향으로 동원하는 특성이 있다. 그 까닭은 광고가 새로운 사회에 관한 주장이 아니라 단순히 현재 존재하는 사람들에게 상품을 파는 도구일 뿐이라는 상품 광고의 특수한 지위와 구실 때문이다. 광고의 역할은 결코 사회를 변화시키는 것이 아니다. 광고라는 신비 체계는 개인적 차원에서 시작되지만 이것이 신비 유형으로 기능하면 사회 전반에 확산된다. 현대사회의 '소비 이데올로기'에 경종을 울릴 이유는 여기에 있다. 또한 자본주의 체제가 갖는 '개인주의 철학'이 다양한 개인의 집합체가 아니라 획일화된 다양성이어서는 안 될 것이다.

오늘날 광고는 현대사회에 막강한 영향력을 행사하고 있다. 물론 그 영향력은 광고가 목표로 한 것도 아니고 책임을 질 수도 없는 일이다. 그렇다면 광고는 '무죄' 인가.

자본주의 체제하에서 광고를 전면 부정할 수 없다면 우리가 할 수 있는 대안은 작은 것들이다. 광고와 소비의 환상에 거리를 두기, 혹은 자율적인 광고 규제, 욕망의 지연과 통제 같은 것들이다. 창조적인 광고와 현명한 소비자가 만날 때 그야말로 다원적이고 자유로운 개인주의를 구가할 수 있을 것이다.

3. 광고와 선정주의

광고의 소재는 무한하다. 상품, 그 자체뿐만 아니라 전통문화와 반항문화, 자연과 도시의 아름다움, 감성과 시각을 자극하는 이미지, 개혁과 전통의 목소리, 환경 문제와 여성해방까지, 극단의 논리와 이미지들이 모두 광고의 재료가 되어 가공되고 생명력을 갖고 태어난다.

지배 문화의 종속을 거부하는 반항문화와 하위문화, '좋은 취미'에 상반되는 '나쁜 취미' 같은 것도 상품 미학은 거침없이 융합시킨다. 청바지 문화라든가 신세대 담론, 디스토피아나 감옥, 노동자의 이미지나 인류의 난제, 전쟁, 기아, 금단의 위반, 자연의 파괴 등 선정적인 소재들도 등장한다.

현실적으로 성을 이용하면 제품의 매출 신장에 효과적이라는 것은 일반적인 상식이다. 섹시한 청바지 광고로 유명한 '게스'와 향수 광고.

'센세이셔널리즘' '선정주의'는 그 정의를 내리기가 아주 복잡하다. 간단히 얘기하면 선정주의는 감각적이고 말초적인 자극을 일으키는 상업적 언론에만 해당되는 얘기가 아니다. 진보적인 사회운동에도 선정주의는 있다. 요컨대 '선정주의' 하면 황색 저널리즘을 연상하지만, 그 자체가 무조건 나쁜 것은 아니라는 얘기이다. 선정주의의 주요 요소는 이성이 아니라 감성에 호소하는 것이어서 인간의 호기심, 불안, 공포를 이용하는 선정주의가 있는가 하면, 인간의 양심에 호소하는 선정주의도 있는 것이다.

언론이나 문화에 드러나는 선정주의는 주류문화의 코드, 관행, 이데올로기에 저항하는 저항문화적 표현양식으로 나타나는 경우가 많다. 이런 형식들은 주류문화에서 잉태되고 이에 저항하거나 반하는 형식으로 나타나기도 하며, 대안 문화 형태로 파급되기도 한다.

레이몬드 윌리엄스(Raymond Williams)의 문화론처럼 지배문화와 이에 반대편에 있는 저항문화, 그리고 이들이 접합하거나 새로운 가치를 표방하는 부상 문화의 자락에는 센세이셔널리즘이 자리하고 있다. 넓은 의미에서

는 부상 문화의 자락에는 센세이셔널리즘이 자리하고 있다. 넓은 의미에서 말하자면 아방가르드도 선정주의와 함께 포문을 연다.

광고의 경우는 어떨까. 상업과 예술의 묘한 쌍생아인 광고는 그 생래적인 특성 때문에 예술적인 선정성이 상업적인 성공으로 이어지는 경우가 종종 있다.

전통 광고는 멋진 세상, 행복한 낙원, 영원한 젊음을 그린다. 희망과 행복이 넘실거리는 광고의 세계는 우리에게 낙원을 약속한다. 그러나 소비자의 눈길을 끌기 위해 좀더 자극적이고 강렬한 이미지를 찾는 광고의 세계에서는 섹스 어필을 비롯해서 온갖 미적 추상이 도입된다. 에로티시즘을 이용한 이미지들이 많은 광고에 차용되지만 미의 반대편에 있는 것 같은 그로테스크 광고 혹은 네거티브 광고라 불리는 일련의 광고들 역시 선정적인 광고의 한 자락으로 이용된다는 것이다.

일단의 혐오감과 거부감을 일으키는 이런 광고들은 진지한 인생을 보여주기도 하고 우리가 금기시하고 두려워하는 것을 직면시킨다. 실업, 마약, 범죄, 에이즈, 전쟁, 인종주의, 교육, 부랑자들, 환경 등 오늘날 우리가 직면한 가장 심각한 문제들을 적나라하게 담아 끊임없이 화제를 불러일으키는 베네통 광고가 대표적일 것이다. 온몸이 피와 양수로 덮여 있고 아직 탯줄이 어머니와 연결된 상태의 갓난아기 사진, 에이즈 환자의 임종 사진, 전쟁에서 숨진 병사의 피가 엉겨 있는 전투복이 있고 총격으로 죽은 시체에서 나온 피의 웅덩이에 가족의 얼굴이 비치는 사진 등이 있다. 이런 광고는 파격적인 이미지와 카피로 시선을 끌고 심정을 불편하게 한다. 흘깃 보고 지나쳐지지 않는 것이다. 네거티브 광고는 반어법이나 부정적인 이미지로 고정관념을 깨는 광고이다. 잔탁 광고처럼 그 부작용을 보여주는 식으로 부정적인 이미지로 시선을 끈다.

이 광고들은 선정성과 충격만을 주고 대안과 근본 문제점을 정확히 짚지 못한다. 그러나 주목 효과는 확실하다. 센세이셔널한 사건에 감동받고 안타까워하며 불안해하는 소비자에게 남는 것은 이미지와 상표이다.

본래 사람들이 가장 좋아하는 것은 불 구경과 싸움 구경이라나. 급속도로 가속화되는 도시 사회에서는 끊임없이 화제를 일으켜야 주목받는다. 이런 뉴스 거리들은 세상을 깜짝 놀라게 할 만한 '뜨거운 것'이어야 한다. 이는 흥분 상태를 유발해내는 감각을 지녀야 한다는 뜻이다.

하나의 자극은 우리의 눈을 통하여 의식의 심층부에서 받아들이고, 특히 그 자극이 섹스나 죽음에 관한 문화적인 반발에 부딪히는 경우에 그 반응은 더욱 강해진다. 인간의 무의식 과정은 금기 사항을 깨뜨리는 행위에 대해서는 더욱 민감하기 때문이다. 그래서 상품 광고는 사회적인 금기나 도착을 개입시킴으로써 그 이미지를 강렬하게 남긴다.

광고는 사회의 감각적인 성격을 직접적인 형태나 분위기로 바꾸어놓는다. 그 안에서 사람들이 살아가는 의미나 가치를 담은 신화적인 메시지를 전달하기 때문에 광고는 원인이 아니라 결과이기도 하다. 광고는 생산품을 파는 동시에, 광고 속에 엄청난 예술적 자원, 심리학적 연구, 마케팅 전략을 동원하여 병치시킨 이미지, 수사, 슬로건들을 통해서 세계를 보는 관점을 판다.

그러나 상품의 세계에서 '혁신'이 '보수'보다 우위에 있는 것은 아니다. 다만 선정주의와 새로운 이미지의 상품 광고는, 보수적인 상품을 사용하는 인간보다 혁신적인 상품을 사용하는 쪽에 가치를 부여하는 가치관의 득세 때문이다. 변화와 혁신을 장려하는 역사관, 사회관에 맞추어 광고는 선정주의에 발빠르게 편승한다.

4. 광고와 규제

광고는 세간에서 '인가받은 포르노'로 거론되기도 한다. 수많은 상품정보와 광고의 홍수 속에서 광고는 소비자의 관심을 끌기 위해 좀더 자극적이고 흥미를 유발할 수 있는 요소로 극한의 자극을 추구한다. 그 사회가 허용할 수 있는 한도 내에서 선정성의 극단을 보여준다. 이런 선정성의 난무는 소비자들을 무감각하게 만들어 웬만한 자극에는 끄떡도 하지 않게 되고 점점 자극의 강도를 높여야 하는 상황이 연출되고 있다.

현실적으로 성을 이용하면 제품의 매출 신장에 효과적이라는 것은 일반적인 상식이다. 이런 인식을 바탕으로 노골적인 성적 자극이나 은밀한 성적 자극이 광고만큼 자주 사용되는 것이 또 있던가? 성충동을 일으키기로 따지면 음란 시비에 오른 소설이나 영화보다 캘빈 클라인 광고나 하겐다즈 아이스크림 광고가 한층 더하다. 가치관이 전도되기로 따지면 포스트모더니즘을 빙자한 광고를 따라갈 자 있던가? 유혹적이고 아름다운 인간의 육체를 포착하거나 사랑의 전희 냄새가 물씬 나는 광고들이 숱하다. 이들은 도대체 검열의 칼날을 어떻게 피하고 있는 것인가?

소설이나 영화는 아무리 야하고 실험적이어도 그 향유에 있어 선택적이지만 광고는 선택적으로 노출될 수 없을 만큼 도처에 포진하고 있다. 그러므로 광고 규제에 대한 필요성은 모두가 공감하는 부분이다. 광고 규제는 선정성도 문제이거니와 우선 사실을 오인시키는 정보 때문에 제기되었다. 기업가는 제품을 팔기 위해 종종 과장되거나 거짓된 정보를 소비자에게 전달한다. 대부분의 제품들이 실질적인 사용 가치보다는 사용 가치의 약속을 부풀리는 데 열심이기 때문에 과장 광고는 거의 모든 제품에 적용될 것이다.

중요한 점은 대부분의 광고가 눈치껏 광고심의에서 빠져나간다는 것이다. 검열이나 심의는 그 목적이 공익에 있음에도 불구하고 그야말로 귀에 걸면 귀걸이, 코에 걸면 코걸이 식이다. 우리 나라의 규제법은 빠져나갈 구멍이 숱하게 있는 법이고 진흥법이란 진흥을 말살시키는 법이라는 어느 공무원의 말이 농담으로 들리지 않는다.

현실적으로 각종 미디어를 통해 무수하게 쏟아져나오는 광고를 몇몇 심의의원들이 모두 심의, 규제하기에는 무리가 있다. 어차피 인쇄광고는 모두 점검할 여력이 없기 때문에 전파광고가 주된 사전심의의 대상이 된다.

전파의 공공성을 빌미로 맡은 바 검열에 임하는 이들의 의욕은 가끔 일반인이 듣기에는 우스운 해프닝이 많다.

광고 윤리의 세 가지 기준은 허위, 기만 광고, 혐오스러움을 주는 광고, 민감한 상품 광고이다. 그 중에서도 광고의 허위·기만·오도 광고는 중대한 심의 사안이다. 상품의 턱없는 미화나 과장 광고로 인해 소비자가 피해를 입거나 착오를 일으켜서는 안 되기 때문이다. 때문에 비교 광고, 과장 광고, 주장의 입증, 추천·보증 광고 대부분이 심의를 통해 조금은 정화되어 매체에 나온다.

그러나 이 점이 자가당착적인 부분이기도 하다. 기본적으로 광고는 제품의 판매 신장을 목표로 한 캠페인이고 상품 미학의 속성을 지니고 있다. 소비자를 설득하기 위한 노력과 소비자를 유혹하기 위한 포장이 필연적이라는 것이다. 그렇다면 이 과장·허위·오도 광고의 진위와 기준은 어디에 두어야 하는가? 사실 애매한 일이 아닐 수 없다. 심의에만 걸리지 않으면 과장·허위·오도 광고가 아니고 소비자가 믿고 사용할 수 있다고 장담하기에는 정경유착이 그렇듯이 자본가와 규제기구 간의 내연관계가 심상치 않다. 대기업보다는 중소기업이 심의와 규제의 대상이 되는 사례가 더욱 많은 현상을 보아도 그렇다.

때문에 오히려 소비자단체가 확실한 실험과 비교 분석을 통해 사실을 입증하고 제품을 고발하는 쪽이 더욱 신빙성 있는 경우가 더 많다. 한때 육각수 논쟁이 붙었던 냉장고의 경우 시민단체의 노력으로 거의 현실성 없는 육각수 효과에 대한 광고가 거두어진 경우가 있다.

허위 과장 광고를 방송 전에 검열을 통해 검토하고 다듬는다는 것은 긍정적인 의미가 있다. 그러나 정보를 규제하는 자는 필연적으로 정보를 통제하거나 조작할 수 있다는 점을 간과하면 안 된다. 모든 정보는 누군가가 걸러주고 통제해서 정리해주는 것보다는 소비자가 자발적으로 판단하는 것이 낫다.

5. 소비자운동은 소비사회의 인권운동

규제는 적을수록 좋지만 광고가 가지고 있는 상업적 목적과 그 영향력을 감안할 때 규제의 필요성은 엄존한다. 상업 광고는 예술작품과 구별된다. 앤디 워홀(Andy Warhol)처럼 광고회사를 때려치우고 팝아트 영역에서 작품활동을 하면 모르되 상품 판매에 명백한 목적이 있는 광고는 표현의 자유에 있어 여타 예술 분야와는 다른 영역에 속해 있다.

광고의 자본주의적 발생 근거와 상업적 속성 때문에 규제가 없다면 의식과 무의식을 대상으로 한 광고의 무차별 공략은 어느 수위에까지 이르게 될지 모를 일이다. 그러나 명백한 것은 규제의 주체가 정부여서는 안 된다는 것이다. 이미 상업 논리와 지배 논리가 어우러져 있는 것이 광고의 현실인데 이를 규제할 단체가 이해득실에 있어서 같은 편이라면 실효가 없는 것은 당연하다.

불건전한 광고의 추방을 위해서는 우선적으로 광고 제작자들의 이성적인 윤리의식과 자율적인 노력과 매체의 자율규제를 기대해야겠지만 이 또한 광고의 속성상 현실적일 수 없다. 상업성을 포기하지 않는 이상 국민에게 혐오감을 주는 고름우유 광고도 국내 유력 일간지에 아무런 제재 없이 실릴 수 있다. 성의 상품화를 비판하는 기사 밑에 버젓이 여성의 야한 포즈와 노출 광고가 실리기도 한다.

이런 상황에서 광고의 부정적인 영향을 최소화시키는 지름길은 적극적인 소비자운동이라 할 수 있다. 소비자단체의 힘은 그들이 소비의 주체라는 점에 있다. 광고가 궁극적으로 제품의 판매에 목적을 두고 있으니 제품 구매자들의 의견을 무시할 수 없고 광고주는 소비자단체의 의견과 압력을 염두에 두지 않을 수 없다. 때문에 공익을 위한 광고 규제에는 적극적인 소비자운동이 가장 현실적이고 합리적인 광고 규제 방안이 될 수 있는 것이다.

광고에 대한 정부 차원의 검열이 물론 다른 나라에도 있다. 그러나 대부분의 국가에서는 자율규제기구와 소비자운동을 주축으로 광고의 규제가 이루어지고 있다. 정부의 제도적 개입이 적지 않은 나라도 있지만 대부분의 국가는 자율규제 체계의 기능에 개입하지 않는다. 건강, 의약품과 술·담배·약물 등 국민에게 심대한 폐해를 끼칠 수 있는 상품의 광고 규제와 관리 등이 정부 규제의 주요 사항들이다. 그 외는 대체로 사후 검증을 통한 소비자의 고발 사례를 통해 광고와 상품판촉 제재가 들어간다. 선진국일수록 자유경쟁과 소비자의식이 절충을 이루고 있으며 자율규제와 소비자의 감시, 기능 체제가 활발하다.

소비자단체는 국가에서 운영하는 단체와 시민단체에서 운영하는 단체들이 공존하고 있다. 우리 나라에서도 재경원의 산하 단체격인 '소비자보호원'과 순수 시민단체인 '소비자를 생각하는 시민의 모임' 등이 활성화되어 있다. 광고 옴부즈맨으로서 모니터링에 열심인 각종 여성단체와 기독교계의 여러 단체들도 있다. 이들이 소비자의 권익과 소비자의 권리를 지키기 위해 불건전한 광고를 규제하고 정확한 정보의 알 권리를 도모하는 것은 의미 있는 일이다. 그것은 이 다채로운 소비사회, 눈부시게 변화하는 멀티미디어 시대에서 인간의 존엄성과 시민의 권리를 찾을 수 있는 값진 일이기 때문이다.

광고 규제를 포함한 소비자운동은 끊임없이 연동되는 소비와 욕망의 구조 속에서 욕망을 다스리자는 자발적인 의지로 볼 수 있다. 환경운동과 마찬가지로 욕망을 자제하고 공생을 생각하는 것이야말로 이 소비자본주의 사회에서 시민의 기본권을 지키는 인권운동의 기본이다.

생각해 봅시다

1. 최근 구입한 상품 중에서 그 구매 행동에 영향을 미친 광고는 어떤 것인지 생각해봅시다.
2. 만약 광고가 없다면 경제, 사회, 문화의 측면에서 상황이 어떻게 달라질지 한번 생각해봅시다.
3. 선정적인 광고의 기호와 충격적인 광고 이미지에 대해서 우리는 어떻게 받아들여야 하는지 생각해봅시다.
4. 광고의 자율 규제를 위해서는 시민의 의식 고양과 건전한 시민운동이 필요합니다. 소비자 주권을 위해, 시민 사회의 일원으로서 시민단체와 자율 규제기관은 어떤 역할을 수행해야 하는지 토의해봅시다.

이 글의 저자 마정미는 광고평론가로 협성대학교, 안양대학교 광고홍보학과에서 강의하고 있다. 저서로는 『최진실 신드롬』, 『광고, 거짓말쟁이』 등이 있다.

12장
교회와 대중음악

▎강인중

요즈음 우리 교회가 겪고 있는 문화적 혼란과 갈등 가운데 가장 대표적인 것이 대중음악과 관련한 문제들이 아닌가 한다. 수년 전 뉴에이지 운동과 그 관련 문화에 대한 교회의 경계심을 촉구하고 기존의 문화 수용 태도를 환기시킨 바 있는 일련의 거센 반(反) 뉴에이지 운동으로 촉발된 대중음악과 관련한 교회 내의 담론 분위기는 그 동안 모든 대중음악에 대하여 '영적인 관점에서의 접근'이라는 까다로운 주제를 떠 안고 계속되어왔다. 이러한 과정에서 이 문화의 속성상 필연적일 수밖에 없는 다분히 혼란스러운 상황이 야기되었고, 기독교인들 사이에서는 대중음악에 대하여 양극단의 태도로 대립하는가 하면, 냉소와 무관심, 또는 도피적인 태도를 취하는 등의 분열된 모습도 보이고 있다.

이러한 시점에서 이제 교회는 그 동안 소극적, 방관적인 태도에서 벗어나 이 분야에 대한 좀더 적극적이고 전문적인 연구와 논의를 통해 불필요하고 소모적인 논쟁을 줄여야 한다. 특히 대중음악의 주수용자 계층인 청소년과 젊은이들에게 하루 빨리 일관되고 설득력 있는 가이드라인을 제시해야 할 책임이 강하게 요구되고 있다. 이 글은 근래 교회 내에서 논란이 되고 있는 음악적 이슈들과 함께 우리 주변에 거대한 물결로 넘쳐나고 있는 대중음악의 현상들을 짚어보고, 현재 한국적 문화 상황 속에서 우리 기독교인의 바람직한 대중음악 수용자세를 생각해보고자 한다.

1. CCM

1) 음악적 개념과 현황

먼저 요즈음 교회 내에 끊임없는 논란거리가 되고 있는 CCM이 있다. CCM은 그 시대에 유행하는(contemporary한) 음악 양식에 기독교적(christian) 메시지를 결합한 음악(music)을 뜻하는 말로, 일반 대중음악 스타일 형식의 오락성이 강한 교회음악을 말한다.

CCM이 비슷한 개념인 복음성가와 구분되는 점은 복음성가가 매우 제한된(온건하고 절제된) 대중음악 양식만을 채택하고 있는 데 반해 CCM은 팝, 록, 댄스, 랩 등 대중음악의 전 장르를 제한 없이 사용할 수 있도록 허용한다는 것이다. CCM은 1970년대 초 미국에서 흑인영가와 가스펠을 주축으로 한 전통적인 복음성가와 차별화된 보다 대중적인 가스펠 음악을 지칭하는 음악으로 시작되었다.

초창기에는 'Jesus Music, Jesus Rock' 이란 이름으로 불리다가 70년대 말에 CCM이란 용어가 등장하였고 미국의 대표적인 대중음악지 「빌보드(Billboard)」가 1984년, 영감의 곡으로(inspirational) 통칭하던 기존의 대중적 기독교 음악을 CCM과 가스펠로 분류하면서 일반화되었다.

국내에서는 1980년대 중반 라이센스를 통해 들어온 미국의 CCM 음반들이 젊은이들의 관심을 끌기 시작했고, 80년대 후반에는 CCM 록 밴드인 스트라퍼(Stryper)와 샌디 페티(Sandi Patti)가 내한 공연을 가질 정도로 분위기

CCM은 팝, 록, 댄스, 랩 등 대중음악의 전 장르를 제한 없이 사용할 수 있도록 허용하고 있다. CCM 댄스 그룹 〈아가파오〉.

가 조성됐으며, 1990년대 들어 본격적인 붐이 일어났다.

이 문화를 적극적으로 이끈 것은 기독교방송(CBS)으로, 독보적인 CCM 전문 프로그램과 콘서트 등을 통해 팬을 양산했다. 최근에는 CCM 전문 잡지가 등장하였고 PC통신 등을 통한 애호가 집단이 늘어나고 있으며 국내의 젊은 기독교 가수들이 다양한 스타일의 CCM을 시도하고 있다.

이러한 분위기 속에서 지난해 이루어진 미국의 대표적인 CCM 록 밴드인 페트라(Petra)의 내한 공연과 대규모 문화행사로 치러진 CCM 관련 회의는 한국에서의 CCM의 확장 속도와 열기를 잘 보여주었다. 특히 신세대 크리스천들이 향유할 대안적 대중문화로서 CCM의 역할이 교회 내의 설득력을 얻으면서 CCM 당위론이 우세를 보이고 있는 가운데 이 음악의 역기능에 대한 우려의 목소리 또한 만만치 않은 것이 오늘 우리 교회의 모습이다.

사실상 이 음악에 대한 논란은 본고장인 미국에서도 CCM의 태동 이후 지금까지 끊이지 않고 제기되는 문제이기도 한데 이미 나와 있는 찬반 양론의 주된 내용은 대략 다음과 같다. '

찬성론

(1) 교회는 다양한 문화 환경 속에서 성장한 이들에게 다가갈 수 있는 시

대에 맞는 문화를 수용해야 한다. CCM은 신세대 교인들에게 가장 적합한 기독교 음악이다. 특히 오락적 대중음악에 빠져 있는 기독 청소년들에게 오락적인 면을 갖고 있으면서도 건전한 대용(代用)음악으로서 가치가 있다.

(2) 대중음악을 좋아하는 청소년들을 거부감 없이 교회로 인도하는 데 적합한 음악이며 대중문화적 특성을 활용, 대다수의 비기독교인들이 부담 없이 복음을 접할 수 있는 전도 도구로 이용할 수 있다.

(3) 음악은 본래 가치 중립적인 것이다. 따라서 음악에 선한 메시지를 결합하면 선한 음악, 악한 메시지를 담으면 악한 음악이 된다. 영성은 평온함(serenity)에만 있는 것이 아니며 구약의 예배에는 매우 왕성하고 다양한 형태의 음악 사용을 언급하고 있다. 따라서 록 음악 등 비트가 강한 음악에도 기독교 메시지를 접목시켜 사용할 수 있다.

(4) 주로 반대 입장에 서 있는 교역자와 기성세대 교인들은 현시대의 대중음악에 대한 이해와 경험, 안목이 극히 빈약한 사람들이거나 보수주의자들이다.

반대론

(1) 복음과 같은 거룩한 주제를 세속적이고 오락적인 양식으로 표현할 수 없다. CCM은 사탄이 교회를 타락시키기 위해 오래 전부터 치밀하게 계획해 사용하고 있는 전략 도구로 양의 탈을 쓴 늑대이다.

CCM이 세속음악의 대안이라기보다는 오히려 그 오락적 성향으로 인해 젊은이들이 깊이 없는 감상적, 피상적인 신앙 태도에 머무르거나 교회에서 말씀과 기도로 양육된 젊은이들이 CCM을 접함으로써 다시 세속적 오락 문화에 빠지게 되는 유혹의 미끼가 될 수 있다.

(2) 성경 어디에도 음악을 전도의 도구로 사용한 예가 없다. 비기독교인들은 세속적 음악을 흉내낸 교회음악보다는 오히려 세상과 구별된 모습의

크리스천 음악에 매력을 느낀다.

(3) 음악에 있어서 형식과 내용은 분리할 수 없다. 즉 록, 헤비메탈 등은 가치 중립적인 음악이 아니라 이미 반항성, 성적인 방종 등 반기독교적인 세계관을 일체(一體)로 하는 악한 음악이다. 성경에서 여러 가지 악기에 의한 찬양이 언급되는 것은 악기 사용의 다양성을 의미하는 것이지 음악의 모든 스타일을 허용하는 것은 아니다.

(4) CCM은 교회가 아닌 기독교 음반 산업계와 아티스트들에 의해 주도되고 있다. 이들은 대체로 영성보다는 이윤 추구를 우선시하는 경향이 강하다. 실제 CCM은 처음부터 상업적 목적에서 탄생한 문화이다. 또한 미국의 경우 CCM 가수들이 표리부동한 신앙과 문란한 사생활로 문제를 일으키는 경우가 적지 않다.

현대 대중음악을 기독교에 도입하려는 시도는 미국에서 시작되어 그 동안 계속 진행되어온 일로 그 시도 자체를 비판하기는 힘들다. 다양한 음악 언어로 찬양하는 것은 성경적이며 교회가 음악 속에 시대적인 혹은 사회, 문화적인 가변 요소를 인정하는 자세는 바람직하다.

그러나 시도 자체를 인정한다는 것이 곧 모든 형태의 기독교 음악이 가능하다는 극단적인 견해로 이어져서는 안 된다.

음악에 있어서 형식과 내용은 떼어놓고 생각할 수 없으며, 형식이 내용을 규정하기도 한다. 따라서 현대 대중음악을 찬양에 도입하되 음악 스타일의 채택에 있어서는 신중한 자세가 필요하다. 아울러 우리 교회의 음악적 전통과 문화적 정서가 무시되지 않는 가운데 복음의 내용이 가장 잘 표현되고 이해될 수 있는 양식을 선별해 점진적으로 수용하는 것이 바람직하다.

지나치게 오락성이 강한 음악 양식의 채택은 자칫 복음을 가볍고 값싼 것으로 전락시킬 위험이 있다. 근래 우리 CCM 문화의 경우, 서구적인 세련미와 오락성이 강조되는 경향으로 흐르면서 우리 복음성가 고유의 소박함과 진지함이 점점 사라지고 경건성이 희박해져간다는 지적이 적지 않음을 주목할 필요가 있다. 음악의 내용과 가수들의 차림새는 다양해지고 화려해지는데 정작 가슴을 울리고 영혼을 찌르는 감동적인 찬양을 만나기가 쉽지 않다고 아쉬워한다.

이와 함께 교회를 등지는 젊은이들을 위한 문화적 배려의 차원에서 CCM의 이용을 적극적으로 고려하는 교회에서는 과연 청소년들이 지금의 복음성가만으로는 부족한가, 또는 찬송가는 젊은이들에게는 은혜가 될 수 없는 고리타분한 노래에 불과한가도 한번쯤 생각해볼 필요가 있다.

결국 신세대를 주대상으로 한 새로운 복음적 대중음악으로서의 CCM에 대한 가치 평가는 이 음악이 '경건의 능력' 을 유지하고 있느냐의 잣대에 의해 판가름 날 수밖에 없다고 본다. 무릇, 기독교 음악(Christian music)이란 그것이 아무리 대중성을 표방한다고 해도 그 우선 가치가 음악이 아닌 '복음' 에 있다고 믿기 때문이다.

2. 뉴에이지 음악

그 동안 우리 교회 안에서 가장 큰 문화적 이슈의 하나로 손꼽혀온 뉴에이지 음악에 관한 논란은 초기의 열띤 분위기에서 어느 정도 벗어나기는 했지만 여전히 크리스천들의 지속적인 관심을 끌고 있다.

1) 음악적 개념과 동향
이 음악은 80년대 중반 이후 미국 내에서 헤비 메탈, 댄스 등 강한 비트의 음악이 유행하자 이러한 음악을 거부하는 계층의 요구에 부응하여 탄생한 음악으로 처음에는 주로 여피(Yuppie)를 중심으로 식사, 파티 등의 배경음악으로 시작되었다.

복잡하고 시끄러운 사운드를 배제하고 무채색의 단순한 선율의 반복과, 서정적 분위기(easy listening)의 연주음악(instrumental music)을 특징적 형태로 하는 이 음악은 도시 생활의 복잡함과 스트레스에 지친 현대인들에게 휴식을 위한 편안함과 넉넉함을 제공한다는, 단순히 즐기기 위한 음악이 아닌 내면 치료음악(music therapy, sound health)으로서의 기능을 강조하여 왔다. 휴식음악(relaxation music), 환경음악(ambient music) 등으로도 불리며, 근래에는 컨템포러리 어쿼스틱(contemporaray acoustic), 명상 음악(meditative) 등 새로운 용어도 등장하고 있다.

근래 뉴에이지 음악의 경향은 크게 다음의 두 가지로 설명할 수 있다. 첫째는 크로스 오버(cross over) 현상이다. 애초 클래식 음악과 민속음악(world music), 재즈, 프로그레시브(progressive) 뮤지션들에 의해 주도된 이 음악은 시간이 흐르면서 각 장르 고유의 음악적 경계를 넘나드는 것은 물론, 기타 인접 장르의 음악과 자유로운 결합을 시도함으로써 다양한 변종(變種)을 탄생시키고 있다. 따라서 색깔이 모호한 퓨전(fusion, 이미지 혼합형 음악) 형태로 끊임없는 변신을 거듭하고 있는 뉴에이지 음악은 이제 어떤 양식의 음악이라고 간단히 규정하기가 불가능하다.

일례로 아일랜드 출신 엔야(Enya)의 국제적 성공과 함께 뉴에이지 음악에 편입된 켈트(celtic) 음악과, 그레고리오 성가(Gregorian chant)와 뉴에이지 음악과의 접목 시도는 이 음악에 대한 무한한 확장 가능성을 잘 보여주고 있다.

또 하나는 이 음악의 사업적 측면에서의 대약진이다. 피아니스트 조지 윈스턴의 국제적 성공을 이루어낸 미국의 독립 레이블(independent label) 음반사인 윈드햄 힐(Windham Hill) 이후에 프라이비트(Private), 나라다

(Narada) 등의 뉴에이지 전문 음반사가 등장하였고, 요즈음에는 유럽 쪽으로 세력이 이동하고 있는 가운데 이 음악의 시장 잠재력을 읽은 소니(Sony), 비엠지(BMG) 같은 메이저 음반사들이 배급과 제작에 적극 관여함으로써 신장이 가속화되고 있다. 정리하면 이제 뉴에이지 음악은 음악적 내용 면에서 광범위한 영역을 포괄하면서 세계 시장에서도 무시 못할 영역으로 자리잡고 있다.

2) 뉴에이지 음악과 기독교

이 음악의 등장 이래 서구 기독교에서는 이 음악의 영적인 면에 대해 강한 의심을 품어왔다. 최근 뉴에이지에 대한 한국 교회의 관심이 급증한 이후 우리 나라에서는 뉴에이지 음악이 기독교인들이 들으면 안 되는 '사탄의 음악'이란 주장이 강하게 지배해왔다. 그 근거는 이 음악의 초기 애호 계층이었던 여피 때문인 것 같다. 이들이 동양철학, 자연회귀운동을 근간으로 한 60년대의 히피 이데올로기의 추종자들로 뉴에이지 음악을 명상, 자아성찰 등의 도구로 사용하였다는 것이 그 이유이다. 이러한 주장이 발전하여 반기독교 종교운동인 새 시대 운동(New age movement)에서 뉴 에이저들이 사용하는 음악으로 확대, 지칭하기에 이르렀다.

그러나 현재 일반적으로 정의되고 있는 뉴에이지 음악의 개념은 기독교에서 보는 종교적 개념과는 조금 차이가 있다. 즉 음악에 관한 한 뉴에이지라

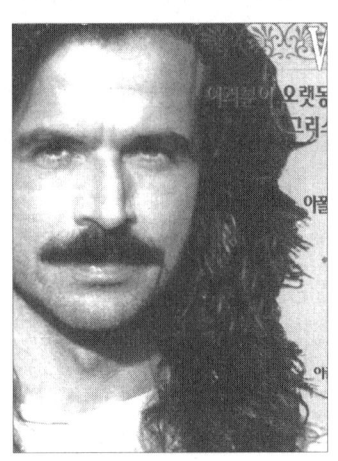

범신론과 신비주의에 근거한 종교적 뉴에이지 음악과 뉴에이지 풍의 상업적 연주음악(야니)은 그 개념이 중복, 혼재되어 있다.

는 용어는 이미 우리가 문제를 삼고 있는 영적, 종교적 개념을 넘어서 앞서 언급한 일반적인 휴식음악이나 명상음악을 총괄하는 의미의 상업적, 대중적 용어로 탈바꿈해버린 상태이다. 한 예로 감미로운 색소폰 연주로 국내에서도 많은 팬을 가지고 있는 케니 지(Kenny G)의 음악이 한때 뉴에이지 음악으로 알려진 적이 있는데, 이는 영적인 문제와는 무관하게 단순한 음악 스타일에 의한 상업적 분류 방식에 따른 것이다. 그의 음악은 실제 뉴에이지 운동과는 아무런 상관이 없는 팝 음악일 뿐이다.

이렇게 볼 때 지금 범신론과 신비주의에 근거한 종교적 뉴에이지 음악과 뉴에이지 풍의 상업적 연주음악은 그 개념이 중복, 혼재되어 있는 현실이며 그 수용 계층도 뉴에이지 운동의 추종자를 뛰어넘어 일반 대중음악 소비자의 범위로까지 확대되어 있음을 알 수 있다.

여기서 우리는 뉴에이지 음악과 관련한 그 동안 우리의 태도를 돌이켜볼 필요가 있다. 즉 모든 음악을 뉴에이지라는 잣대로 치수를 재고 재단하려는 음악 수용에 대한 완벽주의적 태도이다. 이는 예술적 관점은 도외시한 채 지나치게 영적인 시각에 집착해 음악을 분석하려는 것으로 이러한 태도가 오히려 영지주의(Gnosticism)의 함정에 빠지는 위험을 안고 있을 우려도 있다. 특히 음악가나 작품과 관련하여 지엽적인 영적 결함을 문제삼아 전체를 정죄해버리는 극단주의적 주장이 크게 득세하면서 기독교인들이 일반 음악에 대해서 반문화적인 성향을 가지게 되는 문제가 제기되었다. 또한 뉴에이지에 대한 과도한 경계심으로 인해 서정풍(easy listening) 계열의 연주음악이 가지는 고유의 치유와 휴식 기능의 가치가 평가 절하되는 아쉬움이 있었다. 이와 함께 앵크 십자가나 백워드 매스킹(backward masking) 같은 호기심을 자극하는 상징물과 현상과 관련하여 불필요하고 소모적인 논쟁을 벌였던 것은 아닌지도 되짚어보아야 할 점이다.

음악을 영적인 관점에서 들여다보려는 태도가 결코 잘못된 것은 아니다.

그러나 "사탄의 존재를 믿지 않는 것과 사탄에 대하여 지나치게 관심을 가지고 의미를 부여하려는 양극단을 조심하라"는 C. S. 루이스(C.S. Lewis)의 말은 우리가 뉴에이지 음악과 관련하여 새겨들어야 할 중요한 교훈이다.

3. 대중음악

1) 현황

"마돈나와 공룡이 세계를 지배한다"는 표현은 오늘날 연예 오락산업(entertainment business)의 위력을 잘 말해준다.

미국 영화와 팝 음악을 주상품으로 하여 거대한 다국적 기업군에 의해 주도되는 이 산업은 지난 수십 년 동안 고속 성장을 거듭한 끝에 이제는 21세기의 가장 유망한 고부가가치 산업으로 각광받고 있다.

현재 우리 나라 음악 시장은 이러한 세계적인 분위기의 영향하에, 1980년대 후반부터 이루어진 세계적 메이저 음반사와 음반 유통 회사의 상륙과 국내 대기업들의 진출로 인한 시장 규모의 확장, 영상매체의 기능 확대와 이에 따른 수용 계층의 연소화, 최근 일본 대중음악 반입 허용 같은 복합적인 상황이 연출되면서 일대 지각 변동이 일어나고 있다.

합법적인 시장만을 놓고 이야기할 때 우리 나라 음반 시장은 연간 약 5천억 원 규모로 세계 10위권, 아시아에서는 일본에 이은 2위이다. 여기에 콘서트 등 음악 관련 분야를 모두 합하면 1조 원 규모로 집계된다. 전체 음반 시장의 70퍼센트를 점유하고 있는 가요 시장의 경우 300개 가량의 음반제작사(production)에 의해 1년에 1천여 종의 가요 음반이 제작되어 1천만 장 이상이 팔려나간다. 심심치 않게 밀리언 셀러(100만 장 이상 판매)도 나오고 있다.

그러나 이러한 양적 팽창에도 불구하고 근래 우리 대중음악계는 간단하지 만은 않은 숱한 문제점을 드러내고 있다.

2) 문제점

(1) 저급성과 천박성 : 서태지 이후 대중음악 시장의 주고객으로 등장한 10대를 겨냥한 대중음악 생산자들의 무분별한 상업주의적 제작과 과당 경쟁에서 파생된 현상이다. 음악 선택의 안목과 감상의 수준이 미성숙한 저연령층의 기호에 편승한 예술적, 도덕적으로 저질의 음악이 양산되고 있다. 소비의 측면을 넘어 대중음악의 공급에 있어서도 10대 가수들이 우후죽순으로 등장하면서 음악적 완성도가 미흡한 청소년들의 말초적 감성만을 자극하는 댄스 음악이 주류를 이루고 천박한 내용의 사랑과 이별을 다룬 노래 일색으로 대중가요의 저질화가 가속화되고 있다.

(2) 퇴폐, 선정성 : 혼전 성관계나 동성애를 미화하거나 정당화하여 비뚤어진 성의식을 조장하거나, 죽음을 미화하여 자살을 부추기는 노래, 폭력과 반항적인 내용을 뒷골목 언어로 여과 없이 표현한 선정적, 퇴폐적 가요가 쏟아져나오고 있다. 특히 가요 음반에 대한 공윤(현 공진협)의 사전심의 폐지 후 창작, 표현의 자유를 표방하고 등장하고 있는 파격적인 노래말들은 그 시도의 당위성을 일면 인정할 수는 있겠지만 기존 우리 대중가요의 보편적 정서와 가치, 윤리 수위를 무너뜨리는 비도덕적이고 반사회적인 내용을 무분별하게 담아내고 있어 문제가 심각하다.

얼마 전 기윤실이 사전심의 폐지 이후 인기가요의 가사 내용을 모니터한 결과 조사 대상 앨범의 50퍼센트 가량이 청소년들에게 유해한 가사를 싣고 있음이 드러났으며, 근래 케이블 TV, 컴퓨터 통신 등을 통해 수용 인구가 급증하고 있는 가요 비디오의 경우 선정성과 폭력성이 이미 도를 넘어서고 있음이 확인되었다.

(3) 음악적 정체성과 프로페셔널리즘의 실종 : 신세대의 무조건적인 외래문화 모방 풍조에 기인한 서구풍의 음악 스타일과 패션, 안무가 기세를 떨치는 가운데 노래 제목이나 가사, 가수 이름과 음반 표지 등에 무분별하게 영어가 남용되는 등 우리 대중음악의 정체가 무국적화해가고 있다. 이는 가뜩이나 수세에 몰려 있는 우리 대중문화의 주체 의식을 크게 약화시키고 있다.

이와 함께 주로 일본 가요 등 다른 가수의 작품을 허락 없이 도용하는 표절과 카피가 성행하여 건전한 창작정신과 장인정신이 크게 위축되고 있다.

(4) 소비의 양극화 현상 : 댄스 음악 등 특정 장르의 음악과 극소수의 대형 가수의 음반이 과도하게 시장을 장악하면서 다양한 음악이 공존하지 못하는 상황이 초래되었다. 음악의 공급과 소비에 기형적 구조가 형성되었고, 최소 손익분기점에도 미치지 못하는 가요 음반이 양산되는 가운데, 제작자들의 전무 아니면 전부식의 투기형 경쟁 풍토가 심화되어 건강하지 못한 온갖 방법들이 감행되고 있다. 이로 인해 제작사와 방송 등 매체와의 불건전한 유착하에 편법적인 홍보를 목적으로 한 촌지수수가 관행화되어 있으며 이로 인한 대중 조작이 심화되고 있다.

(5) 비평의 편향성 : 근래 들어 맹렬한 기세를 떨치고 있는 얼터너티브(alternative), 펑크(punk) 록의 붐은 문민정부 이후 대학가에 등장한 새로운 문화현상으로, 이 배후에는 좌파적 경향의 대중문화평론가와 문화운동가들이 자리잡고 있는 것으로 보는 것이 일반적 시각이다.

음악을 포함하여 문화, 사회학 등에 대한 해박한 지식과 탄탄한 글 솜씨를 무기로 한 이들의 활약은 짧은 시간 내에 대중음악을 지적, 예술적 비평의 소재로 다룰 수 있다는 인식의 대전환을 일구어냈다는 긍정적 평가를 얻고 있다.

그러나 이들이 과도하게 매체를 장악함으로써 이른바 문화적 부르주아를 탈피하자는 포스트모던적 문화 가치관인 파퓰리즘(populism)이 젊은이들의 호응을 얻게 되었고, 대중음악 우위론이 득세하는 가운데, 록 음악이 지나치게 과대평가 되는 등 음악에 대한 비평이 균형을 잃고 있다. 이러한 간단하지 않은 문제점을 안고 우리 곁을 흐르고 있는 대중음악의 거대한 물결 앞에 크리스천들은 어떤 태도를 가져야 할까?

먼저 대중음악에 대한 바른 가치 평가와 선별을 위한 교회와 사회의 노력이 절실하다. 교회나 시민 단체를 중심으로 대중음악을 감시하고, 위험성을 지적해 청소년들을 보호하며 나아가 교회 중심의 소비자운동 등을 통해 퇴폐적 저질 음악을 철저히 차단, 격리시키는 노력을 강화해나가야 한다.

가요에 대한 사전심의제 폐지 후 현재 유일한 여과 장치로 남아 있는 방송사의 심의가 본연의 역할을 잘 할 수 있도록 도와야 하며, 특히 '정치적 의미의 검열 해제'에 대한 국민적 공감을 외설과 퇴폐, 폭력물 등에 대한 감시 및 통제 장치 해제 분위기로 왜곡, 이용하려는 일부 대중음악 상품 생산자들의 움직임을 경계해야 한다. 이와 함께 건강한 노래, 양질의 예술성 높은 음악을 찾아 알려주는 작업이 동시에 진행되어야 한다.

현재 기독교방송과 문자매체는 이 분야에 거의 관심이 없는 것 같다. 이를 위해 소명 의식이 뚜렷한 크리스천 대중음악가와 평론가, 제작자를 발굴하고 키워내는 일이 필요하며 신학교와 교회 차원에서의 대중음악 관련 전문가의 양성도 절실히 요구된다. 개인 차원에서는 각자의 음악적 소양과 취향을 바탕으로 다양하고 신뢰성 있는 정보 수집과 음악 듣기 훈련을 통하여 음악 선택의 안목을 키우고 감상의 폭을 넓혀나가야 한다.

여기서 우리가 대중음악을 선택하고 즐길 때 잊지 말아야 할 점들이 있다. 첫째는 절제의 문제이다. 대중음악은 철저히 상업주의의 원리에 따라 생산되고, 소비되는 '오락 상품'이다. 즉 크리스천이라면 아무리 좋은 음악이라도 소비에 있어서 엄격한 절제가 필요하다. 한 통계자료에 따르면 우리 나라 청소년들의 용돈 가운데 55퍼센트가 음반 구입에 사용되고 있으며, 여가 시간 중 FM 라디오를 듣거나 쇼 프로그램을 시청하는 등 음악 듣기 시간의 비중이 다른 나라에 비해 상대적으로 매우 높은 것으로 나타나고 있다.

대학 입시와 출세에 초점이 맞추어진 우리네 특유의 교육환경 속에서 억압감과 열등의식에 짓눌린 청소년들이 가장 손쉬운 탈출구로 선택하고 있는 것이 대중음악이라는 것은 모두가 공감하는 사실이나 이미 모방 자살 등 지나친 탐닉으로 인한 심각한 폐해들이 급증하고 있음을 그대로 좌시해서는 안 된다.

현재 한국이라는 특수한 환경에서 자라는 청소년들의 입지와 사춘기의 통과의례적 현상으로서 청소년들의 가요와 인기 가수에 대한 열광을 어느 정도 인정할 수는 있겠으나 현재와 같은 과도한 집착에 대해서는 가정과 학교, 교회 등을 통한 엄격한 통제와 함께 이들에게 대중가요 이외의 다양하고 건강한 욕구 분출의 통로를 만들어주어야 할 책임이 강하게 요구되고 있다.

또한 근래 PC통신 동호회와 대학가 동아리 등을 중심으로 문화적 엘리트주의를 표방하는 대중음악 감상 마니아 군(群)이 증가하고 있는 현상을 목격할 수 있는데, 음악 감상에 대한 지나친 탐닉은 우상숭배의 덫에 사로잡혀 우유부단하고 게으르며 쾌락주의적인 성품에 빠지게 될 위험이 크다. 음악 듣기에는 중독성이 있기 때문이다. 아울러 우리 나라가 당면하고 있는 경제적 현실과 가난과 굶주림으로 신음하는 수많은 지구촌의 이웃들을 생각할 때 우리의 '즐기는 비용'을 억제해야 할 필요성은 분명하다고 하겠다.

지금은 우리 대중음악의 생산과 소비에 만연한 거품을 빼고 과감히 비용을 줄여야 할 때이다.

다음은 질(quality)의 문제이다. 우리가 음악 만들기와 듣기에 있어서 끊임없이 질을 추구해야 하는 것은 하나님의 명령이다. 따라서 실력 있는 대중음악계를 만들고 그것을 건강하게 즐기는 대중의 역할을 찾도록 하는 것이 우리가 지속적으로 추구해나갈 목표가 되어야 한다.

그러나 한편 대중음악이 가지는 예술적(심미적) 차원에서의 질에는 분명한 한계가 있다는 것을 반드시 알아두어야 한다. 근래 서민화, 반지성주의 이데올로기의 득세로 어느 정도 수세에 몰리기는 했으나 클래식 음악은 인류의 값진 유산이자 예술의 보고(寶庫)로, 우리가 안심하고 질을 추구해나가며 즐길 수 있는 훌륭한 음악적 선택 가운데 하나가 될 수 있다.

4. 맺음말

우리가 음악과 관련하여 가지는 혼란의 상당 부분은 우리 교회가 은연중 견지해오고 있는 이분법적(거룩한 것과 속된 것을 혼동하는) 문화관에서 비롯되고 있는 것으로 추측된다. 즉 찬송가나 복음성가 등 교회음악 이외의 (세속) 음악에 대한 적대적, 배타주의적 입장이다.

사실 대중음악의 대안으로 CCM의 도입을 강하게 주장하는 입장도 자세히 들여다보면, 청소년들에게 '세속적 대중음악'은 무조건 해로우니 듣지 못하게 하고 대신 기독교가 가미된 뭔가 '거룩한 대중음악'을 쥐어주는 것이 안전하다는 도피적, 자위적 성향의 이원론적 사고가 작용하고 있음을 의심하지 않을 수 없다.

교회는 세속음악을 무조건 정죄의 대상으로 볼 것이 아니고, 우리가 싸워야 할 것들을 분별해내고 배워야 할 것들을 배우면서, 우리가 누리고 변혁해나가야 할 대상으로 보는 적극적 자세가 요구된다.

우리의 문화 생활은 우리 안에 경건이 자랄 수 있는 한에서, 세속적인 것과 영적인 것이 균형을 이루도록 짜여져야 하는 것이 아닌가 싶다.

사탄이 대중음악을 붙잡고 있다고들 한다. 맞는 말이다. 그러나 그 방법은 우리 교회가 그동안 뉴에이지와 연관하여 이야기해온 차원을 뛰어넘어 더욱 다각적인 측면에서 논의되고 이해되어야 한다.

사탄은 늘 광명의 천사로 위장하여 우리를 미혹하려 한다. 즉 우리가 이원론적 사고에 사로잡혀 세속음악에 대해 도피적이거나 적대적 태도를 고수함으로써 하나님이 주신 음악의 풍요로움과 기쁨을 누리지 못하도록 하는 것, 우리를 계속해서 초보적이고 천박한 수준의 음악에 머무르게 하여 품위 있고 깊이 있는 예술적 세계에 들어가지 못하게 하는 것 그리고 음악을 상업주의의 노예로 전락시키고, 음악 속에 반기독교적인 세계관을 교묘히 주입시키는 것 등이다.

사탄은 로맨틱한 거짓 사랑 노래로 젊은이들의 순결을 유린하고, 젊음과 자유라는 이름으로 포장한 록 음악으로 허무주의를 주입시키며, 술과 마약 사용을 부추겨 젊은이들의 육체와 정신을 망가뜨리고 있다.

이런 여러 가지 관점들을 고려하면서, 이제는 우리 교회가 음악을 보는 시각을 새롭게 해야 할 때라고 여겨진다. 음악이 정신적, 육체적 영적 치유 효과(당연히 정반대의 효과도 있다)를 가지고 있다는 것은 이미 충분히 입증된 사실이다. 우리는 '세상에 있으나 세상에 속하지 않은'(요한복음 15:19) 크리스천의 정체성을 분명히 인식하고 하나님이 주신 은총의 선물인 음악을 지혜롭고 선하게 누리면서, 변혁자의 자세로 성령의 인도하심을 따라 음악에 대한 구속적 활동을 지속해나가야 한다.

1. 세속적 대중음악의 대안으로서 CCM의 역할은 과연 어느 정도입니까?
2. 20세기 대중음악의 대표적 인물로 손꼽히는 비틀즈는 뉴에이지와 관련하여 경계 대상 아티스트로 지목되어왔습니다. 과연 크리스천들은 그들의 음악을 들으면 안 되는 것일까요?
3. '록 음악은 사탄적 음악'이라고 할 때 이 음악은 어떤 음악을 말하는 것입니까?
4. 현재 인기 순위 20위권 내의 대중가요 음반의 노래말과 음악을 모니터 해봅시다. 과연 요즘의 가요는 현 시대의 정신을 담고 있습니까?

이 글의 저자 강인중은 연세대학교 수학과를 졸업하고, 1983년부터 1988년까지 서울음반 문예부장과 팝 칼럼니스트로 활동하였으며, 1989부터 1992년까지 워너 뮤직(코리아) 대표 이사를 지냈다. 현재는 음반 기획사 '라이트 하우스' 운영하고 있다.

13장
새로운 시대를 맞이하는 만화의 세계

▌강진구

1. 살아 있는 만화의 세계

1998년 7월 서울의 화랑가에는 한국 만화의 현주소를 알 수 있는 만화전시회가 세 곳에서나 열렸다. '우리 만화 발전을 위한 연대모임'이 주최하는 '만화야 꼼짝 마!'는 덕원미술관에서, 금호미술관에서는 미술관 자체가 직접 기획한 '대한민국 언더그라운드 만화 페스티발'이, 그리고 만화가협회와 참여연대가 공동 주최하는 '만화로 만나는 우리 시대의 사람들전'이 그것이다. 극히 대중적이고 상업적이며 애들 문화라고 생각되었던 만화가 고급스러운 화랑에서 전시회를 갖는다는 것도 이례적인 일인데, 만화전시회가 같은 달에 잇따라 열린다는 것도 좀처럼 보기 드문 일이 아닐 수 없었다.

그러나 조금만 주의 깊게 한국 만화의 세계를 들춰볼 수만 있다면 이것은 그리 놀랄만한 일은 아니다. 다양한 성격의 만화전시회가 열릴 수 있을 만큼 우리 사회에서 만화를 창작하는 작가들의 수가 많아졌을 뿐만 아니라 이를 수용하는 인구 또한 매우 많아진 것이다. 대학가마다 들어서 있는 만화방은 젊은이들로 넘쳐나고 동네마다 들어서 있는 도서대여점의 주요한 품목이 청소년들을 대상으로 하는 만화책일 만큼 만화는 우리의 현실 생활에 깊이 들어와 있다.

그럼에도 불구하고 만화는 여전히 부정적인 시각의 꼬리표를 떼지 못하고 있다. 만화란 코흘리개 어린 아이들의 전유물로서 조잡하고 저급하다는 인식이 우리 사회에 깊이 뿌리박혀 있는 것 또한 사실이다. 현실적으로 어느 대중 예술에 못지않은 저변 확대와 막대한 부가가치를 창출해내고 있는 산업인데도 사회의 이원적 시각은 만화를 평가하는데 매우 큰 장애물로 여겨지고 있다. 따라서 만화연구의 출발점은 다른 예술을 연구하는 데 쓰였던 미학적, 철학적 접근에 앞서서 역사적, 사회적 접근 방법이 선행되어야 한다. 즉 만화에 대한 인식의 변화를 꾀하는 동시에 꼼꼼한 현실 비판을 바탕으로 좀더 객관화된 시각 정립이 필요하다고 하겠다.

2. 만화 인식의 오류와 역사

만화가 대중들의 오락적 욕구를 만족시키며 생활 속으로 깊이 침투하기 시작한 것은 1960년대부터이다. 동네마다 허름한 집 한켠을 빌려 서너 명이 동시에 앉을 수 있는 조악한 나무의자를 몇 개 들여다 놓고 한구석에 무협지를 함께 갖추고 영업하던 이른바 '만화가게'로 불리던 대본소 시장이 본격적인 만화 소비시장의 중심이었다. 지금처럼 단행본 만화책을 사볼 만한 경제적 능력이 없었고 흙바닥에서 뛰노는 것 외에 별다른 놀이문화를 가지고 있지 못했던 아이들에게 만화가게는 손쉽게 상상의 세계로 몰입케 하는 유일무이한 공간이었다. 그러나 만화가게의 문화적 기능이 무시되고 부정적인 인식이 지배하게 된 가장 큰 이유는 당시의 근검절약에 바탕을 둔 '성장 이데올로기'와 한국 경제성장의 원동력이라 할 수 있는 '교육 이데올로기' 때문이었다. 학교 저축이 의무화되고 돼지저금통의 가득 찬 동전이 미덕인 시대에 어렵게 번 돈을 만화책을 보며 노는 데 투자한다는 것은 하나의 용서 못 할 잘못으로 여겨질 정도였다. 특히 어두컴컴한 실내에서 쭈그리고 앉아 만화에 몰입했던 당시 어린이들의 모습은 개인의 성장과 발전의 근원이라 할 수 있는 학교 공부의 최대의 적수로 인식될 수밖에 없었다. 만화가게에 출입한다는 것은 곧 불량학생으로 가는 지름길이라 생각하던 시절이었다.

대본소를 중심으로 번창하던 만화가 새로운 모습으로 시장을 확대하기 시작한 시기가 1970년대였다. 「소년중앙」과 「어깨동무」, 「새소년」 등으로 대표되는 아동잡지들은 어린이들이 즐겨 보는 만화를 대폭 수용함으로써 대본소 시장에 대한 부정적인 반응을 희석하면서 어린이들의 벗으로 자리 잡기 시작했다. 대통령 부인이 설립한 육영재단에서 발행하는 「어깨동무」와 대재벌이 사주인 중앙일보사에서 발행하는 「소년중앙」에 실린 만화들은 당시 정부에서 지향하는 반공이나 충효사상과 같은 덕목들을 적극적으로 반영하였고, 이것은 만화의 쓰임새에 따라 교육적 가치를 되돌아보게끔 하는 인식의 전환을 가져온 계기가 되기도 하였다.

만화가 새로운 시대를 맞이하게 된 것은 성인만화가 본격적으로 등장하기 시작한 1980년대부터이다. 70년대에도 이미 고우영, 강철수, 박수동 같은 만화가들에 의해서 단편적으로 성인들을 대상으로 한 만화들이 제작되기도 했지만 시대의 흐름을 선도하지는 못했다. 그런데 청소년들을 대상으로 한 만화와 확연히 구분되는 성인들의 세계를 묘사하고 그들의 감수성에 호소할 수 있는 만화들이 쏟아지기 시작한 것이다. 허영만, 이현세, 박봉성 등의 작가들로 대표할 수 있는 성인만화들은 현실 세계를 세밀하게 묘사하는 리얼리티를 확보하고 탄탄한 스토리를 전개시키는 문학적 구성능력을 겸비했다는 점에서 성인들의 눈높이를 맞춰주었다. 즉 만화의 소재가 가정이나 학교 중심에서 스포츠, 기업, 정치 등의 성인 세계로 대폭 확장된 것은 물론, 작품의 크기 역시 일본 장편만화에서나 볼 수 있었던 수십 권짜리 대작들이 쏟아지기 시작했다.

80년대 성인들을 다시 대본소로 끌어 모으는데 결정적인 역할을 했던 이현세 씨의 장편만화 〈공포의 외인구단〉(1982) 만 하더라도 30권에 이르는 방대한 분량일 뿐 아니라 부드러운 곡선을 사용했던 이전의 작가들과는 달리 직선 중심의 강한 화체(畵體) 사용하기도 하였다. 성인들의 세계를 담기 시작했다는 점에서 성인 만화는 청소년들이 접하기에 부적절한 묘사를 드러내기 시작했고 제작자들의 상업정신을 부추기는 데 일조할 수밖에 없었다.

특히 성인용 만화 시장이 급속히 확장된 데에는 1982년 프로야구의 출범과 더불어 창간된 「스포츠서울」이 만화를 대폭 싣기 시작한 것과 1985년 11월에 창간된 전문 성인만화잡지 「만화광장」이 큰 몫을 했다. 그러나 성인만화의 양적인 증대가 곧 질적인 성장으로 이어지는 것은 아니었다. 스포츠 신문들은 독자확보를 위해서 대본소용 만화를 그리던 인기 만화가들을 영입했고, 그림은 내용을 전달하는 기능을 앞질러서 성인취향의 자극적인 모양새를 띠기 시작했다. 이러한 점은 「만화광장」에 이어서 잇따라 창간된 「주간만화」, 「매주만화」 등도 마찬가지여서 결국 치열한 경쟁 속에서 만화의 수준을 높이기보다는 선정성으로 승부하는 3류 잡지로 전락하고 말았다.

현재 한국의 만화 시장은 과거와는 달리 유통과 소비, 형식과 내용면에서 르네상스를 맞이했다고 해도 과언이 아니다. 서점에서 단행본으로 팔리는 만화로부터 고급 카페 못지않은 시설을 갖춘 만화방이 있는가 하면, 몇 백 원이면 빌려다 실컷 볼 수 있는 도서대여점에 이르기까지 손만 뻗치면 만화는 어디에나 싸여 있는 형편이다. 게다가 주간, 월간 합쳐서 20종에 이르는 각종 만화잡지들은 연령과 취향에 따른 선택이 가능할 만큼 다양하다.

더불어 장편 만화영화를 제작할 수 있을 만큼 어느 정도 자본력도 확보해놓고 있는 상태다. 그야말로 만화의 르네상스가 도래하고 있는 것이다.

3. 만화의 범주 - 그 다양성의 세계

만화에 대한 영어사전 상의 어휘는 'caricature, cartoon, comic' 등 하나만 쓰이고 있지 않다. 이것은 만화에 대하 정의와 이해가 그만큼 다양해질 수 있음을 뜻한다. 한국에서 만화연구의 교과서처럼 읽히는 랜달 피 해리슨(Randall P. Harrison)의 『만화와 커뮤니케션』에서 저자는 만화 유형을 만화 삽화, 한 칸 만화, 서술형 만화, 만화영화, 만화 상품 등 크게 다섯 가지로 나누고 있다.(표1 참조)

『세계만화백과대사전(The World Encyclopidia of Cartoons,1980)』에서 만화는 "그 안에 완성된 하나의 생각을 갖고 있는 그림은 어떤 것이라도 '만화' 라 불릴 수 있다"라고 정의내리고 있다. 이 정의는 아이들이 벽에 그리는 뜻 모를 낙서와는 구분이 된다는 점에서 수긍이지만 고전적인 회화(繪畵)와는 달라야 한다는 점에서 부연 설명을 요구받고 있다. 이 점에서 만화

〈표 1〉 랜달 피 해리슨(Randall P. Harrison)의 만화 분류

만화 유형	내 용
만화 삽화	삽입화, 지시 삽화, 이야기 삽화, 광고 삽화
한 칸 만화	유머 만화, 시사 만화, 스포츠 만화, 기타 한 칸 피처물
서술형 만화	연재 만화, 만화책, 만화 단편 이야기, 만화 소설
만화 영화	단편 만화 영화, 교육 만화 영화, 피처 만화 영화, 광고 만화 영화
만화 상품	개인적 표현을 위한 만화(축하 엽서, 학용품, 포스터), 의복류(티셔츠, 가방), 기타 만화 상품

는 일반 회화가 가지고 있지 않은 형식상의 특징을 지니고 있다.

무엇을 그리든지 간에 만화는 대상을 단순화하고 과장하는 특성을 가지고 있으며, 비규격성(非規格性) 혹은 자유분방함으로 묘사할 수 있다. 그러나 어느 것도 만화의 세계를 정확히 구분지을 수 있는 것은 없다. 단순하고 과장된 것이 만화의 특징이라 하지만 현대에서는 사진만큼이나 정교하게 묘사한 사실주의 화풍도 만만치 않게 존재하기 때문이다. 만화는 영상매체와 인쇄매체의 특성을 수용하면서 시대에 따른 다양한 기술들을 자유자재로 변용시키고 있는 것이다.

박인하 씨의 『만화를 위한 책』에서는 일본 만화의 경우 출판만화 → TV 시리즈 애니메이션 → 비디오용 애니메이션 → 극장용 장편 애니메이션→ 애니메이션 설정 가이드북 혹은 이미지 포토북 → 캐릭터 상품 → 컴퓨터 게임 → CD-ROM 등으로 단계 이전되고 있는 형편이라고 한다.

그러나 다양한 만화의 세계는 결국 인쇄매체를 기본으로 한 만화와 이를 토대로 한 애니메이션의 형태인 영상만화 등 크게 두 가지로 나누어볼 수 있다. 만화책이나 신문·잡지 등에 연재된 만화가 인기를 끌게 되면 그것은 곧 만화영화나 비디오물로 제작되는 것이 일반적인 순서이다. 주목받은 만화의 주인공들은 쉽게 캐릭터 상품으로 팔려나가게 마련이지만 처음부터 상품에 사용할 목적으로 캐릭터를 개발해서 성공하기란 쉽지 않다.

4. 왜 사람들은 만화를 좋아할까?

만화는 재미있다. 사람마다 느끼는 재미의 요소야 다르겠지만 만화가 다른 예술들에 비해서 재미를 느끼기가 쉬운 것만은 사실이다. 만화책을 보는 것이 생활화된 일본을 제외하더라도 미국, 프랑스와 같은 선진국에서 만화는 연령을 초월한 가장 대중적인 문화로 자리잡은 지 오래이다. 만화의 어떤 속성이 사람의 마음을 사로잡는 것일까?

첫째, 만화는 인쇄매체와 영상매체가 공존하는 이 시대에 두 매체의 절묘한 조화를 이루어놓았기 때문이다. 미국의 만화평론가 빌 아이즈너는 이 시대에 만화가 새로운 문화의 양식으로 부각되는 이유를 이렇게 설명하고 있다.

"이 시대가 책과 영화 사이의 간격을 메울 수 있는 시간적이면서도 문학적인 매체를 요구하고 있기 때문이다."

영화가 단순한 오락의 대상으로서가 아니라 예술적 가치를 인정받고 인간 심성의 깊은 곳까지 호소할 수 있었던 것은 서사구조를 지닌 장편 영화가 등장하면서부터이다. 즉 영상을 통해서 관객과 커뮤니케이션을 하지만 그 이전에 문학의 유산들을 수용함으로써 관객들의 정서에 영향을 미칠 수 있었던 것이다. 마찬가지로 만화 역시 문학이라는 인쇄매체의 전통적 가치를 지니면서 아울러 영상이 주는 다양한 시각적 효과를 함께 부여받는 바람에 만화는 대중의 삶 깊이 들어올 수 있었다.

둘째, 만화는 다른 매체에 비해서 상대적으로 이동이 용이하고 값이 저렴하다는 점을 들 수 있다. 영화 한 편 보는 가격이면 대본소에서 한나절을 보낼 수 있을 만큼 만화는 비용에 대한 부담이 덜한 편이다. 지하철이나 공원으로 쉽게 가지고 나가서 즐길 수 있다는 점도 텔레비전이나 컴퓨터 같은 전자 영상매체가 도저히 따를 수 없는 장점이다. 저비용이라는 만화의 장점은 결국 호주머니 사정이 넉넉지 못한 청소년층이 쉽게 누릴 수 있는 문화의 형태로 자리잡게끔 하는 데 큰 역할을 했던 것이다.

셋째, 글과 그림의 혼용에서 오는 정보 전달의 효용성이 높다. 신문에 등장하는 한 컷짜리 정치 풍자만화는 한시대의 복잡한 정치상황을 한눈에 인식시켜준다. 만화가 가지고 있는 과감한 단순성과 과장성에 기인한 까닭이다. 이 점은 만화가 아이들만의 전유물이 결코 아님을 의미하기도 한다. 평소에 우리가 대하는 만화의 내용만을 분석한다면 전문가들이나 알아들을 수 있는 용어와 새로운 지식들로 가득 차 있음을 보게 된다. 그러나 만화를 통해서 전달될 때 그것은 하나의 상식으로 쉽게 와닿는다. 「주간조선」에 '현대문명진단'이라는 만화 칼럼을 연재하는 이원복 교수의 말은 정보 전달의 수단으로서 만화의 가치를 얼마나 높이 평가하는가를 알 수 있게 한다.

"우리 사회도 이제 폭주하는 정보의 홍수 속에서 양질의 정보 선택이 얼마나 중요한가를 절실히 깨닫기 시작했다. 이런 대변혁의 시대에 누구에게나 친밀하고 접근하기에 편안한 만화를 통하여 정보 전달의 일익을 담당할 수 있었음을 자랑스럽고 행복하게 생각한다."

넷째, 만화는 무한한 상상력을 전개시키는 기능을 가지고 있다는 점을 들 수 있다. 만화비평가인 정준영 씨는 이를 '꿈꾸기'의 기능으로 설명하고 있다.

"이미 사라져버렸음에도 희미하게 아직 살아남아 있는 우리의 기억 속을 한번 더듬어보라. 마냥 자유롭고 무한한 가능성 속에서 살 수 있었던 어린 시절에 대한 기억. 꿈과 동경이 넘치던 그 어린 시절의 회상 속에서 만화는 은밀히, 그러나 강력한 힘을 가지고 우리의 마음을 파고든다. 만화의 힘 그것은 바로 꿈을 형상화할 수 있는 만화의 능력이다."

파격적인 과장과 생략 등의 만화가 지닌 형식의 자유로움은 그 어떤 매체보다도 자유롭게 상상력을 표현할 수 있으며, 그것을 보는 독자 또한 현실성을 벗어나 자유로운 상상의 세계로 빠져들 수 있는 것이다. 즉 만화의 꿈꾸기 기능은 만화작가가 마련한 터전 위에서 현실에서 충족되지 못한 부분이나 나름대로의 현실화되기 어려운 욕망들을 만족시키는 역할을 수행한다. 만화책을 펼치는 순간부터 이미 독자들은 현실 너머의 새로운 세계로 들어가고 있는 것이다.

5. 일본 만화와 미키 마우스가 주는 교훈

연간 30억 권 이상의 만화를 찍어내는 나라 일본. 디즈니랜드와 미키마우스의 나라 미국. 전세계의 만화 시장을 양분하고 있는 두 나라는 만화를 언급할 때면 반드시 넘어야 하는 거대 산맥임에 틀림없다. 일반적으로 일본 만화의 문제점은 쉽게 노출되고 있는 반면에 디즈니를 중심으로 한 미국의 만화에 대해서는 관대한 평가가 내려지기 일쑤이다. 그러나 실상은 그렇지 않다. 일본 만화 안에도 〈번개 소년 아톰〉이나 〈정글의 왕자 레오〉, 〈리본의 기사〉와 같은 작품을 만든 데쓰카 오사무와 같이 예술성과 오락성 그리고 어린이들을 향한 교육적 가치가 두루 살아 있는 작가가 있는가 하면, 〈미녀와 야수〉와 〈알라딘〉 등에서 나타나는 희화(喜畵)된 폭력성과 선정성도 만만치 않은 것이다. 그러나 더 본질적인 문제는 이들 나라의 만화를 보면서 자신도 모르게 갖게 되는 친미, 친일적인 문화의식이다. 자본과 기술, 아이디어에서 앞선 이들의 문화를 높이 평가하고 이에 의존하려고 하는 데서 오는 문화식민지 현상을 바로 깨닫는 것이 무엇보다도 중요한 일이다.

1997년부터 베스트셀러의 반열에 든 『한국이 죽어도 일본을 못 따라잡는 18가지 이유』의 저자인 모모세 타다시 씨는 그의 책에서 한국에서 범람하는 일본 만화에 대해 이렇게 해석하고 있다.

"신문방송에서는 '일진회'를 비롯한 중·고등학교의 폭력조직들이 일본 만화를 그대로 모방하고 있다는 보도들이 쏟아져나왔다. 그렇지만 일본 만화가 한국에서 그대로 나오는 게 아니지 않은가. 그 문제가 어떻든 간에, 일본 만화는 외국에 가져가서 보라는 만화가 아니다. 일본 사람들 보라는 만화라는 말이다. 그런 '악질' 만화를 왜 한국에 들여와 한국말로 번역해서 인쇄해내는 것일까. 그건 장사가 되기 때문이다. 한국에도 만화가 많은데 한국 만화가 일본 만화보다 왜 인기가 없는 것일까? 그것은 아이디어의 빈

248 대중문화, 더 이상 침묵할 수 없다

전세계의 만화 시장을 양분하고 있는 일본과 미국 두 나라는 만화를 언급할 때면 반드시 넘어야 하는 거대 산맥임에 틀림없다. 월트 디즈니의 만화와 일본 애니메이션의 거장 미야자키 하야오의 〈마녀 키키〉와 〈이웃의 토토로〉.

곤함 때문이다."

　그의 말은 한편으로는 깊이 새겨들을 만하지만, 다른 한편으로는 한국의 만화 시장을 몰라서 하는 소리이다. 우리 나라에서 유통되는 일본 만화들이 모두 합법한 수입과 심의 절차를 거쳐서 팔리지는 않는다. 몇몇 유명한 만화책을 제외한다면 불법복제된 만화책이 더 많다. 연간 5천억 원으로 추산되는 한국의 출판만화 시장에서 일본 불법복제 만화가 차지하는 비율은 무려 50퍼센트에 이른다. 일본 복제 만화의 제작은 저작권법상 친고죄가 적용되기 때문에 일본 출판사의 고발이 없으면 법적으로 제재가 불가능한 형편이다. 그러나 일본 정부나 출판사들은 지적재산권을 주장하며 권리를 보장받으려 하지 않는다. 대학 축제 때면 단골로 등장하는 일본 애니메이션 상영에 대해서 일본은 한 번도 불만을 제기한 적이 없었다. 조금이라도 이름 있는 작가의 애니메이션인 경우에는 한글 자막까지 입혀져 불법으로 복사되어 팔리고 있는데도 말이다.

　이유는 간단하다. 일본은 한국의 대중문화 시장이 개방되기를 기다리고 있는 것이다. 언젠가는 대한극장에 〈신세기 에반게리온〉을 걸 날을 기다리며 한국의 수요자들의 입맛을 길들이고 있다고 하겠다. 이것은 놀랍게도 예측된 성공으로 확인되기 시작했다. 일본 대중문화에 대한 욕구는 이미 '부산국제영화제'에서 상영된 일본영화가 연일 매진 사례를 이룬 것으로 미루어 짐작할 수 있다. 한국 만화작가들의 화풍마저도 일본 만화를 모방하고 있다는 것은 이제 더 이상 새로운 사실이 아닐 만큼 일본 만화는 젊은이들에게 생활의 일부가 되어버렸다.

　이제 우리에게 시급한 것은 모모세 씨의 말마따나 창조적으로 시나리오와 캐릭터를 구상해낼 수 있는 아이디어를 가진 고급 두뇌들이다. 전세계 만화영화 생산량의 60퍼센트를 우리 나라에서 만들 정도로 한국의 손재주는 세계가 알아주고 있지 않은가!

일본 만화의 한국 시장 공격이 비공식적 게릴라적인 전술을 보여주었다면, 미국 만화영화의 경우는 합법적이며 전면적이고 파상공격으로 밀어붙이는 융단폭격에 가깝다 할 것이다. 만화가 고부가가치 산업이라는 점은 이제 상식화된 사실이지만 디즈니의 파상공격에 우리 아이들과 부모들이 두 손들고 있다는 사실을 깊이 느끼는 사람은 그리 많지 않은 것 같다.

1994년 월트 디즈니사의 총 매출액은 101억 불에 이르렀다. 이 가운데 〈라이언 킹〉 등 만화영화 사업이 43퍼센트, 놀이동산 시설 35퍼센트, 캐릭터 산업 및 상표권 수익이 22퍼센트에 이른 것으로 집계되었다. 흥미로운 것은 만화영화와 직접 관계된 것보다는 만화의 캐릭터들을 이용한 부대산업으로부터 얻어지는 수익이 더 많다는 점이다. 〈라이언 킹〉의 극장 흥행수익은 3억 1천만 불이었지만 완구 판매액 또한 1억6천 2백만 불로 만만치 않다.

1994년 한 해 전세계 만화영화와 관련된 시장규모는 무려 1천억 달러에 이르렀다. 비디오 애니메이션이 241억 달러, 만화가 삽입된 음반이 287억 달러, 만화 전자게임이 450억 달러 등 한 편의 만화영화가 파생시키는 금전 수입이란 상상을 불허할 정도이다. 1995년 7월 31일에 월트디즈니사는 미국의 3대 방송국 가운데 하나인 ABC 방송사를 190억 달러에 매입해서 전 세계를 깜짝 놀라게 한 일이 있었다. 모두 만화영화로 벌어들인 엄청난 돈의 위력이었다.

6. 그리스도인의 만화 읽기

일반인들의 만화에 대한 생각은 오락적 관심과 문화산업으로서의 경제적 효과 등 두 가지에 집약되어 있다. 1996년 2회째를 맞은 '서울국제만화

페스티벌' 행사 기획의 글은 이를 잘 반영하고 있다.

"만화는 문학을 아이디어의 원천으로 삼고 미술을 표현수단으로 하여 고도의 창작능력과 기술이 요구되는 응용예술 분야로, 만화산업은 그 자체가 막대한 경제효과가 있을 뿐만 아니라 영상, 출판, 전자오락 게임, 캐릭터 팬시 상품과 광고, 관광산업까지 연계된 산업적 연관효과와 파급효과가 큰 미래의 전략 산업이다."

맞는 말이다. 그러나 이것은 만화를 생산해내는 제작자의 입장에 서 있을 때의 말이다. 수용자의 입장에서 한번 헤아려보자. 만화는 재미를 얻기 위해 돈을 내는 것으로 모든 소비활동이 끝나지는 않는다는 것이다. 만화가 예술로서, 정보 전달 매체로서, 아동의 사회화 측면에서 갖는 정신사적인 측면이 간과되서는 안 되는 것이다. 그리스도인의 만화를 읽는 관점은 이런 면에서 남다른 점이 있어야 한다.

1) 대중예술적 관점으로서의 만화

만화는 단순히 아이디어와 선(線)에만 의존하는 것은 아니다. 만화가 발달한 서구에서는 만화계에서 작가로서 인정받기 위해서는 미술학도들이 기본적으로 배워야 하는 데생과 같은 기본 훈련을 포함해서 삶의 문제에 진지하게 접근하려는 철학적 소양을 중요시하고 있다. 즉 겉보기에는 가벼워 보일지 몰라도 돌아서면 오랫동안 머리와 가슴에 남는 만화를 그리기 위해서 다른 장르의 예술가 못지않은 훈련을 필요로 하는 것이다.

이것은 소비자에게도 만화에 대한 인식을 높이는 데 도움을 준다. 말초적인 감각을 위해서 만화를 대하지 않고 작가가 말하려는 의도를 파악하려는 진중한 자세를 요구받게 되는 것이다. 현대문화는 생산자나 소비자가 서로 영향을 주고받는 가운데 발전한다. 작가가 소비자를 우습게 여기거나 그 반대의 자세 또한 만화의 품격을 높이는 데 아무런 도움이 되지 못한다. 저질 만화의 책임은 일방적일 수 없는 만큼 예술행위로서 서로를 존중하는 분위기가 흘러 넘쳐야 하는 것이다. 박재동 화백의 말을 빌리면 이에 대한 전망은 밝은 편이다.

"아직 예술로서 인정받지는 못했지만 우리네 삶을 권위 없는 솔직함으로 표현하는 만화는 이미 충분한 세력을 얻고 있다고 봐요. 어린이와 청소년들에게 굉장한 지지를 받고 있고, 어릴 때부터 만화를 보고 자란 30대들로부터도 지지를 받고 있어요. 이처럼 대다수의 대중이 만화를 지지하기 때문에, 뒤집힐 가능성이 높은 거죠. 그 다음에는 만화의 솔직성과 민중성이 고급예술의 또 다른 쓸만한 부분과 결합할 거라고 봅니다. 만화의 장점과 고급예술의 오랜 경륜이나 실험정신이 만나게 될 거예요."

그리스도인 만화가의 숫자가 다른 예술 분야에 비해서 적은 것은 만화에 대한 부정적 선입견에 기인한 것으로 보여진다. 기독교와 예술은 뗄레야 뗄 수 없는 사이 아닌가! 영화가 그렇듯이 그리스도인들은 하나님으로부터 부여받은 예술적 소양을 그 시대의 민중들에게 다가가는 데 사용해왔다는 점에 주목하자. 아직도 만화의 예술성을 의심하는 사람들을 위하여 1969년 5월 2일 미국 코네티컷 주의 브리지포트 시에 있는 주 연방 법원은 만화가 예술임을 법으로 선포했다는 사실을 적어둔다.

2) 복음 소통의 도구로서의 만화

만화가 지니는 대중 흡인력과 높은 이해력은 어려운 글을 대신할 만한 것으로 일찍이 인식되어왔다. 케인즈, 비트겐슈타인, 데리다, 포스트모더니즘 등의 어려운 철학들에서 컴퓨터 입문, 운전교습법에 이르는 실용서에 이르기까지 대중들이 어렵다고 느끼는 곳마다 만화는 존재한다. 서구에서는 이미 다양한 종류의 〈만화성경〉이 출판되었고, '스누피와 찰리 브라운'으로 널리 알려진 찰스 슐츠의 그림을 이용한 복음 입문서도 나온 지 오래이다(The Gospel According to Peanuts, 우리 나라에서는 〈만화와 종교〉라는 제목으로 1969년도에 번역 출간된 바 있다).

최근 가장 활발하게 활동하는 기독교 만화가는 「국민일보」 시사만화가인 조대현 화백이다. 「국민일보」 종교란에 실린 만화 칼럼을 엮어서 1995년도에 〈한나 엄마1, 2〉를 출간하고 이어서 이듬해에는 〈자존심이냐 주존심이냐〉를 펴낸 바 있다. 그러나 막상 기호에 맞는 다양한 기독교 만화를 찾으려면 그리 쉽지 않은 것이 사실이다. 만화책의 종류도 적지만 기독교계의 호응이 뒤따르지 않는 까닭이다. 그의 말을 빌리자면 이렇다.

"수년 전에 동시대 크리스천으로서 느끼는 집합점을 가지고 '만화 선교회'가 결성되어 오늘에 이르고 있는데 그 활동은 지극히 미미하다. 폭력과 선정성에 물들어가는 만화보다 먼저 손에 잡히는 기독교 만화를 만들기 위해 시작됐지만 많은 크리스천들의 무관심과 완성도 낮은 작품, 또 열악한 출판 구조로 고민하며 기도하고 있다. 기도하며 제작해서 내놓아도 찾아주지 않는 만화, 최고의 작품을 요구하며 최저의 원고료를 제시하는 출판사, 이것은 분명 고부가가치 산업인 만화를 선교에 사용하지 못하고 있는 기독교 출판 시장의 안타까운 현실이다."

한마디로 기독교 만화계는 총체적인 침체 상태에 있다. 꼭 교계에서만 활동하라는 법은 없지만 교회 안에서 무관심하고 인정받지 못하는 만화와 만화가가 세상에서 복음을 들고 성공할 수는 없는 일이다. 만화가를 꿈꾸고 세상으로 나가려는 젊은이들에게 교회는 어떤 격려의 말을 해주어야 하는지 준비해야 할 일이다.

3) 아동과 청소년의 심성에 영향을 주는 만화

1998년 5월 20일 한국간행물윤리위원회가 주최한 '98 간행물윤리 세미나'에서 서강대의 이태동 교수는 음란 폭력물이 청소년들의 행동발달에 미치는 영향에 대해서 발표한 바 있었다. 그는 미국 유타대 빅터 클라인 박사의 임상연구를 예로 들면서 음란물에 노출된 사람은 음란물을 계속 갈구하게 되는 중독증세, 쾌감과 성적 흥분을 유지하기 위해 더 자극적인 음란물을 원하는 점증효과, 비도덕적 외설물에 대해 관대해지는 둔감화, 외설물의 행위를 실행에 옮겨 성범죄를 저지르게 되는 성적 실현에 이른다고 발표했다.

만화와 청소년의 일탈현상에 관한 연구는 성인만화가 본격적으로 등장하기 시작한 1980년대 이후부터이다. 성인만화와 특징은 대략 두 가지로 나타나는데 첫째는 성(性)과 폭력을 소재로 다양한 변용을 시도했다는 점이고, 둘째는 시대에 대한 비판과 저항정신을 담고 있다는 점이다. 사회에 대한 비판정신의 통로로서 만화는 풍자와 독립만화의 형태를 취한 반면에 성과 폭력적인 내용은 스포츠 신문을 비롯한 성인만화의 단골 소재로 자리잡았다. 이에 대해서 1990년 '기독교윤리실천운동'이 중심된 시민단체들이 스포츠 신문의 개선 운동을 시작하였다. 지금까지도 계속 되고 있는 이 운동은 음란, 폭력물에 대한 수많은 지적과 개선 요구, 그리고 이에 대한 회신으로 이어지다 끝내는 1997년 4월 스포츠 신문 3사를 '미성년자 보호법' 위반으로 검찰에 고발하기에 이르렀다.

이것은 오늘날 만화가 범람하는 사회에 대해서 그리스도인들이 어떻게 사회적 책임을 다할 수 있는가 하는 매우 중요한 문제일 수밖에 없다. 문화의 시대 속에서 끝없는 자유를 외치는 이들에 대해서 진실을 말할 수 있어야지 침묵할 수는 없는 일이다. 만화의 세계를 마치 무공해 식품처럼, 진공의 상태인 것처럼 생각하는 사람들에 대해서 우리는 다른 상업적인 대중문화와 마찬가지로 잘못된 가치관으로부터 비롯된 표현들이 청소년들의 영적, 정신적, 육체적 건강에 치명적일 수 있음을 외쳐야만 하는 것이다.

그리스도인의 사회참여, 지금 만화는 그것을 요구받고 있다.

1. 어렸을 때부터 지금까지 본 만화 중에서 기억에 남는 작품들이 있습니까? 그리고 만화에 대한 경험이 오늘날 자신의 삶을 형성하는 데 어떤 영향을 주었는지에 대해서도 이야기해봅시다.
2. 일본 만화를 본 적이 있습니까? 단순히 선정성, 폭력성의 문제 외에 일본 만화가 갖는 세계관상의 부족한 점을 지적해봅시다.
3. 1997년 스포츠 신문에 실린 만화의 음란, 폭력성이 사회문제가 되었을 당시에 한국의 대표적인 만화가인 K씨는 아래와 같은 항변을 표했습니다. 이 글을 읽은 후 만화 세계에 대한 그리스도인의 사회참여는 어떠한 방식으로 하는 것이 좋은지에 대해서 이야기해봅시다.

"만화작품을 두고 좋다, 나쁘다 하는 판단은 독자들이 내릴 문제이지 법률기관이나 청교도 같은 정서를 지닌 음대협 등 시민단체가 나서서 재단할 문제가 아니다."(「스포츠조선」, 97년 9월 11일자)

이 글의 저자 강진구는 서강대학교 종교학과를 졸업하고 석사과정을 마쳤다. '낮은울타리문화선교회' 책임간사와 연구소장을 지냈으며, 현재 한동대 언론정보문화학부에서 영화를 강의하며 영화평론가로 활동하면서 현대인이 갖고 있는 종교성과 영상문화와의 상관성에 관심을 갖고 연구하고 있다.

14장
기독교문화운동과 영화

▌유재희

1. 문화의 순응자와 적대자

어떤 사람은 "단순한 기분풀이로 가끔씩 보는 영화가 뭐 그리 대단한 의미가 있으랴. 영화는 그저 여가시간을 때우는 오락거리일 뿐 심각한 토론의 주제는 아니다"라고 생각한다. 그에게 영화는 급할 때 화장실에 들어가 배설하듯 쌓인 스트레스를 해소하는 수단일 뿐이다.

또 어떤 사람은 영화를 신실한 그리스도인들을 실족케 하는 사탄의 도구라고 여겨 경계하고, 공격한다. "대부분의 영화는 폭력적이고 외설적이며, 아무리 눈을 씻고 둘러봐도 기독교적인 영화는 찾기 힘들다. 영화관에 가는 일은 극히 드물지만 길거리에 나붙은 포스터만 봐도 그 내용이 어떨지 뻔하다." 이렇게 영화의 반기독교성을 주장하는 그는 오늘날 사회 도처에 난무하는 폭력과 성범죄, 젊은이들 사이에 확산되고 있는 성개방 풍조와 퇴폐문화를 조장하는 주범이 폭력 장면이나 노골적인 성행위를 뻔뻔스럽게 묘사하는 영화라고 생각한다.

당신은 이 두 사람 중 어느 쪽에 더 가까운가? 물론 영화에 대한 그리스도인들의 시각을 이 두 가지 입장으로 다 포괄할 수는 없고 또 그래서도 안 될 것이다. 개별적인 그리스도인들이 영화를 보는 시각은 저마다 서로 다르다. 하지만 대개는 명확하게 자기의 입장을 규정하지 않고 무심하게 지낸다. 위에서 언급한 두 가지 모델은 이처럼 영화를 바라보는 고유한 관점을 세우지 않은 대다수의 그리스도인들이 쉽게 이끌리게 되는 양극단이다.

2. 두 가지 기독교문화운동

그 동안 그리스도인들의 문화에 대한 관심은 꾸준히 발전되어왔고, 나름대로 문화 영역에서 구체적인 기독교적 대안을 모색하려는 다양한 시도들이 있었다. 일부 단체들을 통해서 영화, TV, 비디오, 케이블 방송 등의 영상매체들에 대한 기독교적이고 윤리적인 입장이 표명되었고, 그 견해들은 직·간접적으로 그리스도인들이 영상매체를 바라보는 관점을 형성하는 데 영향을 끼쳐왔다. 특히 무분별하게 쏟아져나오는 불건전한 비디오와 영화, 만화 등의 문제점을 지적하고, 청소년들에게 권장할 만한(암묵적으로 모든 그리스도인들에게도 동일하게 권장되는) 추천영화 목록을 제공하는 건전 비디오 보기, 좋은 영화 보기 운동 등은 기독교인들 뿐 아니라 시민적 차원에서 영상문화의 저질화에 대응하는 대표적 모델이 되었다.

한편으로 영화 속에 표현되는 세계관의 반기독교성, 악마주의에 대한 기독교적 대응도 기독교문화운동의 큰 부분을 차지했다. 영화와 음악에서 뉴에이지적 요소와 음악에서 특히 두드러졌던 악마주의적 요소(노래말과 스타들이 착용하는 복장, 액세서리, 앨범 자켓의 사진이나 삽화 등에 나타나는 특정한 상징)에 대한 비판과 거부운동은 건전 비디오 운동과는 또 다른 영적 차원에서의 문화 대응의 성격을 띤다. 이 두 가지 운동이 취했던 노선,

즉 윤리적 성격을 띤 시민운동과 반기독교적 문화에 저항하는 종교적 성격의 비판운동 등 두 방향은 한국의 그리스도인들이 문화에 대한 관점과 태도를 형성하는 데 가장 커다란 영향을 주었다.

3. 영화가 인간을 구원하거나, 타락시킬 수 있는가?

우리에게 영화의 윤리성, 영적 특성을 가늠하는 리트머스 종이라도 있었다면, 비윤리적이고 반기독교적인 영화를 교회와 이 사회로부터 추방하는 일이 순조로웠을 것이다. 그러나 영화나 기타 문화적 산물들의 윤리성과 영성을 판단한다는 것은 한 개인이나 집단의 윤리성 여부, 영적 경향성을 판단하는 일만큼 어려운 일이다.

만일 어떤 영화의 비윤리성을 지적한다면 그것은 곧 그 영화를 만든 감독이나 제작자의 윤리성에 대한 도전이 된다. 또 어떤 노래가 영적으로 반기독교적 성향을 갖고 있다는 판단을 내리려면 궁극적으로 그 음악을 만든 작곡가나 작사자의 영성을 의심하지 않을 수 없다. 그러나 더 중요한 문제는 창작자의 영성, 윤리의식, 창작 의도 등이 그것을 수용하는 관객들에게 그대로 전달되는 것이 아니라는 점이다. 모든 인간관계가 그렇듯 말을 하는 자의 의도와 표현은 그것을 듣는 자의 독립된 의지와 감정에 따라 다르게 해석되기 마련이다. 영화의 창작과 수용의 관계 역시 마찬가지이다. 바흐가 작곡한 칸타타가 바흐의 영성을 청중들에게 그대로 전염시킬 수 있다면, 이른바 악마숭배자들의 음악도 그것을 듣는 모든 청중들의 영을 미혹할 수 있을 것이다. 영화의 특정 장면들(남녀의 성관계, 가학행위, 폭력 등)이 전체 맥락 속에서 아무리 적절하게 표현되었다고 해도, 작가의 의도와는 달리 관객의 내면에 부정적인 영향을 미치는 것을 막을 방법은 없다. 만드는 자의 윤리와 영성은 그것을 수용하는 자의 윤리적, 영적 수준과 일종의 대화적 관계를 가질 뿐이다. 화자와 청자의 의지는 서로 일치할 수 있지만 반대로 충돌할 수도 있으며, 두 사람의 의지와는 전혀 다른 결과를 낳을 수도 있다.

4. 데모 주동자가 영화라구?

마드리드에서 한 과학 리서치 회사에서 일하는 여섯 명의 연구원들이 저예산으로 흥행에 크게 성공했던 영국 영화 〈풀 몬티(The Full Monty)〉의 한 장면을 그대로 재현하여 각각의 등에 "12퍼센트 YA!"라고 쓴 채 알몸으로 무대 위에 올라가, 연구소 예산의 12퍼센트 인상을 요구하는 시위를 벌였다.(사진1) 〈풀 몬티〉(사진2)가 영국의 실업자들이 겪는 고통스런 현실을 주제로 삼고 있는 것은 사실이지만, 이처럼 노동자들의 시위를 선동할 목적

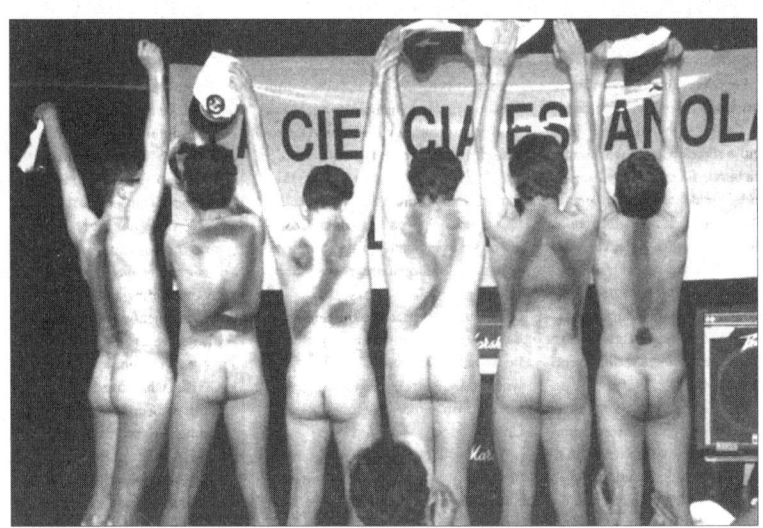

〈사진1〉 마드리드 노동자들의 스트립 시위 장면. 「헤럴드 위크」, 1998년 5월 19일자 제5면 화보

제3부 대중문화를 어떻게 볼 것인가? 261

〈사진2〉 영화 〈풀 몬티〉의 영화 포스터
〈풀몬티〉는 영국의 저예산 영화로 영국 영화 역사상 최고의 흥행 수익을 올렸고, 아카데미 4개 부문에 노미네이트되었다. 영화는 이혼 당한 부인으로부터 양육비 독촉을 받거나, 용기가 없어 아내에게 실직 사실을 알리지 못하고 매일 아침 집을 나서거나, 자살을 시도했다가 실패한 영국 셰필드의 해고 노동자 6명이 돈을 벌기 위해 생애 단 한 번의 스트립쇼를 계획하며 벌어지는 갖가지 에피소드를 담고 있다. 실업 문제가 심각한 이탈리아에서는 이 영화가 개봉되자 해고 노동자들은 정부의 실업문제 해결을 촉구하며 TV 카메라 앞에서 〈풀 몬티〉를 흉내낸 스트립쇼를 벌이기도 했다.

으로 제작된 프로파간다 영화는 아니다. 오히려 애초에 노동자들의 각성과 선동을 위해 기획되었다면, 결코 여섯 명의 실업자들이 여성 관객 전용 무대에서 스트립쇼를 한다는 어이 없는 소재를 택하지는 않았을 것이다. 게다가 영화 속에서 여섯 명의 남자들이 벌인 스트립쇼는 회사에 대한 시위가 아닌, 돈을 벌기 위해 어쩔 수 없이 뛰어든 눈물겨운 의도였다. 반면 이탈리아와 마드리드의 노동자들은 회사에 대한 그들의 요구를 관철시키기 위해 〈풀 몬티〉로부터 아이디어를 빌어왔으며, 이 영화의 광범위한 인기와 설득력을 이용하였다. 〈풀 몬티〉가 일으킨 유럽 지역의 연쇄적인 스트립쇼 시위는 감독이 전혀 예상치 못했던 것이다. 그럼에도 불구하고 우리 그리스도인들은 문화적 산물과 수용자의 영향 관계를 일방적으로 해석하는 데 익숙하다. 즉 수용자는 하얀 백지처럼 수동적으로 영화나 음악이 던지는 특정한 메시지에 감염되고 영향받는다는 논리말이다. 과연 그럴까? 사악한 영화나 음악에 희생되는 무고한 그리스도인의 초상은 익숙하면서도 왠지 우스꽝

스럽다. 그리스도인들은 좋은 의도로나 나쁜 의도로, 저 마드리드의 노동자들처럼 영화를 이용하는 일이 없을까?

5. 기독교문화운동에 대한 반성

우리 자신의 문제점을 지적하고 냉정하게 직시한다는 것은 말처럼 쉬운 일은 아니다. 그러나 지금 창작자, 수용자, 문화 사역자 모두 문화 영역의 발전을 시도한다면 우리가 안고 있는 문제점들을 해결하지 않고는 한 걸음도 앞으로 나가기 어렵다. 21세기를 앞둔 지금 우리는 무(無)로부터 문화의 문제를 고민하는 것이 아니라, 그 동안 우리가 쌓아온 결과물들을 짊어지고, 그 토대 위에서 진로를 모색해야 하기 때문이다. 그런 의미에서 기독교 문화운동의 커다란 두 흐름, —즉 비윤리적, 반기독교문화에 대항하는—에 대한 평가와 반성은 피할 수 없는 과제이다. 어떤 운동이 대중의 지지와 호응을 얻는다면, 그 운동이 목표하는 바가 대중의 욕구와 문제의식을 잘 반영하고 있기 때문이다. 애초에 의도한 것은 아니었겠지만 이 두 운동은 각각 한쪽 방향만을 강조함으로써 그리스도인들에게 소극적이고 방어적인 문화관을 심어주는 결과를 낳았다.

그러나 역으로 생각해보면 우리 자신이 문화 속으로 개입하고 변화를 일으키기보다는 차라리 안 보고 안 듣고, 비판하고 방어하는 편을 택한 것이기도 하다. 무엇보다도 세속사회 속에 교회와 기독교 진리가 눈에 보이는 어떤 영향력이나 힘도 발휘하지 못한다는 자의식, 세속화의 거센 흐름을 역류시킬 만한 힘이 우리에게 없다는 패배의식이 우리로 하여금 문화 전체를 철저히 사탄의 지배 아래 놓인 회생 불능의 악으로 치부하게 하였다. 결국 우리는 손에 닿지 않는 포도송이를 향해 '신포도'라고 비아냥대는 이솝우화의 여우처럼 세상 문화를 맛보지도 않고 썩었다고 손가락질하고, 점점 비딱한 눈으로 보는 쪽을 택했던 것이다.

6. 획일화된 질문, 한결 같은 답변

두 가지 운동의 근본적인 물음인 '이 영화(음악, 책 등)가 건전한가 그렇지 않은가? 반기독교적인가 아닌가? 라는 질문 그 자체는 지극히 주관적인 답변을 유도한다. 개인마다 그 기준에 융통성이 있기 때문이다.

위의 질문은 지나치게 포괄적이기 때문에 그 자체가 다른 구체적인 질문들을 요구한다. 예를 들어 윤리성이나 영성의 문제는 수용자와 창작자, 문화적 산물들, 유통·배급 구조에 대한 분석과 객관적 관찰 없이 막연하게 정의되어서는 안 된다. 한 개인이 불순한 의도를 가지고 나쁜 영화를 만드는 것과 상업주의적 목적에 따라 영화를 자체 검열하고 마구잡이로 필름을 가위질하는 것은 모두 비윤리적(비기독교적)이지만 그 대응 방법은 달라야 한다. 성인과 청소년, 어린이를 같은 수준에 두고 일괄적으로 수용자의 문제를 다룰 수 없다. 일정한 나이를 기준으로 정신적, 영적 능력을 판단하는 것이 사회적 수준에서는 필요하지만, 개인차를 반영하지는 못한다. 또 영화가 관객에게 미치는 영향력 문제도 영화의 내용만으로 판단할 수 없다. 어떤 의미에서 수용자의 윤리적, 영적 상태야말로 영화가 그 개인에게 미치는 영향력을 결정하는 일차적인 요소이다.

그러나 위의 두 가지 운동 모두 수용자의 의지보다는 문화가 미치는 일방적인 영향력을 강조해왔으며, 다양한 층의 수용자보다는 특정 수용자(청소년)를, 창작자보다는 관객을 염두에 두고 운동을 추진해왔다. 뿐만 아니라 수용의 대상인 문화적 산물들이 소비적인 오락상품인지, 예술작품인지,

혹은 영적 교훈를 전달하는 선교적, 교육적 도구인지를 구별하는 객관적이고 타당한 기준 없이 모든 것을 교육적, 종교적 차원에서 분석하고 비판하였다.

물론 하나의 운동이 건전한 문화, 참된 기독교문화를 회복하고 건설하는 것을 목표로 한다면 모든 사람이 수긍하고, 삶에 적용할 수 있는 구체적인 기준과 방향을 제시해야 한다. 즉 건전한 영상문화를 회복하자고 대중을 설득하기 위해서는 불건전한 것과 건전한 것을 가르는 명확한 기준이 제시되어야 한다. 또 반기독교적 문화를 몰아내자는 구호가 구체적인 실천으로 이어지려면 반기독교적인 문화의 특징과 예들이 제시되어야 할 것이다. 그리고 그 기준은 특별한 전문적 지식이 없는 사람도 상식 차원에서 적용할 수 있는 것이어야 한다.

예를 들어 선정성과 폭력성의 요소는 가장 쉽게 영화와 만화, 비디오의 도덕성을 가늠하는 기준이며, 건전한 비디오의 목록을 제공하는 것은 어떤 영화를 봐야 할지 고민하는 사람들의 수고를 덜어준다. 동일 선상에서 문화 속에 나타나는 악마주의를 비판하고, 공공연히 악마를 숭배하는 서구 연예인들의 노래나, 영화 등은 문화적 산물 이전에 사탄의 도구로 해석되었고, 강력하게 금기되었다.

그러나 동양권인 한국에서는 새로운 종교에의 갈망으로 동양 신비주의 종교에 적극적으로 눈을 돌리던 서구와 달리 뉴에이지의 영향력이 미약하고, 기독교에 대항하는 악마숭배의 종교적, 문화적 함의 또한 기독교 국가가 아닌 이곳에서는 이질적이다. 결국 반 뉴에이지 논쟁은 페미니즘, 동성애 문제처럼 자생적인 문제였다기보다는 논의 자체를 수입했다는 인상을 지우기 힘들다.

어쨌든 많은 그리스도인들이 뉴에이지 공포에 휩쓸렸다. 그리고 더 많은 사람들이 세속적 페미니스트의 신봉자가 되었다. 페미니즘은 진정한 의미에서 영적이고 윤리적인 문제를 함축하고 있지만, 그것이 영화로 표현되었을 때 이른바 말하는 윤리적, 영적 비판의 그물망에 걸려들지 않았다. 페미니즘 영화들은 여성의 육체를 구경거리로 삼기를 원치 않았고 따라서 폭력성과 선정성이라는 측면에서는 윤리적 하자가 없었다. 또 보수적인 기독교 여성관에는 불만이 많았겠지만 '반기독교'를 표방하지는 않았기 때문에 기독교 비평가들의 눈에 거슬리지 않았다.

그러나 많은 그리스도인들의 가정이 가사분담과 육아문제로 갈등할 때 세속적 페미니즘은 희생과 사랑 대신 자기 주장을 끝까지 관철시키는 현대적 여성상을 제시해주었으며, 90년대에 쏟아져나온 페미니즘 영화들은 이 새로운 여성상을 유포시키는 전령 역할을 훌륭히 수행해냈다. 그러나 이 같은 흐름에 대해 기독교문화비평가들은 어떤 뚜렷한 반론도 제기하지 않았다. 그들은 세속적 페미니즘에 대한 관심도, 비판적 통찰력도 결여되어 있었던 것이다. 비평적 안목이 제한되는 것은 불건전한 영화 몇 편을 보는 것보다 우리 자신을 더 망칠 수 있다. 영화는 하얀 도화지 같은 우리 마음을 빨갛게 파랗게 물들이는 물감이 아니다. 단지 자기 관점을 상실한 이들에게는 영화가 그런 기이한 능력을 발휘하기도 한다.

7. 문화의 하향 평준화

문화를 소극적으로 규정하는 것은 정서적으로 불안정한 10대 이하의 수용자들에게 필요한 방어책일 수 있겠지만, 20대를 넘어선 성인들에게는 그다지 현실성이 없다. 건전한 영화, 기독교적인 영화로 선정된 많은 영화들은 바로 어른과 아이가 함께 볼 수 있는 가족영화(Kidult(어린이(kid)와 어른(adult)의 합성어) movie)들이었다. 온 가족이 영화를 본다는 것은 좋은 일이다. 하지만 그런 경우 희생되는 것은(?) 바로 어린이들이다. 아이들이 어른의 수준을 맞춘다는 건 거의 불가능하기 때문이다.

기독교문화가 어린이를 기준으로 통합되고 하향 평준화되는 것은 옳지 않다. 날카로운 통찰력과 세계에 대한 새로운 전망을 열어주는 성숙한 영화 대신 유아적 환상에 젖은 행복한 영화들이 기독교적인 영화들로 각광받는 것은 뭔가 잘못된 것이다. 성경이 왜 밧세바와 다윗의 간음 사건을, 피비린내나는 가나안 정복사를, 르우벤이 의붓어미와 동침한 사실을 기록할까? 성경에는 인간의 선한 행위만큼이나 악한 행위도 기록되어 있다. 그것은 실제로 인간이 그런 존재이기 때문이다.

참된 기독교문화는 기독교 세계관을 소유한 창작자와 수용자 모두에게 참된 현실 문제를 제기하고 나누는 것이어야 한다. 하나님의 세계는 우리가 미처 다 깨달을 수 없을 만큼 광대하다. 영적인 세계에 대한 지식까지 소유한 그리스도인들은 의당 비그리스도인들보다 더 풍부한 소재를 다룰 수 있어야 한다.

비평 기준도 마찬가지이다. 비평적 지평의 다양성은 비평의 정확성과 현실성을 위한 중요한 토대이다. 모든 영화를 두고 윤리적 잣대로 재거나, 뉴에이지 여부를 의심하는 것은 어리석은 일이다. 뉴에이지 철학에 입각해서 만든 영화가 대체 얼마나 되겠는가? 또 다큐멘터리, SF 영화, 갱 영화와 코미디를 윤리적으로 비평하려면 각 장르의 규칙에 무지해서는 안 된다. 호러 영화가 무서운 것은 코미디 영화가 웃기는 것만큼이나 당연한 일이다. 우리가 공포물보다는 코미디에 관대한 것은 기독교 윤리의식 때문이 아니라 우리 시대가 웃음을 선호하기 때문인지도 모른다. 기억하는가? 영화 〈장미의 이름〉의 배경인 중세시대에는 웃음을 악덕으로 여겨, 아리스토텔레스의 『희극론』이 금서로 철저히 매장되었던 것을.

8. 기독교적인 영화는 어디에 있는가?

　이제까지 기독교문화운동이 간과하였던 것은 그것이 상품이든, 예술이든 모든 문화적 산물들을 제작하는 것은 그것을 수용하는 관객들과 동일한 사람들이라는 점이다. 무엇을 보지 말아야 하는가에 대해서는 무성한 말이 오고갔지만, 무엇을 만들 것이냐에 대해서는 거의 아무런 논의도 없었다. 좋은 영화를 아무도 만들지 않는다면, 좋은 영화만 선별해서 보라는 말은 영화를 보지 말라는 말과 다름없다. 비윤리적, 반기독교적 영화는 무수히 지적되었지만, 정작 기독교적인 영화는 〈벤허〉를 비롯하여 고작 열 손가락 내외에 불과하다.

　하지만 〈벤허〉가 기독교적인, 거룩한 영화라고 생각하는 이들은 기독교인들밖에 없는 것 같다. 기독교 문 밖에서 〈벤허〉는 할리우드 전성기 시절의 대표적인 스펙터클 영화이다. 화려한 세트, 그리스의 고대 영웅들을 연상시키는 아름다운 주인공들, 〈벤허〉야말로 할리우드의 꿈의 공장이 만들어낸 상업영화의 대표적인 예이다. 그래서 〈벤허〉가 기독교 영화가 아니냐고 따진다면, 나는 기독교 영화가 대체 뭐냐고 다시 묻겠다.

　과연 기독교적인 영화란 무엇인가? 예수님이 등장하고 성서 이야기를 소재로 다루면 기독교적인 것일까? 그렇다면 〈벤허〉는 기독교적인 영화라고 부를 수 있을 것이다. 하지만 이 영화가 인물들의 내면과 성격을 얼마나 깊이 있게 다루는가—이것은 예술적 깊이 문제와 직결되는데—라고 질문한다면, 〈타이타닉〉만큼이나 인물들을 피상적으로 다룬 '그림' 중심의 영화라고 말할 수밖에 없다. 그 잘 만든 그림 속에 등장하는 예수님의 존재는 죽어가는 승객들 옆에서 찬송가를 연주하는 〈타이타닉〉의 악사들처럼 감동을 주기는 하지만, 구제적인 속성이 표현되지는 않았다.

　나는 그리스도인들이 영화 속에 예수님이나 성인들, 교회 건물 등이 등장하는 것을 지나치게 기뻐하지 않았으면 좋겠다. 사실 그리스도와 신앙의 세계는 영화에서 다루기 어려운 주제이다. 로맨스 영화가 흔한 이유는 그것이 다양한 수준에서 쉽게 다룰 수 있는 소재이기 때문이다. 하지만 영적인 차원을 영화 속에서 제대로 다루려면 우선 그 세계를 깊이 있게 알고, 더불어 만들고자 하는 의지가 있으며, 영화매체를 능숙하게 다룰 수 있는 영화작가가 있어야 한다. 영적인 세계를 제대로 깊이 있게 아는 그리스도인도 드문데, 그것을 영화로 만들 수 있는 예술적 재능까지 겸한 사람이 몇이나 되겠는가? 영화사 100년에 브레송의 〈시골 사제의 일기〉 정도가 겨우 기독교적인 영화라고 불러도 부끄럽지 않을 것이다. 사실 이 영화는 기독교인이 아닌 영화감독들도 단연 최고의 명작으로 꼽는 영화이다. 그러나 단언하건대 그리스도인들 중에서 이 영화가 기독교적인 품위와 가치를 지니고 있다 해서 좋아할 사람은 1만 명 중 한 명도 안 될 것이다. 이유는 간단하다. 재미가 없기 때문이다. 〈벤허〉가 그리스도인 대중에게 인정받는 이유는 일차적으로 대중성을 갖고 있기 때문이며, 기독교에 대해 호의적이기 때문이다.

9. 문화 창조의 삼위일체: 만드는 자, 사용하는 자, 그들을 가르치는 자

여기서 맨 처음에 언급한 오락주의적 문화관을 가진 그리스도인과 문화에 대해 적대적이고 방어적인 그리스도인들이 가지고 있는 문제가 실은 한 가지라는 사실을 알 수 있다. 그들은 모두 영화가 '소비 상품'이요 '오락'이라고 전제한다. 표면적으로 대조되는 그들의 태도는 문화에 대한 태도라기보다는 '세속적 대중문화가 주는 쾌락'에 대한 두 가지 반응이다. 한쪽은 그 쾌락을 기꺼이 누리는 것이고, 다른 한쪽은 그 쾌락 자체를 정죄하고 거부한다. 그러나 양편 모두 참된 기독교 진리가 어떻게 음악으로, 영화로 표현될 수 있을지에 대해서는 무관심하다. 우리가 원하는 것(기독교적인 영화)이 무엇인지는 정확히 모르면서도 이미 좋아하는 취향은 굳어져 있다. 기독교적인 영화란 우리가 좋아하고 기다리는 영화가 아닐지도 모른다. 기독교 진리를 사모하는 마음이 훈련되어 있지 않다면 말이다. 기독교문화운동의 높은 벽은 다름 아닌 그리스도인인 우리 자신 안에 있다.

훌륭한 기독교 영화는 능력 있는 그리스도인 예술가 없이 존재할 수 없다. 그러나 성숙한 비평적 안목을 가진 관객이 없다면 좋은 영화도 무용지물이 되고 만다. 기독교문화를 창조하는 삼위일체는 바로 만드는 자와 그것을 누리고 사용하는 자 그리고 그들에게 기독교적 세계관을 가르치고 바른 길로 인도하는 자들이다. 한 사람의 훌륭한 기독교 예술가를 키워내려면 평생이 걸린다. 그를 이해하고 사랑하는 관객을 교육하기 위해서는 더 많은 시간과 문화에 대한 바른 통찰력을 가진 수많은 문화 사역자들의 눈물과 땀이 필요하다. 이 모든 일들이 동시에 꾸준히 이뤄질 때 비로소 기독교문화의 실체를 우리 눈으로 보고 피부로 느낄 수 있을 것이다. 존재하지도 않는 이상적인 기독교문화를 머리 속에 모셔두고, 현실 세계에서는 오직 '기독교적이 아닌 것'을 가려내는 일에 골몰하면 언젠가는 '기독교적인 것'만 남을까? 그건 헛된 망상일 뿐이다. 시간의 무게를 지탱하는 자, 열매를 거두기 위해 황폐한 땅을 갈고 씨앗을 뿌리는 자, 세월을 아껴 시간을 구속하는 자 없이는 천 년이 더 지난다 해도 문화는 변하지 않는다.

10. 문화의 문제는 사람의 문제이다

영화가 탄생하고 성장한 지난 100년은 기독교가 점점 쇠퇴하던 시기였다. 기독교 진리가 세속문화의 아성에 눌려 겨우 명맥만 유지하는 지금, 영화는 기독교와 어긋난 길을 걸어왔고 아직 구속받지 못하였다.

　기독교의 가르침과는 전혀 다른 방향으로 흘러가고 있는 대중문화의 속에서 기독교적인 것과 그렇지 않은 것을 가리는 것은 부차적인 일이고, 또 소모적인 일이다. 그것은 생선을 잡아 가시까지 발라내서 자식 입에 넣어주는 부모의 행동만큼이나 미련한 것이다. 순도 100퍼센트 기독교 영화는 없다.

　순도 100퍼센트의 영적인 그리스도인 영화작가가 없다면, 그리고 순도 100퍼센트의 진리를 사랑하는 그리스도인 관객이 없다면 온전한 기독교문화 또한 존재할 수 없다. 결국 문화의 문제는 사람의 문제이다. 기독교문화와 세속문화를 가르는 것은 외면적인 형식이나 주제, 그 수준이 아니다. 하나님이 주신 창조적 재능에는 믿는 자와 믿지 않는 자의 구별이 없기 때문이다.

　하나님의 체면을 세워주기 위해서 그리스도인들이 기술적으로 높은 수준에 도달하려고 애쓰는 것은 아름다운 일이지만 그것이 본질적인 문제는 아니다. 문화는 사람을 뛰어넘지 못한다. 똑같은 형식, 똑같은 주제를 똑같이 훌륭한 솜씨로 완성하더라도 진리를 아는 자와 모르는 자 사이에는 근본적인 차이가 존재한다. 그 차이는 눈에 보이는 결과물(영화나 음악)보다는 그것을 만들어낸 사람의 안에 있는 것이다.

　진리를 아는 자는 무엇을 하든 자유롭고 행복하다. 세상을 구원하는 것은 기독교적인 영화가 아니라 그것을 만들고 즐기는 사람들이며, 그들 안에 있는 진리의 말씀이다. 더불어 세상을 타락시키는 것도 악한 영화가 아니라 진리를 모르는 사람들과 진리대로 살지 않는 그리스도인들이다.

생각해봅시다

1. 영화가 우리에게 미치는 좋은 혹은 나쁜 영향력이 구체적으로 어떤 것인지 이야기해봅시다.
2. 각자가 생각하는 좋은 영화 베스트 5를 선정해봅시다. 그 영화들을 선택하는 데 자신이 적용한 특정한 기준들은 무엇입니까? 또 자신이 생각하는 올바른 기독교의 비평기준은 무엇인지 토론해봅시다.
3. 기독교적 영화란 무엇인지 각자 나름대로 정의를 내려봅시다.

이 글의 저자 유재희는 홍익대학교 서양학과를 졸업하고 동대학원 미학과에서 영화이론을 전공하였다. 1997년에 발족된 기독교 미학, 미술학 연구회 영화분과 회원으로 활동하고 있으며, 「복음과 상황」 등 여러 지면에 영화에 관한 글을 쓰고 있다. 현재 창천교회 문화쉼터의 열린영화(open cinema) 디렉터이며, 뉴스레터 「오픈시네마」의 편집장이다.

15장
문학 속의 성(性)
― 인간해방과 추락의 경계에서

■ 추태화

1. 대중문화와 문학 그리고 성

문학은 인간에 의해 창조되고, 인간에 관해 말하는, 인간의 언어예술이다. 문학은 언제나 인간과 관계해왔기 때문에, 때로 문학이 추상 세계를 표현한다손 치더라도 인간과 연관을 맺고 있다는 것을 부인할 수 없다. 이로서 문학은 곧 인간이라는 명제도 가능하게 된다. 더구나 문학의 사실주의(realism)를 지적한다면 거기서 어떤 예가 더 필요하겠는가?

문학은 다른 예술보다도 인간의 생생한 삶을 사실적으로 그려왔다. 한 시대를 살펴보기 위해서는 구체적인 역사 실증자료가 도움이 되겠고, 미술이나 음악과 같은 예술도 도움이 되겠지만, 문학도 빼놓을 수 없는 가치를 소유하고 있다. 문학은 등장인물, 스토리의 플롯, 시대와 공간의 배경, 인물들 간의 관계, 구체적인 언어 등 작품이 존재하는 시대에 관해 여러 가지 사실을 알 수 있도록 문을 열어준다. 따라서 문학은 한 시대의 역사, 정치, 경제, 사회, 문화, 정신사를 비추는 거울이라고 할 수 있다. 문학을 통해서 한 시대의 대중문화를 점검할 수 있는 근거도 여기에서 비롯된다. 문학은 '시대'를 담고 있는 문화의 용기(容器)인 것이다.

'문학 속의 성'이란 주제는 문학의 역사만큼이나 오래되었다. 아니 성문제는 문학이 탄생하기 이전부터 있어 왔으니 성이란 주제는 '문학 이전'이라고 해야 맞는 말일 것이다.

문학의 주제로서 성은 국문학이나 영문학 또는 다른 어느 나라의 문학사에도 등장하지 않는 곳이 없는 범세계적인 주제이다. 그것은 성이 문학이 목표로 하는 특정한 주제이기 이전에 무엇보다도 인간의 문제이기에 그렇다. 따라서 '문학 속의 성'이란 주제는 인식론적으로 "성에 대한 인간의 관념이 어떻게 변화되어왔는가" 하는 질문으로 표현되어질 것이며, 이는 사회학적으로 "인간이 어떻게 생각하고 행동해왔는가?" 하는 질문으로 구체화된다.

'문학 속의 성'은 결국 인간이라는 존재, 그가 살아왔던 역사, 그를 움직이는 사상과 문화의 여러 관계 속에서 해명될 주제로서 "성은 좋다, 나쁘다"라는 흑백논리로 판정내릴 수 있는 단순한 문제가 아니다.

그럼에도 불구하고 역사 속에서 성은 지배자의 논리에 종속되어왔던 것을 부정할 수 없다. 어느 시대를 막론하고 지배자들은 부와 권력으로 사회를 지배하면서 인간의 성까지도 그의 지배 이데올로기에 편입시키려 했다. 그러한 연유로 성은 인간 존재의 한 부분으로서 자연스러운 인간성의 발현이 되기보다는 왜곡되어 나타났다.

특히 정치권력은 성을 통치의 한 도구로 지배해왔음을 발견할 수 있다. 중세 유럽 사회나 우리 나라 유교 사회가 강요했던 성관념은 정당한 성 이해를 떠나 지배 권력의 희생이었던 점을 부인할 수 없다. 또한 전제정치가 대중조작(manipulation)을 위해 만든 3S(screen, sport, sex) 가운데 한 요소가 바로 조작된 성문화라는 것은 성이 시대와 사람에 따라 얼마나 왜곡되게 나타났는가 하는 것을 보여준다.

성은 인간이 소유하고 있는 기본적인 생의 욕망의 한 부분이다. 그것은 식욕과 마찬가지로 인간의 실존을 구성하고 있다. 성은 자연스러운 것이다. 그러나 현재 우리 문화 속에 나타난 성은 그렇게 보이지 않는다. 상당히 왜곡되어 있다. 그러므로 성이 어떤 과정을 거쳐 이렇게 일그러진 모습으로 등장하게 되었는지, 그 영향은 어떠한지 그리고 그 대안은 무엇인지 살펴보는 것은 크리스천 문화 사역이 마땅히 해야 할 일일 것이다.

2. 문학 속의 성과 역할

문학 속에 나타난 성이 어떠한 역할을 해왔는지 여기에서는 그 유형적인 것 몇 가지만 살펴보려고 한다. 문학이 성을 매개체로 하여 특정한 목적을 달성하려 한 것을 먼저 지적해야 할 것이다. 성은 작가가 표현하고자 하는 일차적인 오브제로서 등장하기도 하지만, 작가의 사상이나 의도를 표출하도록 은유나 비유의 형태로 전환되어 나타나는 경우가 더 많았다. 성이 문학의 도구로 사용되었다는 말이다. 이 경우 성은 예술적인 승화의 과정을 거치게 되므로 성문학이 때로 고전(classic)에 속하게 되는 것은 이 때문이다.

성이 사람의 운명을 결정짓는 절대적 요소라는 시각이 있다. 고대 그리스의 희극 『오이디푸스왕』은 성이 인간의 삶을 파국으로 몰아넣을 수 있는 비극의 요소가 된다는 '예언'을 담고 있다. "자신의 아버지를 살해하고, 자신의 어머니와 결혼하게 된다"는 신탁으로 운명의 소용돌이에 휘말린 오이디푸스왕은 비극의 길을 걷는다. 근친상간(近親相姦)은 당시에도 금기사항에 속했다. 오이디푸스는 비통한 운명을 맞이하고는 자신의 눈을 찌르고 유랑한다.

그리스 신화에 나오는 제신들의 관계, 성풍속도는 성이 그 사회에서 얼나 자유롭게 받아들여졌는가를 것을 짐작케 한다. 그러나 이 성관습은 기독교가 유럽을 지배하게 되면서 전혀 다른 방향으로 나아간다. 성이 터부 목록에 들게 된 것이다. 수도원 중심의 금욕, 절제라는 신앙 덕목이 내세워지면서 성은 중세를 지나기까지 가톨릭 교회 뒤에 완전히 숨겨져 있었다. 마녀사냥이라는 중세적 인간 파괴 행위의 배후에는 그릇된 성관념, 성차별 등이 내재되어 있었다. 성 자체를 죄악시하고, 성을 사탄의 도구로 보는 것, 일부 여성을 마녀로 몰아 화형까지 몰고 간 것은 남성위주의 지배 세계가 가지고 있던 잘못된 성관념에서 기인했던 것이다.

르네상스 이후 성관념에 변화의 바람이 불어왔다. 성은 인간 내부에 존재하는 자연(nature)으로 순수한 생명력이라는 생각이 싹텄다. 계몽주의, 질풍노도, 낭만주의 시대를 지나면서 이 발견은 무게를 잃지 않았다. 성은 생명성의 상징으로 자리잡아갔다. 그런 면에서 18세기 괴테의 『파우스트』도 성을 진지한 주제로 삼는다. 늙은 파우스트 박사가 메피스토펠레스라는 악마의 도움으로 젊어지고 난 뒤 추구한 것이 바로 사랑이었다. 그리고 그레첸의 등장으로 그 사랑은 이루어지는 듯했다. 하지만 그레첸은 당시의 엄한 계율로는 받아들일 수 없는 미혼모가 되었고 이로 인해 비극의 종말을 맞게 된다.

『봄의 개안(Frühlings Erwachen)』이라는 작품이 19세기 말의 성의식을 반영해준다. 그 전 시대는 자연주의 시대로 도시공간과 기계문명에 의해 질식해가는 인간에 대한 자각이 문학의 주제였다. 이 작품은 인공적인 도시문명에서 벗어나 다시 자연으로 돌아가려는 세기말(fin de siecle)에 변화하는 성인식을 대변해주고 있다. 사춘기를 지나는 한 소녀가 성에 눈떠가는 과정을 그린 이 희곡은 한 편의 성장 드라마로서 인간의 성장은 교육이나 이념만으로 할 수 있는 것이 아니고, 인간 안에 내재해 있는 자연성을 통해서 가능하다는 메시지를 전하고 있다.

20세기에 들어서면 영국 작가 로렌스(D. H. Lawrence)가 전면에 나선다. 그는 어떤 작가보다 성을 표면에 내세웠다. 그의 대표작 중의 하나인 『채털리 부인의 사랑』은 당시 교계와 보수층의 지탄을 불러일으켰고 이로 인해 로렌스는 구속되기에 이르렀다. 사랑이란 정신적인 면과 육체적인 면이 동시에 전제되어야 한다는 주장을 형상화한 로렌스는 격렬한 비판 속에서도 성을 통하여 인간의 인간됨을 발견하고, 그것을 사회문제로 끌어올렸다고 평가받기도 하였다.

앞에서 살펴본 예는 문학 속의 성이 인간 속에 내재해 있는 '자연'을 발견하도록 하며, 나아가서는 인간의 내적 성장을 위하여 사용되기도 한다. 또한 사회인식의 변화와 사회계층의 변혁을 위하여 사용되기도 하였다는 사실을 증거한다. 그러나 문학 속의 성은 예민하고 민감한 분야여서 성문학은 늘상 대중들의 인기와 비판 사이에 존재해왔다.

3. 현대문학 속의 성표현과 그 실례들

문학 속의 성표현은 현대사회로 접어들면서 급진화하고 있다. 더욱이 포스트모더니즘이라는 이념에 가세하여 해체, 해방, 일탈 등의 기치를 내걸고 과격한 성표현도 불사하고 있다. 이로서 문학과 예술의 이름으로 표출되는 성은 전통과 보수에 대한 반역을 시도하는 무기가 되었다.

성은 한 시대의 문화를 형상화하고, 그 문화의 방향과 수준을 측정할 수 있게 해준다. 그러한 면에서 현대문학 속에 나타난 성은 현대사회가 안고 있는 영적 현실을 감지하게 한다.

현대 작가들의 의식 속에 움직이는 성관념을 이야기하려면 그들이 전제로 하고 있는 몇 가지 요소를 살펴보아야 한다. 첫번째로 그들은 성이 억압되어 있다고 본다. 인간의 원초적 본능이면서도 당당히 대화의 장으로 등장하지 못하고 있다는 것이다. 둘째로 성이 왜곡되어 있다고 본다. 보수적인 사회일수록 성담론을 회피하지만, 성문화는 그와는 반대로 다른 어느 문화요소 못지않게 사회 저변에 깔려 있다는 것이다. 셋째로 성의 바른 가치를 주기 위해서는 성담론을 거부하고 있는 사회에 경고를 보내야 한다는 것이다. 이 경우 성은 특별한 이즘이나 문화전략과 결합되어 아방가르드 형태를 띤다.

이제 몇 편의 작품들을 거론해보자. 먼저 손꼽을 수 있는 것은 페미니즘 문학이다. 한국문학으로 국한해서 바라본다면 1990년대에 등장한 여성작가들의 작품들이 성담론의 경향을 짙게 띤다. 최영미의 『서른, 잔치는 끝났다』, 신현림의 『세기말 블루스』 그리고 진수미의 『바기날 플라워』가 이 부류에 속한다. 이들은 그 동안 금기처럼 여겨왔던 노골적인 성표현을 작품에 그대로 노출하기를 주저하지 않는다. 그것은 예술적 순수 충동에 힘입어 노출되기도 하고, 다른 한편에서는 페미니즘적인 전투성을 띠고 등장하기도 한다. 전투성이라면 문학도 성차별에서 자유롭지 못했다는 반성에서 기인한다. 즉 문학도 남성이 주도하는 예술로서 편향적이었다는 말이다. 감성, 문체 그리고 시각마저 남성적인 성향에 지배를 받고 그것이 당연한 것으로 여겨지는 흐름에 대한 반격이었다. 그러나 이러한 현상을 강직, 권력 지향, 힘, 허세, 전쟁 등으로 상징되는 '남성'이라는 세계에 모성, 부드러움, 포용, 희생 등의 '여성' 상징을 통하여 문화를 대립에서 융화, 화해시키려는 시도로 보기도 한다.

니힐리즘 계열의 문학도 성에 관심을 둔다. 허무주의라는 것은 작가가 세계를 바라보는 시각 그리고 작품 속에 등장하는 주인공들의 시각을 고려한 개념이다. 예를 들면 마광수의 『즐거운 사라』, 장정일의 『내게 거짓말을 해봐』 등이 그런 장르라고 할 수 있다.

두 작품을 선의로 받아들여 '니힐리즘적 문화개혁운동'을 위하여 던지는 메시지라고 해두자. 이 작품들을 옹호하는 비평가들의 목소리는 자못 진지하다. 그들은 두 작품이 성을 억압하고 있는 위선적인 사회에 가장 육감적인 도구〔性〕로 반기를 들고 있다고 평가한다. '니힐리즘적 문화개혁운동'이란 말은 전통 지향적인 보수사회가 변화되는 새 시대에 적응을 하지 못하고 독단적인 지배 이데올로기로 성을 억압하고 있다는 데 대한 저항의식에 붙인 이름이다.

『즐거운 사라』는 마광수가 계획하고 있는 문화운동을 구체화하기 위한 전략 작품이라 해도 과언이 아닐 것이다. 이 작품은 일차적으로는 연애소설로 분류될 수 있겠지만, 소위 '마광수 필화사건'으로 드러난 작가의 의지를 만나게 되면『즐거운 사라』는 시대의 성관념을 폭로한 시대소설이요, 그 억압된 성관념을 작품으로 극복하기 위해 쓴 성관념소설이라 할 수 있다. 주인공 사라의 의식과 행동은 곧 작가가 의도하는 자유로운 성관념의 화신(化身)인 것이다.

『내게 거짓말을 해봐』는 세계에 대한 작가의 자세를 읽을 수 있게 한다. 이 작품은 전자의 그것보다 한층 더 진보적이다. 아방가르드적 요소가 물씬 배어 있다. 중년의 남자와 고교생인 여자가 전국을 다니면서 성행위를 한다는 줄거리로 되어 있는 이 소설은 출판되자마자 검찰에 의해 기소되었고, 작가와 출판업자가 구속되기에 이르렀다. 예술의 자유를 탄압한다는 옹호론자들과 청소년에게 위해하다는 비판론자들의 대립을 첨예하였다. 어떻게 보면 초현대사회에서 가장 원시적인 갈등이 재연되었다는 느낌이 들 정도로 그 주제는 원초적이었다.

한국에 번역 소개된 많은 현대 외국문학들에서도 성은 빼놓을 수 없는 주제로 등장한다. 영화로 더 잘 알려진 R. 월러의『매디슨 카운티의 다리』는 중년 부인의 고독과 무료함을 다루고 있다. 유럽에서 미국으로 결혼해온

한 여인이 주인공으로 등장한다. 부부간에, 자식간에 아무런 문제가 없이 살아온 여인에게 채워지지 않는 외로움이 있었다. 그러다 우연히 만나게 된 남자에게서 사랑의 감정을 느끼고 그와 관계를 맺는다. 그 사건은 그녀에게 양심의 가책을 남기기는 했지만 지울 수 없는 사랑이었다고 고백케 한다. 작가는 이 사건을 아주 로맨틱하게 처리하고, 자연스러운 행위로 표현해 현대 가정의 위기와 성을 통한 해법을 제시하고 있다.

무라카미 하루키의 『상실의 시대』는 전후 현대 일본 젊은이의 모습을 그린 작품이다. 작가는 그들이 어떻게 허무한 나날들 가운데서 떠돌며 흔들리는지 잔잔한 문체로 묘사하고 있다. 깊은 허무주의를 배태하고 있는 작품이지만 작품의 분위기가 시적이어서 독자들은 허무를 그리 심각하게 느끼지 못한다. 이 작품에 성은 허무를 극복하기 위한 대안으로 제시되고 있다.

유럽식 허무주의의 흔적은 밀란 쿤데라의 『참을 수 없는 존재의 가벼움』에 잘 나타나 있다. 공산주의에 점령당한 프라하는 정상적인 정신으로는 살아갈 수 없는 도시가 되어버렸다. 프라하의 삶에 지친 의사 토마스는 시골로 낙향한다. 그런 과정에서 만난 여인과 사랑을 나누고 예기치 않게 일어난 자동차 사고로 목숨을 잃는다는 줄거리이다. 주인공 토마스는 여러 여성을 편력하는 데 아무런 양심의 갈등도 느끼지 않는다. 오히려 그의 여성편력은 의사로서 자연스럽게 갖게 되는 생물학적인 관심이라고 항변되고 있다.

성이라는 주제가 비판과 옹호의 경계에 있는 것처럼 문학 속의 성도 그런 면에서 자유롭지 못했다. 위에 예를 든 문학들은 세간에서 지명도를 누렸던 작품들이다. 하지만 우리 시대에 유행하는 이러한 성담론이 과연 그대로 수긍만 해야 할 것인지 한번 되짚어보아야 할 것이다.

4. 그 영향과 대안적 전망

　문학은 한 시대의 사회가 형성한 문화를 관찰하는데 중요한 단서를 제공한다. 문학의 사실주의는 작가의 상상력을 통하여 인위적으로 창조된 작품이라 할지라도 작가가 몸담고 있는 현실을 읽을 수 있게 한다. 문학이 이른바 순수문학의 지경을 넘어서 역사적 산물이요 현실개혁의 의지를 가진 역동적인 문화행위임을 알 수 있다. 따라서 문학은 역사와 문화를 비추어볼 수 있는 거울이다.

　대중문화 속에 성은 어떤 모습으로 비쳤을까? 이 질문은 이렇게 바뀌어 볼 수 있다. 대중의식 속에 등장한 성관념은 어떠했을까라고. 문학비평가들 사이에서 '문학 속의 성'이라는 주제는 찬반론을 동시에 불러일으켰다. 우리 시대로 국한한다면 마광수 씨와 장정일 씨의 작품이 대표적인 예라 하겠다. 두 작가는 본인은 물론 출판인들과 함께 구속되는 제재를 받았다. 급진적인 성해방을 우려하는 보수세력과 검찰은 그 문학에서 '반시대적인 타락의 증후'를 비판하였고, 예술의 자유, 표현의 자유를 주장하는 측에서는 '반시대적인 탄압과 복수'라고 응수하였다. 그렇다면 과연 어느 쪽이 '반시대적'이란 말인가.

　우리 시대의 문학을 들여다보면 자본주의의 병폐의 하나인 상업성과 극단적인 영리 추구가 순수문학의 세계를 오염시키고 있음을 보게 된다. 문학이 상당 부분 예술성과 창조성을 상실한 채 대중의 소비문화로 변질된 것을 부정할 수 없다. 그 극단적인 예가 외설문화와 포르노라는 현상이다. 성이 고유한 기능과 위상을 금전만능주의자들의 음흉한 궤계에 의해 악용될 때 우리는 그 결과가 어느 연령층에 관계없이 얼마나 위해한 것인지 알고 있다.

　'스탕달 신드롬(Standhal syndrom)'이란 용어는 문학과 성의 관계가 결코 윤리적으로 자유롭지 않다는 것을 보여준다. 예술은 인간에게 '아름다움'을 체험하게 하는 기능을 가진다. 예술은 인간을 비현실의 세계로 인도하여 새로운 경험을 하게 한다. 하지만 인간은 현실로 다시 돌아와야 한다. 일상생활을 영위해야 한다. 예술이 그런 회복 기능을 막을 때 그것은 진정한 예술이라 할 수 없다. 영화 〈스탕달 신드롬〉은 이러한 예술의 역기능을 지적한 작품이다. '스탕달 신드롬'은 '예술 작품을 감상하다 정신적 충격을 받게되는 현상'에 붙여진 개념이다. 이 용어는 대중문화가 사람들에게 어떠한 영향을 끼치게 되는지 예상케 한다.

이 현상은 전자시대를 맞이하여 위기감을 더욱 증폭시킨다. 무엇보다도 현실에 대한 감각과 개념이 급격히 변하고 있기 때문이다. 사이버 스페이스(cyber space)는 이제 또 하나의 현실이 되었다. 분명히 그것은 우리가 과거에 체험하지 못한 세계였다. 하지만 문자 그대로 가상(假想)현실이다. 심각한 것은 이 가상현실을 가득 채우고 있는 것 중의 하나가 왜곡된 성문화인 것이다.

얼마 전 일본에서 중학교 3년생이 초등학생을 살해한 사건이 발생하였다. 정신병리학은 범행 학생이 사이버 세계에 탐닉하다가 정신분열증을 얻게 되었다고 보았다. 그의 방에서 가상현실과 관계되는 비디오, 만화들이 수십 점 발견되었다. 사이버 세계에 빠져 있던 아이는 현실과 가상현실을 구분하지 못하고, 현실 속의 자신과 놀이 속의 자신을 구분하지 못하는 이인증(離人症)을 앓고 있었다는 것이다.

이런 사람들은 감각 체계와 가치 체계의 혼란이 생겨, 놀이(그것이 사이버 게임이거나 포르노이거나 간에)가 끝난 뒤에도 현실로 돌아오지 못하며, 현실도 놀이로서 생각하거나, 놀이를 현실로 착각하는 정신분열상태를 오간다는 것이다. 이들은 리세트(reset) 단추 하나로 놀이에서 현실로 바로 전이되듯, 모든 현실에 그렇게 가볍게 반응하고마는 '리세트 신드롬(reset syndrom)'을 앓게 된다.

　방사선 노출이 엄청난 후유증을 불러오는 것처럼 외설물에 노출되면 그 해악은 실로 엄청나다. 그는 이미 잠재된 폭력의 희생물이 된 것이다. 극단적인 성해방을 부르짖는 사람들에서도 비슷한 현상이 발견된다. 『즐거운 사라』의 사라나 『내게 거짓말을 해봐』의 J와 Y의 인격, 그들은 가히 현실과 몽상의 세계를 구분짓지 못하고 반환각 상태에 빠져 있다. 문제의 심각성은 주인공들이 한결같이 섹스라는 매개체를 통하여 그러한 환각상태에 탐닉한다는 것이다. 이 경우 그들에게 섹스가 마약과 다르다고 어찌 옹호해줄 수 있겠는가?

　성표현이 인간의 자유를 표출하며, 억압된 인권을 회복한다는 이론은 어제오늘의 주장은 아니다. 성표현은 인간의 본능이기에 성해방은 곧 인간해방이라는 주장도 어제오늘의 주장이 아니다. 한 특정한 지배계급이 성을 독점함으로써 사회를 장악한다는 비판 아래 성을 해방하는 것이 기존 사회를 변혁하는 돌파구가 된다는 주장도 새로운 것이 아니다. 성표현을 둘러싼 이론의 대립에 문제가 있는 것도 아니다. 오히려 성에 관한 솔직한 대화는 이루어져야 한다. 문제는 성해방을 부르짖는 사람들의 비열한 저의에 있다. 외설 시비는 문학에만 국한된 문제가 아니다. 신문에서도 외설은 언제나 발견할 수 있으며, 텔레비전 드라마에서, 광고에서, 대중가요의 가사에서, 거리의 의상에서, PC 인터넷상에서도 외설은 하나의 기본 구성요소가 되어버린 것 같은 인상이다. 왜 외설이 더 이상 외설이 아닌 것같이 보이는가? 어떻게 해서 외설이 저토록 당당하게 활보하게 되었는가?

　먼저 확인하고 지나가야 할 것은 성해방을 주장하였던 자들의 사상이다. 유감스런 일이지만 그런 주장을 펴는, 또는 폈던 많은 사람들이 다분히 이중적인 삶을 살았다는 것이다. 사드는 변태성욕자였고, 대사상가로 알려진 사르트르는 보바르와 계약결혼이라는 행동으로 세계를 떠들썩하게 했다.

또한 사르트르 자신이 제2의 연인을 두고 있었다고 밝혀지기도 했다. 철학자며 수학자인 러셀경은 혼전 관계와 자유 섹스를 주장하였고, 결국에는 자신의 며느리와 통정한 호색한으로 알려졌으며, 성해방의 사도격인 푸코는 동성연애자였다. 아이러니컬한 일은 성을 억압하는 행위는 어떤 경우에든지 용서할 수 없다는 성해방론자들이 자신의 삶은 방기해버리고 말았다는 것이다. 이제는 성해방론에서 나아가 레저 섹스(leisure sex)까지 공공연히 주장하는 자들도 생겨나고 있다.

성문화는 포르노에 와서 외설의 극치를 이룬다. 포르노는 어떤 경우에도 메시지나 사상이 담겨 있지 않다. 포르노는 섹스의 상품화에서부터 시작하여 남녀 성차별, 인종차별, 민족차별 등을 소재로 그 영역을 넓혀 가는 완벽한 폭력이다. 포르노의 사상이 있다면, 인간의 존엄성을 파괴하려는 것이며, 포르노의 메시지가 있다면, "망할 놈의 세상, 섹스나 해버려"(장정일, 『내게 거짓말을 해봐』)라는 자기모멸적인 마성이 있을 뿐이다.

이런 맥락에서 반포르노법 제정을 부르짖는 여성법률가 C. A. 맥키넌의 주장은 전적으로 타당하다. 그는 "포르노는 표현의 자유도 인간의 해방도 아무 것도 아니다"라고 논박하면서 "포르노는 전적으로 저지되어야 한다"고 역설한다.

우리 시대의 대중문화 속에 비친 성은 위에서 살펴본 바와 같이 상당히 왜곡되어 있다. 결과적으로 이 사실은 독자로 하여금 예술을 통한 정신의 고양을 맛보게 하기보다는 현실을 직시하지 못하게 하며 나아가서 진리를 터득하지 못하게 한다. 대중문학은 문학과 독자의 벽을 더 단단히 가로막고 있으며, 어떠한 형태를 취하든지 암암리에 독자들에게 충격을 가하고 있다. 독자들은 자신도 모르게 '스탕달 신드롬' 속에서 고통받게 되는 것이다.

성은 상품이 될 수 없고 되어서도 안 된다. 성은 창조주 하나님께서 인간에게 주신 '생육하고 번성하는' 방법이며, 사랑으로 맺어진 자들이 갖는 만남의 환희로서 신비하고 비밀스러운 모습을 유지해야 한다. 그러나 대중문화 속에, 문학 속에 버젓이 자리잡아 가는 외설은 어떠한가. 인간으로 하여금 인간의 존귀한 위상에서 추락하도록 인간성을 버리고 본능적인 동물성이나 광포한 적개심과 살상으로 유혹하고 있지 않은가?

성표현이 고삐 풀린 상태로 치닫고 있는 작금의 위기 상황은 진리와 싸우려는 작가정신의 상실에서 비롯된 것이다. 또한 대중의 인기와 영합하거나 경제적 이득에만 혈안이 된 작가들의 의식 결여에서 기인한 것이다. 법제도가 아무리 잘 이루어졌다 하더라도 현실을 가상의 세계로 여기며 가치관의 혼돈에 흔들리는 자들이 꿈꾸는 몽환적 환타지를 막을 수는 없다고 본다. 또한 그들의 성해방의 상상력을 거세할 수도 없다. 그것이 인간의 보이지 않는 내면에서 이루어지기 때문이다. 게다가 인권이 보장된 현시점에서 법으로 작가나 그 상상력을 제어함으로써 외설을 방지할 수 있다고 믿는 행위도 정당한 행위로 보이지 않는다. 법이 설령 법적 효력과 책임을 갖는 등록 단체인 출판사나 출판인을 구속할 수 있는 있겠지만 작가와 그 내면의 상상력을 구속할 수는 없는 일이다.

현재는 문화적으로 외설과의 전쟁이 선포된 상황이다. 우리가 먼저 싸워야 할 것은 밖에 있는 '적'이 아니라 우리 안에 있는 '내면의 적'이다. 독자들이 정신적으로 건강하고 성숙해 있을 때, 극단적인 성해방 문학을 필요로 하지 않을 때 외설문화는 자연히 자취를 감추게 될 것이다. 따라서 우리의 정신으로 하여금 충분히 성숙해지도록 다원적인 문화운동을 전개해야 하며, 나아가서 우리의 문화가 '세례'를 받아 사회 전체가 변화되도록 해야 한다. 이는 문화 형성의 기반이 되는 우리 시대의 상상력이 '세례(baptized imagination)'를 받게 되는 일로 구체화될 것이다.

1. 성의 본래적 의미는 무엇이며 성관념이 시대에 따라 어떻게 변화되었는지 이야기해봅시다.
2. 현대 작가들이 문학 속에서 왜 성을 주제로 삼고 있는지 그 이유에 관해 생각해봅시다.
3. 성문학의 예를 국내외 작품을 통해 살펴봅시다.
4. 현대 문학에 등장하는 성이 예술과 외설의 경계를 오가는 현상을 어떻게 설명할 수 있습니까?

이 글의 저자 추태화는 독일 아우그스부르크 대학교에서 박사학위를 받았으며, '기독교윤리실천운동' 과 '기독교학문연구회' 연구위원으로 안양대학교와 장로회신학대학에 출강하고 있다. 문학과 신학 통합연구, 기독교 세계관과 문예비평을 주로 연구하고 저서로는 『국가사회주의와 기독교문학의 책임』, 『크리스챤 문예시평』 등이 있다.

16장
정보화사회, 사이버 문화, 기독교 신앙

■ 최태연

1. 정보혁명과 시대의 징조

1842년 모오스의 전신기가 미국 볼티모어와 워싱톤 사이에 설치됨으로써 원거리 전기통신의 시대가 열린 지 한 세기 반 만에 인류는 정보통신 기술의 발전에 의한 새로운 사회·문화적 혁명을 맞이하고 있다. 컴퓨터로 대변되는 정보처리 기술, 위성통신과 광통신을 이용한 통신기술, 반도체를 가능하게 한 소자 기술이 결합된 커뮤니케이션 기술의 혁신은 단순히 산업의 성격과 구조를 바꾸고 있을 뿐만 아니라 사람들의 생활과 사고방식인 문화까지도 변화시키고 있다. 더욱이 이러한 변화의 속도는 점점 더 빨라지고 있기 때문에 정보혁명이 인류를 어떻게 이끌어갈지 그 누구도 자신 있게 예측할 수 없게 되었다. 따라서 오늘날 인류는 새로운 기술의 마력적인 힘과 장래의 불확실성 사이에서 기대와 불안이 교차하는 지점을 통과하고 있다고 할 수 있다. 정보혁명이야말로 인류의 내일을 내다볼 수 있는 이 시대의 징조가 된 것이다.

새로운 천 년을 맞이하는 시대의 징조가 정보혁명이라면 예수 그리스도의 다시 오심을 기다리면서 복음의 증인으로 살고 있는 그리스도인들에게 이 새로운 징조는 무엇을 의미하는가? 그리스도인들은 정보혁명을 어떻게 받아들이고 무엇을 준비해야 하는가? 이 글은 정보혁명이 가져온 사회의 모습과 그 문화의 양상을 그려보면서 위의 질문에 대한 대답을 찾아본다.

2. 정보화사회의 출현

정보화사회에 대한 문명비평적 진단을 선구적으로 제공한 이는 미국의 미래학자 앨빈 토플러(Alvin Toffler)이다. 그는 1970년 『미래 쇼크(Future Shock)』와 1980년 『제3의 물결(The Third Wave)』이란 책을 통하여 정보혁명에 의해 일어나고 있는 문명 자체의 변화를 예리하게 분석하였다. 토플러는 지금 일어나고 있는 현상을 인류 문명에 닥쳐온 세번째의 가장 큰 변화라는 의미에서 '제3의 물결'이라는 은유적 표현을 사용하였다.

그에 따르면 인류 문명사의 '제1의 물결'은 기원전 8000년 경 인류가 채취나 수렵, 아주 단순한 어업에 의해 생계를 유지했던 상태를 벗어나 집단적으로 농지를 경작하기 시작했던 최초의 농업혁명을 가리킨다. 이러한 농업혁명에 의해 이집트로부터 인도와 중국을 거쳐 멕시코에 이르는 고대 문명들이 성립되었고, 그 결과 거대한 관개시설을 기반으로 하는 잘 조직된 중앙집권국가가 출현했다. 그러나 수천 년 동안의 왕조의 흥망성쇠와 기술이나 상업의 발전에도 불구하고 농업에 의존하는 생산방식에는 큰 변화가 없었다.

'제2의 물결'은 1750년 이후 그 모습을 드러낸 '산업혁명'을 의미한다. 제임스 와트가 1769년에 발명한 증기기관은 여태까지 사람의 손이나 가축, 물레방아, 풍차에 의존하던 탈곡 작업이나 직물 생산에 획기적인 생산 증가를 가져왔다. 1766년에는 석탄을 연료로 하는 용광로(고로)가 발명되어 대량으로 철강을 생산하기 시작했다. 1800년대에 들어와서는 증기기관에 의해 운행하는 기선이 등장했고 드디어 1830년에는 리버풀과 맨체스터 사이에 증기 기관차가 달리는 철도가 건설되었다. 이러한 생산과 교통수단의 혁신은 20세기를 가장 잘 특징짓는 발명들로 이어졌다. 1864년의 가솔린 엔진과 1893년의 디젤 엔진의 개발에 이어 1895년에는 항공기가 제작되었다. 산업혁명이 낳은 새로운 대량 생산방식은 자본주의와 사회주의 체제 모두에게 열광적으로 받아들여져 철강, 자동차, 기계, 석유화학, 조선, 항공기 등의 고도로 전문화된 거대 산업조직을 만들어냈을 뿐만 아니라 여기에 적응하는 사회제도와 사람들의 생활방식도 형성시켰다.

그러나 1955년 이후 10년에 걸쳐 미국에서는 산업문명의 전환인 '제3의 물결'이 일어났다. 이제 공장 노동자의 수보다 사무직과 서비스직 근로자의 수가 많아지고 컴퓨터가 광범위하게 보급되기 시작했다. 이러한 변화는 다른 산업국가에도 점차로 파급되었고 기존의 산업 체제와의 충돌 속에서 전자·정보·통신산업이 그 발전 속도와 파급 효과에서 주도적인 산업으로 자리를 잡아가기 시작했다. 정보혁명은 장차 유전자공학, 항공우주공학, 신 에너지공학, 재료공학, 환경공학과 연계하면서 새로운 생산방식과 생활방식, 즉 새로운 가정 형태에서 기존의 국가의 붕괴에 이르는 엄청난 사회적 변화를 초래할 것이다.

토플러의 3단계 문명발전론은 지나친 단순화의 위험에도 불구하고 오늘날 일어나고 있는 경제와 사회의 변화를 인상적으로 설명해주고 있다. 토플러가 1980년에 예언한 문명사적 전환의 세번째 물결은 이미 미국, 일본, 서유럽 국가에서 뿐만 아니라 우리 나라에서도 현실로 나타나고 있다.

토플러의 세번째 물결을 가져온 기반 기술은 마이크로 일렉트로닉스(반도체), 광전자(레이저), 컴퓨터, 소프트웨어 등이다. 이러한 기반 기술의 기초 위에서 응용 기술인 정보통신 기술과 뉴미디어 기술 그리고 인터넷 기술이 비약적으로 발전하고 있다. 정보통신 기술에는 정보처리 시스템과 근거리 통신망(LAN), 자동화 기술이 속하며, 정보통신 기술에는 광통신, 위성통신, 이동통신, 종합정보 통신망(ISDN) 등이 있다. 또한 뉴미디어 기술은 고선명 TV(HDTV), 개인휴대통신(PCS), 케이블 TV, 멀티미디어, 부가가치 통신망(VAN), 텔레마틱 서비스(teletex)와 원격 화상회의(teleconference) 등으로 나누어지며, 인터넷(Internet) 기술에는 전자우편(E-Mail), 파일 전송(FTP), 월드 와이드 웹(WWW) 방식 등이 개발되었다.

3. 사이버 문화

위에서 살펴본 정보혁명의 여파는 기술이나 산업의 변화를 가져오는데 그치지 않고 일종의 '문화전환(cultural turn)'을 가져오고 있다. 이제는 길을 걸어가면서 멀리 떨어져 있는 친구와 통화하거나 지구 저편에 있는 고객과 인터넷으로 몇 분 만에 상담을 나누는 일이 일상사가 되어가고 있다. 뿐만 아니라 직접 새로운 경험을 얻는 대신 컴퓨터가 만들어내는 가상현실을 통해 더욱 실감나는 경험을 할 수 있는 길이 열리고 있다.

최근까지 공상과학소설의 내용으로만 치부되었던 생각들이 하나하나 현실이 되어가면서 사람들의 관심을 사로잡고 사회 전체의 방향을 이끌어가고 있다. 이렇게 정보통신혁명이 만들어내는 문화를 '사이버 문화'라고 부른다. 이처럼 정보화사회에서는 단지 새로운 기술에 의한 생산방식만이 변하는 것이 아니라 그 속에서 살아가는 사람들의 사고방식과 생활 패턴이 변하고 있다. 이제는 점점 더 많은 사람들이 지식과 정보를 교환하거나 인간관계를 형성하거나 여가나 문화생활을 즐기거나, 심지어는 상거래를 하는 방식까지도 직접 접촉이 아닌 컴퓨터에 의존하게 되었다. 이제는 최고 학부의 교육도 가상대학(cyber university)과 교회의 조직과 예배까지도 인터넷을 통해 이루어지는 가상교회(cyber church)까지 등장하고 있다. 물론 지금까지도 인류는 편지나 전화, 라디오, TV 같은 종래의 미디어를 수단으로 간접적인 의사소통을 하고 있다. 그러나 세계에 대한 모든 정보를 디지털 신호로 바꾸어 기호, 문자, 음성, 화상 같은 다양한 형태로 동시에 양방향으로 주고받을 수 있는 미디어는 최근에 등장하였다. 정보혁명에 의해 지구상의 모든 개인은 컴퓨터가 만들어주는 가상현실(virtual reality)을 통해 의사소통을 할 수 있게 된 것이다.

사이버 문화란 바로 미래 사회의 인간관계 형성의 가장 지배적인 방식이 될 정보화사회의 문화를 말한다. 여기서 '사이버(cyber)' 란 단어는 원래 수학자 노버트 위너(Norbert Wiener)가 창시한 사이버네틱스(cybernetics)에서 나온 말로서 생물체나 전자제어기기에 공통적으로 적용될 수 있는 정보의 제어 및 통제 과정을 체계적으로 파악하는 학문을 가리킨다.

그러나 사이버란 용어가 널리 쓰이게 된 계기는 훗날 '사이버 펑크 작가' 란 이름을 얻게 된 미국의 공상과학(science fiction) 소설가 윌리엄 깁슨(William Gibson)이 '사이버 스페이스(cyber space)라는 신조어를 확산시키면서였다. '가상공간' 이라고 번역되기도 하는 사이버 스페이스는 실제의 공간은 아니지만 많은 사람들이 자발적으로 컴퓨터를 통해 서로를 연결함으로써 정보를 교환하고 다양한 관계를 형성하는 사회적 공간이라는 의미에서 가상이면서 동시에 하나의 현실이다.

오늘날 사이버 문화를 확산시키고 있는 두 가지 중요한 분야는 인터넷과 가상현실 산업이라고 할 수 있다.

먼저 인터넷은 미국에서 '디지털 경제' 라는 말이 나올 정도로 경제발전을 이끌며 문화생활의 견인차 역할을 하고 있다. 미국에서만 1997년 말 이용자가 1억 명에 도달한 인터넷은 100일마다 100퍼센트의 사용량 증가를 보이고 있다. 우리 나라의 PC통신도 급속히 인터넷에 통합되면서 사용자도 2000년이면 500만 명에 이를 것으로 추정된다. 인터넷은 전자 상거래(홈쇼핑, 홈뱅킹, 증권거래)뿐만 아니라 기존의 학습지나 과외를 대신하는 각종 교육 프로그램에서 인터넷 대학까지도 가능하게 하고 있다. 인터넷을 통한 신문, 잡지와 문학지를 구독할 수 있으며 세계적인 미술관과 박물관의 작품들과 각종 공연의 관람, 학술 발표로부터 전통 음식에 이르는 문화 경험이 가능하게 되었고 채팅과 인터넷 폰의 일상화를 통해 인터넷은 우리의 생활 깊숙이 들어오고 있다. 인터넷은 직접적인 여론 형성을 가능케 하는 공론의 장을 마련해주고 있으며 독재국가에서는 민주화 운동을 하는 단체들이 자국의 정치 상황을 세계에 알리거나 해외의 동향을 자국민에게 전달함으로써 새로운 정치문화를 만들고 있다.

인터넷과 함께 가장 주목되는 사이버 문화의 꽃은 가상공간 기술의 실현이다. 가상현실은 정보통신 기술이 만들어내는 정보를 마치 실제처럼 경험하도록 만들어지는 생겨나는 현실을 말한다. 이러한 가상현실은 1960년대 컴퓨터 그래픽을 개발한 이반 서덜랜드(Ivan Sutherland)의 3차원 HMD(head-mounted display)에 대한 연구와 인공현실(artificial reality)의 개념을 만들고 비디오 플레이스를 처음으로 만들었던 마이론 크뤼거(Myron Krueger)에 의해 시작되었으며, 컴퓨터 화면에 의존하는 현재의 정보지각 방식 대신 3차원 입체영상을 제공하는 헬멧이나 보안경 모양의 시연장치(일명 eye phone)와 장갑 속에 압력을 전달하는 센서가 장착되어 있어서 가상현실에서 시각적으로 접하는 대상의 촉감을 재현하는 데이터 장갑(일명 power glove)과 입체 음향장치에 의해 복합적으로 만들어지는 가상적인 경험 세계이다. 다시 말해 컴퓨터와 인간이 직접 상호작용하면서 만들어내는 새로운 인지경험의 차원인 것이다.

컴퓨터 그래픽과 대규모 특수효과로 탄생되는 가상의 시공간과 컴퓨터를 통한 가상현실에서 발생하는 공포의 실황을 섬뜩하게 그린 SF 영화 〈론머맨〉.

1990년대 이후 가상현실 연구는 실리콘 밸리의 벤처기업들인 데이터 글로브와 아이폰을 개발·실용화한 재론 래이니어(Jaron Lanier)의 VPL 리서치와 컬러 그래픽을 전문으로 하는 랜들 월서(Randal Walser)의 오토데스크에 의해 주도되었고, 1990년에는 영국의 W 인더스트리스에 의해 초보적이지만 최초의 가상현실 오락 체계가 상품화되었다. 그후 가상현실 기술은 컴퓨터와 소프트웨어 산업의 비약적인 발전에 힘입어 고도화되면서 자동차나 항공기 운항 연습실으로부터 극장, 상품 전시장, 스포츠나 게임 등의 오락시설에서 광범위하게 실용화되고 있다.

미디어 이론가 마샬 맥루한이 일찍이 컴퓨터는 단순히 정밀한 계산기가 아니라 인간과 인간, 인간과 사회를 이어주는 '미디어(media)'라고 간파한 대로 사이버 문화는 기계문명의 정점에 서 있는 컴퓨터와 인간의 만남에서 일어나는 새로운 현상이다. 사이버 문화는 가상현실의 예처럼 컴퓨터가 조작해주는 영상과 촉감과 소리를 인간이 마치 현실을 자기 신체의 연장물처럼 받아들임으로써 비로소 생겨나는 '현실과 같은 가상(fact-like fiction)'이지만 그 자체가 하나의 인간 경험이라는 점에서 '가상과 같은 현실(fiction-like fact)'이라고 할 수 있다. 이처럼 사이버 문화는 정보혁명을 이용한 자연에 대한 인간의 도구적 이용의 극대화이면서도 동시에 새로운 도구에 대한 적응의 산물이다. 이러한 상호작용을 통하여 정보혁명은 기술혁명에서 그치지 않고 인간의 삶의 방식인 문화를 바꾸어가는 것이다. 즉 인간은 자신이 만들어낸 정보기술에 의해서 새롭게 형성되고 있다는 역설적 순환에 처하게 되었다. 인간과 기술 사이의 주객 관계가 바뀌게 된 것이다. 그 때문에 사이버 문화는 기술의 폭발적 발전과 발빠른 상업화와 함께 인류의 미래에 새로운 차원을 열어줄 것이라는 낙관적 견해와 인류의 장래를 위협할 것이라는 비관적 견해를 동시에 제공하는 문화인 것이다.

그렇다면 사이버 문화의 공헌은 무엇이며 인류의 장래에 어떤 문제를 제기하고 있는가? 사이버 문화의 공헌은 무엇보다도 정보교환의 신속성과 양방향성에 있다. 이제 인류는 정보통신에 의해 시간과 공간의 장벽을 넘어 동시적이고 공감각적으로 의사소통을 할 수 있게 되었다.

노트북보다 더 작은 초소형 컴퓨터를 가지고 다니면서 모든 업무를 보거나 상대방의 얼굴을 보면서 통화를 할 수 있는 시대가 눈앞에 와 있는 것이다. 정치 영역에서도 인터넷을 통한 시민들의 직접 참여민주주의가 확산되고 있다. 또한 가상현실 기술을 이용하여 모든 분야의 교육이나 기술 습득에 유용하게 사용하거나 여러 가지 여가와 오락을 즐길 수 있다.

그러나 사이버 기술과 문화는 긍정적인 면만 가지고 있지 않다. 전문가들이 지적하는 문제점으로는 다음 몇 가지를 들 수 있다.

첫째, 전 세계가 하나의 거대한 전자통신에 의해 연결됨으로써 전 세계와 인류가 소수의 정보 강국이나 미디어를 조종, 지배하는 권력집단이나 국가에 의해 지배될 수 있다. 왜냐하면 사이버 문화는 철저히 정보통신산업과 소프트웨어 산업의 발달을 전제로 하는 정보화의 정도에 달려 있기 때문이다. 따라서 기술과 경제적 부를 가진 정보 부국은 더욱더 많은 정보를 향유하고 정보 빈국은 상대적으로 빈약한 정보를 갖게 된다. 실제로 첨단정보산업의 종주국인 미국의 정보 지배력은 세계의 다른 나라를 압도한다. 즉 특정 국가나 특정 집단의 정보 독점이 심화된다.

둘째, 한 나라 안에서도 컴퓨터와 미디어를 소유, 사용할 수 있는 부유층과 중산층과 서민, 빈곤층 간의 격차와 함께 미디어를 적극적으로 이용하는 청소년층과 노년층 간의 격차는 점점 심해진다. 즉 새로운 정보산업의 발달과 사이버 문화의 일상화와 함께 사회적 불평등이 심화될 수 있다.

셋째, 사이버 문화의 상업주의를 들 수 있다. 새로운 미디어는 모든 정보를 전세계에 동시에 현실감 있고 생생하게 제공하면서 제품으로 판매한다. 인터넷 정보의 상당량이 상업화된 포르노물이라는 사실은 이러한 면을 잘 보여준다. 사이버 문화가 지배하는 사회는 철저히 상업화된 사회가 될 가능성이 높다.

넷째, 사이버 문화는 직접적인 현실 경험과 인간과 인간 사이의 직접적인 만남을 가상현실에서의 만남으로 대치한다. 따라서 사회관계나 인간관계는 간접적 또는 익명적이 될 것이다.

4. 정보혁명과 기독교 신앙의 대응

점점 피할 수 없는 현실이 되어가고 있는 정보화사회와 사이버 문화에 대한 기독교의 반응은 대체로 두 가지로 나뉘어진다.

한편에서는 인터넷을 목회와 선교에 적극적으로 활용할 것을 역설하며 심지어 사이버 교회의 필요성까지도 긍정적으로 평가한다. 이 입장에서는 첨단기술 사회가 가져오는 놀라운 변화를 있는 그대로 인정하면서 이를 적극적으로 선교적 목적에 활용할 것을 주장한다. 정보혁명이 가져다 주는 새로운 정보교환의 방식과 현실 경험을 대신할 수 있는 가상 체험을 교회가 적극적으로 활용하지 않으면 미래 사회에서의 선교의 기회를 잃어버리게 된다는 것이다. 이러한 입장에서는 PC통신과 인터넷 홈페이지, 인터넷 방송, 웹진, 교회음악과 CCM 사이트 등을 통한 새 신자 양육, 성경 공부, 멀티미디어 예배, 신학 교육, 교회 행정, 선교사 지원과 전쟁 지역, 외딴 지역, 선교 금지 국가에 대한 사이버 선교 등의 가능성이 높이 평가되고 있다.

그러나 다른 한편에서는 사이버 문화를 교회에 도입할 때 생길 수 있는 영적 이완이나 신앙적인 위험을 경고하면서 교회에 끼치는 부작용을 진지하게 걱정한다. 더욱이 가상교회(virtual church) 같은 새로운 교회 형태의 문제점에 대해서는 예리하게 비판을 가한다. 이러한 비판에 따르면 사이버 문화가 교회에 들어오게 되면 교회 본래의 기능인 말씀 선포와 신앙의 교제와 봉사가 약화되고 철저히 멀티미디어에 탐닉한 개인주의적 신자가 되거나 가상교회의 사이버 예배와 사이버 성례전을 통해 현재의 교회 공동체에 파괴적 영향을 줄 것이라고 본다. 또한 사이버 문화는 신자와 비신자 모두를 가상공간에 범람하는 사이버 음란물이나 사탄주의나 뉴에이지, 기타 사이비 종교에 노출시키고 현실을 왜곡하거나 가상과 뒤바꿈으로써 하나님과 인간 사이의 영적 관계를 마비시키고 선교에 치명적인 영향을 줄 것으로 본다.

사이버 문화에 대한 수용과 우려의 두 가지 입장을 완전히 부정할 수 없는 것이 우리의 현실이다. 어쩔 수 없이 사이버 문화를 선교에 적극적으로 이용해야 함에도 불구하고 사이버 문화가 기독교 신앙에 주는 근원적인 위협은 그것을 탄생시키고 발전시킨 정신적 동력이 하나님을 부정하는 서구의 '계몽주의(the Enlightment)'에 기인했다는 사실이다. 계몽주의는 18세기 초반부터 유럽에 등장한 사상으로 과거의 시대들, 특히 중세와 종교개혁기의 신구교 간의 대립에서 온 혼란과 전쟁의 시대를 어두움의 시대로 규정하고 이에 대하여 인간 이성에 의해 지배될 새로운 시대를 '빛의 세기(le si cle des lumi res)'로 규정했다.

사이버 문화는 이러한 계몽주의의 신념 위에서 성립된 문화현상이다. 사이버 문화는 자신의 창의적 사고에 의해 자연 속에 내재해 있는 원리를 발견하고 그것을 모방하고 재현해낸 인간 기술의 가장 정밀한 산물이라는 점에서 자연에 대한 인간의 도구적 이용의 극대화이다. 따라서 여기에는 인간이 스스로의 힘에 의해 역사를 만들어가고 최고도의 문명을 만들어낼 수 있다는 계몽주의적 자신감이 깃들어 있다. 만일 18세기의 계몽사상가들이 오늘날의 1Gr Ram의 반도체를 만들어내는 nano 단위의 소자 기술과 이진법의 논리를 사용하여 모든 매체를 통합하고 있는 디지털 기술을 그들의 두 눈으로 확인한다면 그들이 예언했던 대로 새 시대의 성취로 보았을 것이다.

그러나 사이버 문화는 계몽주의에 의해 정신적 기초가 놓여지고 산업혁명에 의해 실현된 근대 이후의 인간 주체 사상의 절정을 이루는 동시에 새로운 사이버 병리현상

인터넷에 광범위하게 제공되는 자료들을 잘 취사선택하여 기독교 교육, 사회 교육, 문화 향유, 목회 사역의 새로운 도구와 자료로 사용하면 새로운 문화 창조와 전달매체로서의 중대한 위치를 정할 수 있다.

의 주체 분열적 성향에 의해 독자성과 자율성을 생명으로 하는 계몽주의적 이성적 주체의 해체를 의미하기도 한다.

다시 말하면 사이버 문화는 놀라운 합리성과 창조력을 가진 인간 주체의 산물이지만 동시에 계몽주의적 주체를 소외와 혼란에 빠뜨리는 자기 모순과 이율배반성을 내재하고 있다. 사이버 문화가 갖는 이러한 이중적 자기 모순은 역사적 우연의 산물이라기보다는 인간에 대한 계몽주의적 확신 자체가 갖는 필연적 귀결이라고 할 수 있다. 왜냐하면 사이버 문화는 한꺼번에 다양한 정보를 얻어주며 시공간을 초월하여 타자와 정보를 교환하고 의사소통하며 가상을 현실처럼 경험함으로써 오히려 지금까지의 산업사회에서보다 인간을 더욱더 자아 상실과 타자와의 관계 상실, 사회 현실에의 부적응, 마침내는 현실과 가상의 도착상태, 사이버 가상인물이나 세계에 대한 우상숭배적인 몰입에 빠지게 하기 때문이다. 바로 웹 중독, 가상과 실제의 전도, 폐쇄, 고립, 격리, 수면장애, 사회적 부적응, 파괴성, 경박함, 모방과 혼성, 조작, 고착성 상실, 찰라주의가 거기에 속한다.

이렇듯 기독교 신앙은 사이버 문화가 하나님의 주권을 인정하지 않는 인간의 교만과 자기 모순에 깊이 뿌리박고 있음을 직시하고 사이버 문화의 앞으로의 발전에 열광하는 대신 비판적으로 대처해야 한다. 사이버 문화 그 자체가 인류에게 궁극적 희망을 가져다 줄 수는 없다. 왜냐하면 사이버 문화는 인간의 다른 문화와 함께 그리스도의 다시 오심을 통해 종말을 맞을 것이기 때문이다.

미래의 사이버 문화는 자신의 운명을 최종적으로 결정할 수 있는 자기충족적이고 자기완결적 과정이 아니다. 사이버 문화는 창조와 타락의 산물이면서 구속과 완성에 의해 변화되고 종결될 현상에 불과하기 때문이다.

이러한 구속사적 입장에서는 사이버 문화의 적극적 의미는 그것이 구속사의 목적에 얼마나 기여하는가에 달려 있다. 정보화사회를 살면서 사이버 문화 속에 참여하게 될 그리스도인들의 임무는 사이버 문화의 부정적인 영향과 대결하는 한편, 그것을 구원의 역사를 위해 복음 전파의 통로로 적극적으로 활용해야 하는 역설적인 성격을 가진다.

1. 사이버 문화란 어떤 종류의 문화이며 우리의 삶에 어떤 영향을 주고 있는지 이야기해봅시다.
2. 기독교 신앙의 관점에서 뉴미디어와 사이버 문화는 긍정적입니까, 부정적입니까? 그 이유와 근거는 무엇입니까?
3. 뉴미디어와 사이버 문화를 교회와 선교에 어떻게 이용할 수 있으며, 그때의 효과와 문제들은 무엇이 있는지 논의해봅시다.

이 글의 저자 최태연은 성균관대학교를 나와(B.A.), 숭실대학교(M.A.), 베를린 자유대학교(Dr. Phil.) 졸업하고 현재 숭실대학교 기독교학대학원 겸임교수로 있으며, 안양대학교 신학연구소 전임연구원, '기독교윤리실천운동' 문화전략위원, '기독교학문연구회' 연구 위원으로 활동중이다.

참고 문헌

대중문화시대의 그리스도인

Ellul, Jacques, *The Technological Bluff*, Eerdmans.
Romanowski, W.D., *Pop Culture Wars*, Illinois: InterVarsity Press, 1996.
리차드 니버, 『그리스도와 문화』, 대한기독교출판사.
임성빈 편, 『현대문화의 한계를 넘어서』, 예영커뮤니케이션.
프랜시스 쉐퍼, 문석호 역, 『기독교문화관』, 크리스챤다이제스트.

대중문화와 윤리 그리고 신앙

C. A. 반 퍼슨, 강영안 역, 『급변하는 흐름 속의 문화』, 서광사.
국제한국학회, 『한국문화와 한국인』, 사계절.
프랜시스 쉐퍼, 문석호 역, 『기독교문화관』, 크리스챤다이제스트.
프랭키 쉐퍼, 드버니아 자네트 토리 역, 『창조성의 회복』, 예영커뮤니케이션.

대중문화의 현실과 대안

강준만, 『대중문화의 겉과 속』, 한샘출판사.
강명구, 『소비대중문화와 포스트모더니즘』, 민음사.
반 퍼슨, 강영안 역, 『급변하는 흐름 속의 문화』, 서광사.
박모 역, 『문화연구와 문화이론』, 현실문화연구.
켄 마이어스, 『대중문화는 기독교의 적인가 동지인가』, 나침반.
퀸틴 슐츠, 김성웅 역, 『거듭난 텔레비전』, 한국기독교학생회출판부(IVP).
퀸틴 슐츠, 김성녀 역, 『미디어 시대, 당신의 자녀는 안전한가』, 한국기독교학생회출판부(IVP).
Romanowski, W.D., *Pop Culture Wars*, Illinois: InterVarsity Press, 1996.
Schultze, Quentin J., eds. *Dancing in the Dark: Youth, Popular Culture and the Electronic Media Grand Rapids*: Eerdmans.

진보적인 대중문화이론에 대한 평가

레널드 맥컬리와 제람 바즈, 홍치모 역, 『인간, 하나님의 형상』, 한국기독교학생회출판부 (IVP).
성인경, 『아담과 문화를 논할 때』, 낮은울타리.
알버트 월터스, 양성만 역, 『창조, 타락, 구속』, 한국기독교학생회출판부(IVP).
존 스토리, 박모 역, 『문화연구와 문화이론』, 현실문화연구.
프랜시스 쉐퍼, 김기찬 역, 『그러면 우리는 어떻게 살 것인가』, 생명의 말씀사.

표현의 자유와 문화검열

마틴 필드, 『미디어 다스리기』, 선한이웃.
조종남 역, 『로잔언약』, 생명의 말씀사.
한스 로크마커, 『현대 예술과 문화의 죽음』, 한국기독교학생회출판부(IVP).
퀀틴 슐츠, 『거듭난 텔레비전』, 한국기독교학생회출판부(IVP).

대중문화의 양대 해악 : 폭력성과 음란성 문제

강명구, 『소비대중문화와 포스트모더니즘』, 민음사.
맹용길, 『자연 생명 윤리』, 임마누엘.
랜달 P. 해리슨, 하종원 역, 『만화와 커뮤니케이션』, 이론과실천.
콜레트 다울링, 홍수원 역, 『신데렐라 콤플렉스』, 우아당.
안드레아 드워킨, 유혜연 역, 『포르노그라피』, 동문선,
쟝 루이 플랑드렝, 편집부 역, 『성의 역사』, 동문선.
미셸 푸코, 이규현 역, 『성의 역사』 1권, 나남출판.
캐서린 A. 맥키넌, 신은철 역, 『포르노에 도전한다』, 개마고원.
마리노프스키, 한완상 역, 『미개 사회의 성과 억압』, 삼성출판사.
C.A. 반퍼슨, 강영안 역, 『급변하는 흐름 속의 문화』, 서광사.
A. 슈바이처, 송인길 역, 『문화와 윤리』, 삼성출판사.
쟈크 솔레, 이종민 역, 『성애의 사회사』, 동문선.
제프리 윅스, 서동진·채규형 역, 『섹슈얼리티: 성의 정치』, 현실문화연구.
Countryman, L.W., *Dirt Greed and Sex*, London: SCM Press, 1989.
Mace, D.R., *The Christian Response to The Sexual Revolution*, Nashville: Abingdon Press, 1970.

Seow, Choon-Leong., Ed. *Homosexuality and Christian Community,* Louisville: Westminster Jhon Knox Press, 1996.
Reventlow, H.G., Ed. *Justice and Righteousness.*, Sheffield: JSOT Press, 1992.
Romanowski, W.D., *Pop Culture Wars.*, Illinois: InterVarsity Press, 1996.
고갑희, 「1990년대 성 담론에 나타난 성과 권력의 문제」, 세계의 문학, 1997, 봄.
구모룡, 「오만한 사제의 위장된 백일몽」, 작가세계, 1997, 봄.
권성우, 「현단계 비평의 쟁점과 젊은 비평의 가능성」, 세계의 문학, 1995, 겨울.
기윤실, 「기윤실 순결 운동 소개」, 1995.
기윤실, 「기윤실 순결 운동 자료 모음 2」, 1996.
오생근, 「데카르트, 들뢰즈, 푸코의 육체」, 사회비평, 1997, 가을.
이명자, 「이상화된 몸, 아름다운 몸을 위한 사투」, 사회비평, 1997, 가을.
성영신, 「소비와 광고 속의 신체 이미지」, 사회비평, 1997, 가을.
정장진, 「장정일을 위하여」, 세계의 문학, 1997, 봄.
캐서린 A. 맥키넌, 「포르노, 민권, 언론」, 세계의 문학, 1997, 봄.
하태환, 「포르노 문학」, 세계의 문학. 1997, 봄.
황순희, 「신체문화의 비교사회학」, 사회비평, 1997, 가을.

영매문화와 그리스도인—환생, 귀신, UFO, 무속

김진영·김진경, 『수수께끼의 외계문명』, 넥서스.
박영호, 『뉴에이지 운동과 영매술』, 기독교문서선교회.
편집부 편, 『UFO X파일』, 두리.
마크 C. 올브레크, 박영호 역, 『뉴에이지 이단운동』, 기독교문서선교회.
Frederickson, Bruce G., *How to Response Satanism,* (St. Louise; Concordia, 1995).
월터 마틴, 『뉴에이지 이단운동』, 교문사.
셜리 맥클레인, 『내면 세계의 탐험: 정신적 변용을 위한 길잡이』, 교문사.
로이 스테만, 『영혼과 심령의 세계』, 자유시대.
웅거 메릴 F., 『악마 : 성서로 본 신비신앙』, 종로서적.
Wright, Nigel, *The Satan Sydrome: Putting the Power of Darkness in Its Place,* Grand Rapids; Zondervan, 1990.

청소년 문제와 청소년문화

권장희, 송인수, 정병오, 『요즘 아이들 힘드시죠』, 청우.
김대유, 『지금 아이들은 우리 곁에 없다』, 내일을여는책.
김창남, 『대중문화와 문화실천』, 한울아카데미.
조혜정, 『학교를 거부하는 아이 아이를 거부하는 사회』, 또하나의문화.
한국청소년연구원, 『청소년문화론』.

텔레비전의 이해와 교회의 사명

강준만, 『요즘 TV 볼 만합니까』, 한울.
김창남, 『TV를 읽읍시다』, 한울.
닐 포스트만, 『죽도록 즐기기』, 참미디어.
『TV 가까이 보기, 멀리서 읽기』, 현실문화연구.
안정임, 『TV 바로 보기』, 방송위원회(비매품).
퀸틴 슐츠, 『거듭난 텔레비전』, 한국기독교학생회출판부(IVP).

비디오

〈네트워크(Network)〉, 1976.
〈브로드캐스트 뉴스(Brodcast News)〉, 1987.
〈퀴즈쇼(Quiz Show)〉, 1996.
〈비디오드롬(Videorome)〉, 1983.
〈스테이 튠(Stay Tuned)〉, 1992.
〈리틀 빅 히어로(Little Big Hero)〉, 1996.

광고의 사회학

셧 잘리, 『광고문화 — 소비의 정치경제학』, 한나래.
강준만 외, 『광고사회학』, 한울.
볼프강 F. 하우크, 『상품미학비판』, 이론과실천.
강명구, 『소비대중문화와 포스트 모더니즘』, 민음사.
미술비평연구회, 『상품미학과 문화이론』, 눈빛.
앨 라이스 외, 『광고 포지셔닝』, 나남.

스튜어트 유엔, 『광고와 대중소비문화』, 나남.
쥬디스 윌리엄슨, 『광고기호학』, 나남.
원용진, 『광고문화비평』, 한나래.
조병량 외, 『현대 광고의 이해』, 나남.
이창우 외, 『광고심리학』, 성원사.
김병희, 『광고 하나가 세상을 바꾼다』, 민음사.
존 피스크, 강태완·김선남 역, 『문화 커뮤니케이션』, 한뜻.
박명진, 서강언론문화연구소, 『비판적 커뮤니케이션 연구의 성과와 그 쟁점』, 나남.
김성재 외, 『매체미학』, 나남.
김상환 외, 『매체의 철학』, 나남.
아더 아사버거, 『대중매체비평의 기초』, 이론과실천.
그랜트 매크래켄, 『문화와 소비』, 문예출판사.
존 피스크·존 하트리, 『TV 읽기』, 현대미학사.
R 알렌, 『텔레비전과 현대비평』, 나남.
앤드루 굿윈, 『텔레비전의 이해』, 한나래.
임영호, 『스튜어트 홀의 문화이론』, 한나래.
레이몬드 윌리엄스, 『이념과 문학』, 문학과지성사.
김우창 외, 『문화연구 어떻게 할 것인가』, 현실문화연구.
존 스토리, 박모 역, 『문화연구와 문화이론』, 현실문화연구.
더글라스 켈너, 『미디어 문화』, 새물결.
마샬 맥루한, 『미디어의 이해-인간의 확장』, 커뮤니케이션북스.
아브라함 몰르, 『키치란 무엇인가』, 시각과 언어.
김민수, 『21세기 디자인 문화 탐사』, 솔.
장 보드리야르, 하태환 역, 『시뮬라시옹』, 민음사.
장 보드리야르, 『소비의 사회』, 문예출판사.
장 보드리야르, 『섹스의 황도』, 솔.
마크 포스터, 『뉴미디어의 철학』, 민음사.
롤랑 바르트, 『카메라 루시다』, 열화당.
존 버거, 『이미지』, 동문선.
프리가 하우그, 『마돈나의 이중적 의미』, 인간사랑.
허버트 갠스, 『고급문화와 대중문화』, 현대미학사.
원용진, 『대중문화의 패러다임』, 한나래.
벤 애거, 『비판으로서의 문화이론』, 옥토.

앤드류 밀너, 『우리시대 문화이론』, 한뜻.
강준만, 『고독한 대중』, 개마고원.
한국기호학회, 『현대사회와 기호』, 문학과지성사.
한국기호학회, 『삶과 기호』, 문학과지성사.
강내희, 『공간, 육체, 권력』, 문화과학.
다이안 맥도넬, 『담론이란 무엇인가』, 한울.
앙리 르페브르, 『현대세계의 일상성』, 세계일보사.
레이몬드 윌리엄스, 『텔레비전론』, 현대미학사.
스튜어트 유엔, 『이미지는 모든 것을 삼킨다』, 시각과 언어.
정정호 · 강내희 편, 『포스트모더니즘론』, 도서출판 터.
더글러스 러시코프, 『카오스의 아이들』, 민음사.
리오타르, 『포스트모던의 조건』, 민음사.
움베르토 에코, 『대중의 영웅』, 새물결.
김창남 외, 『대중매체와 페미니즘』, 한나래.
Turner, Greame, *British Cultural Studies*, Boston Uniwin Hyman.
Silverman, Kaja, *The Subject of Semiotics*, Oxford University Press.
Burton, Philip Ward, *Advertising Copywriting*, NTC Business Books.
Fiske J. & Hatley J., *Reading Television*, Methuen.
⟨New Left Journal⟩, 93 Spring.
"Le gouvernement du corps" ⟪Communication⟫ Vol. 56
도정일, 「자크 라캉이라는 좌절, 유혹의 기표」, 세계의 문학.
특집 「맥루한 르네상스」, 현대사상 창간호, 민음사.
좌담 「무엇을 할 것인가」, 현대사상 창간호, 민음사.

교회와 대중음악

선성원, 『대중음악의 뿌리』, 꾼.
사이먼 프리스, 『록 음악의 사회학』, 한나래.
프랭크 갤럭 · 컬트 워첼, 『위험에 처한 교회음악』, 두풍.
홍호표 · 정연욱 · 공종식, 『대중예술과 문화전쟁』, 나남.
헤럴드 베스트, 『신앙의 눈으로 본 음악』, 한국기독교학생회출판부(IVP).

새로운 시대를 맞이하는 만화의 세계

랜달 P. 해리슨, 하종원 역,『만화와 커뮤니케이션』, 이론과실천.
스콧 매클루드, 고재경·이무열 역,『만화의 이해』, 아름드리.
이시카와 쥰, 서현아 역,『만화의 시간』, 글논그림밭.
프랑시스 라까쌩, 심상용 역,『제9의 예술 만화』
곽대원 외,『한국 만화의 모험가들』, 열화당.
최열,『한국 만화의 역사』, 열화당.
박태견,『저패니메이션이 세상을 지배하는 이유』, 길벗.
정준영,『만화 보기와 만화 읽기』, 한나래.
손상익,『만화로 여는 세상』, 고려원 미디어.
박인하,『만화를 위한 책』, 교보문고.
이원복,『세계의 만화 만화의 세계』, 미진사.
김홍균,「만화의 본질에 관한 고찰」, 한국교원대 석사논문, 1993.
김미림,「전달매체로서의 만화와 그의 교육적 효과」, 성신여대 교육대학원 석사논문, 1997.
민지영,「PR매체로서 만화에 대한 연구 — 달려라 호돌이」를 중심으로, 중앙대학교 대학원 신문방송학과 석사논문, 1988.
박세정,「만화의 교육적 기능에 관한 연구」, 서울대학교 대학원 교육학과 석사논문, 1985.
유주원,「광고 크리에이티브에 있어서 만화의 특성활용에 대한 연구」, 홍익대 산업미술대학원 석사논문, 1994.
김경란,「만화가 아동의 이야기 이해와 기억에 미치는 효과」, 고려대학교 교육대학원 석사논문, 1989.
정유선,「만화의 조형성이 청소년에게 미치는 영향」, 한양대학교 대학원 응용미술과 석사논문, 1996.
임청산,「만화 캐릭터의 시각적 이미지 연구」, 충남대학교 대학원 미술학과 석사논문, 1992.
차애옥,「신문만화가 만화문화에 미친 영향에 관한 연구; 스포츠 신문만화를 중심으로」, 서강대학교 공공정책대학원 석사논문, 1993
김령아,「청소년 만화의 사회교육적 영향」, 숙명여대 교육대학원 석사논문, 1996
이승원,「텔레비전 만화와 어린이들의 현실지각에 대한 연구」, 한양대학교 대학원 신문방송학과 석사논문, 1994.
박철홍,「대중예술로서 만화(Cartoon)의 성격과 기능에 관한 연구」, 부산대학교 교육대학원석사논문, 1996.
한창완, 「한국만화산업연구; 만화산업의 경제적 메커니즘을 중심으로」, 서강대학교 대학원 신문방송학과 석사논문, 1994.
김종대, 「국민학생의 만화영화 시청에 관한 연구」, 전남대학교 교육대학원 석사논문, 1994.
양영희, 「유치원 아동의 VTR 시청과 공격성간의 관계; 만화영화를 중심으로, 연세대학교 교육대학원 석사논문, 1992.
정유라, 한국만화영화 텍스트 연구; 폭력 양성(養成) 매커니즘을 중심으로, 중앙대학교 대학원 신문방송학과 석사논문, 1997.
차재욱, 「현대 일러스트레이션에 나타난 만화 이미지에 관한 연구」, 홍익대학교 산업미술대학원 석사논문, 1996.
김응종, 「문화상품으로서 만화캐릭터에 관한 연구」, 홍익대학교 산업미술대학원 석사논문, 1996.

문학 속의 성 — 인간해방과 추락의 경계에서

마광수, 『즐거운 사라』, 청하
무라카미 하루키, 『상실의 시대』, 문학사상사.
최영미, 『서른 잔치는 끝났다』, 창작과비평사.
신현림, 『세기말 블루스』, 창작과비평사.
장정일, 『내게 거짓말을 해봐』, 김영사.
R. 월러, 『매디슨 카운티의 다리』, 시공사.
M. 쿤테라, 『참을 수 없는 존재의 가벼움』, 민음사.
추태화, 『크리스천 문화시평, 문학적 상상력에서 예언자적 상상력으로』, 요단출판사
토릴 모이, 임옥희·이명호·정경심 역, 『성과텍스트의 정치학』, 한신문화사.

정보화사회, 사이버 문화, 기독교 신앙

강상현, 『정보통신혁명과 한국사회』, 한나래.
전석호, 『정보사회론: 커뮤니케이션 혁명과 뉴미디어』, 나남.
최인식, 『미래교회와 미래신학』, 대한기독교서회.

윌리엄 포어, 『매스미디어 시대의 복음과 문화』, 대한기독교서회.
마크 포스터, 김성기 역, 『뉴미디어의 철학』, 민음사.
앨빈 토플러, 이규행 역, 『제3물결』, 한국경제신문사.
한국철학회편, 『기술문명에 대한 철학적 반성』, 철학과 현실사.

작은 사랑을 실천하는 기윤실

"기윤실은 함께 모여 선행을 격려하고,
교회와 함께 사회를 변화시키는 운동입니다."

기독교윤리실천운동은

1987년 12월 김인수, 손봉호, 장기려 외 38명의 발기인으로 창립되었으며 현재 21개 지부(해외 5곳 포함) 1만 2천여 명의 회원이 참여하는 운동으로
- 먼저 기독교인 개개인이 성경의 가르침대로 올바른 삶을 살도록 돕고
- 건강한 가정을 이루며
- 교회가 교회의 사명을 다하도록 지원하며
- 사회와 국가의 부정직과 부패를 개선하는 일을 하고 있습니다.

기독교윤리실천운동 지원기금

당신도 기윤실운동에 동참하실 수 있습니다.
기윤실운동 지원기금은 기윤실 재정의 안정적 확보와 지역
기윤실운동을 지원하기 위해 마련하고 있는 기금입니다.
1차 모금 목표액을 5억 원으로 정한 후 현재 적립이 진행되고 있습니다.
기윤실운동 지원기금 적립에 동참해 주시고
계속적으로 기도해주시기 바랍니다.

- 신한은행 323-05-008965
- 회원가입 및 후원 안내: (02)871-7487

기윤실 문화전략위원회 소개

1. 문화전략위원회 조직의 목적
　문화산업시대 또는 문화전쟁시대로 일컬어지는 오늘날, 사회·문화에 대한 윤리적 평가와 문화수용자 주권회복을 목표로 하는 문화운동의 중요성은 점점 더 커지고 있다.
　그동안 기독교시민운동으로서 문화소비자운동을 주도해 온 기윤실은 문화산업 전반에 대한 정책개발과 문화수용자 활동을 선도해 갈 '문화전략그룹'을 조직·육성함으로써 기윤실운동이 복음에 기초한 문화를 창출하는 기독교적 시민운동이 되도록 지도함을 목적으로 한다.

2. 문화전략위원회 위원의 범위
　30대 후반에서 40대의 연령층 중에서 문화사역에 참여하거나 관심이 있는 전문가 이를테면 목사, 교수, 문화사역가, 현장문화사업자, 매체관련업종 종사자 중에서 문화사역에 관심이 있고 기독교윤리실천운동의 취지와 행동지침을 따르고자 하는 그리스도인을 대상으로 20여 명 선에서 추천을 받아 위촉한다.

3. 문화전략위원회의 성격
　매월 1회 정기모임을 통해 위원회의 정체성과 비전을 공유하며 장단기적인 문화전략을 수립하여 기윤실 사무국에 제공한다. 또한 한국교회가 사회전반에 문화적 주체성을 갖고 적극적인 영향력을 행사할 수 있도록 기획하고 전략을 제공하는 역할을 수행한다. 기존에 존재하는 기윤실의 기획위원회와 같은 위치의 정책개발위원회로서 차세대 기윤실 리더십을 배양하는 위원회의 성격을 갖는다.